금융
자격증
1위

03 AFPK 학습가이드

| 강의신청 직후 » 강의수강 중 » 교육 수료일 전 |

강의신청 직후 » **강의수강 중** » **교육 수료일 전**

수료기준 및 교육 수료 종료일, 면제자격증 등 강의 수강 전 안내 내용 확인

개인의 진도율에 맞춘 셀프 학습 체크 및 부가 콘텐츠 제공

(단, 셀프 학습 체크는 수료 진도율과 무관합니다.)

교육 수료 종료일 전 수료조건 충족

원서접수 » **시험일 전** » **합격자발표 직후**

한국FPSB 수료보고, 원서접수

최종 실전모의고사 특강 듣고 마무리

합격 여부 및 합격자 대상 혜택 확인

04 다양한 학습 지원 서비스

금융전문 연구원
1:1 질문/답변 서비스

무료 바로 채점 및
성적 분석 서비스

33,000개 이상
합격 선배 수강후기

해커스금융
무료강의

[금융자격증 1위] 주간동아 선정 2022 올해의 교육 브랜드 파워 온·오프라인 금융자격증 부문 1위 해커스
* 01~03은 AFPK/CFP 수료과정 수강생에게 제공되는 시스템입니다.

해커스금융 수석/차석 합격생이 말하는
AFPK/CFP 합격의 비결!
해커스금융과 함께해야 합격이 쉬워집니다!

농협은행 취업성공

김○신
AFPK 수석
CFP 차석

"비전공자 체대생 해커스와 AFPK 수석합격부터 CFP 차석합격까지"

저의 합격 비결은 해커스에서 제공하는 모든 콘텐츠를 최대한 활용하려고 했던 점입니다.
첫 번째는 AFPK, CFP 시크릿 학습플랜을 통해 대략 하루에 어느 정도를 해야 할지 계획을 세웠습니다.
두 번째는 해커스 핵심 요약집으로 빈출 문제나 개념에 대해 더 명확하게 이해할 수 있었습니다.
세 번째는 외출할 때 항상 해커스에서 주는 부가물들을 챙겨 다녔습니다.
이렇게 해커스에서 제공하는 콘텐츠들을 최대한 활용하였더니 실제 시험에서도
도움이 많이 되었습니다.

* 제82회 AFPK 수석, 제42회 CFP 차석

문과계열 수석합격

김○승
AFPK 수석

"해커스인강으로 AFPK 수석합격"

핵심문제집의 난이도가 실제 시험의 난이도와 비슷하다고 느꼈습니다.
핵심문제집은 중요도가 잘 나눠져 있어 중요한 문제를 더 집중해서 볼 수 있었고,
문제에 대한 해설도 자세히 나와있어 모르는 문제를 해결하는 데도 큰 지장이 없었습니다.
해커스 핵심요약집을 여러 번 회독하고 핵심문제집과 해커스 모의고사,
해커스에서 제공해주는 고난이도 모의고사를 여러 번 풀어보면 도움이 많이 될 것 같습니다.

* 제84회 AFPK 수석

대학생 수석합격

정○원
CFP 수석

"모의고사가 가장 도움이 많이 되었습니다."

CFP는 워낙 학습량이 방대하여 이해하기 어려운 내용이 많았는데, 시험 직전 휘발성이 강한 부분들을 확실하게 공부할 수 있는 문제들로 수록되어 있었습니다.
또한, 교수님이 수업 내용을 미리 판서로 적어주셔서, 수업을 한 번만 듣더라도
많은 양이 기억에 남았습니다.

* 제46회 CFP수석

합격의 기준, **해커스금융** fn.Hackers.com

더 많은 합격수기가 궁금하다면? ▶

해커스

AFPK®
최종 실전모의고사

해커스

이 모의고사는 한국FPSB 승인하에 한국FPSB가 저작권을 소유하고 있는 AFPK교재를 바탕으로 편성하였음

AFPK 합격의 길,
합격률 1위 해커스가
알려드립니다.

평균 합격률 35%*, 3명 중 1명만 합격하는 AFPK 자격시험,
어떻게 공부해야 한 번에 합격할 수 있을까요?
분명한 방법은 가장 많은 선배들이 합격한 책으로 공부하는 것입니다.

해커스는 합격률 1위 노하우로 2025년 개정된 AFPK 기본서(한국FPSB 발간) 내용 및 시험의 출제 경향과
난이도를 철저히 분석한 결과를 「해커스 AFPK 최종 실전모의고사」에 모두 담았습니다.

「해커스 AFPK 최종 실전모의고사」는

1 최신 출제 경향과 난이도를 반영한 총 3회분의 모의고사로 확실한 실전 마무리가 가능합니다.

2 OMR 답안지와 바로 채점 및 성적 분석 서비스 제공으로 철저하게 실전에 대비할 수 있습니다.

3 모든 문제에 기본서 및 「해커스 AFPK 핵심요약집」 페이지를 표기하여, 문제와 이론을 연계하여
학습할 수 있습니다.

가장 많은 수험생이 학습하고 합격하는 곳 해커스**,
여러분의 AFPK 합격, 해커스금융이 함께합니다.

*88~90회 교육기관 평균 합격률 기준(한국FPSB 공식 발표자료 기준)
**88~90회 합격자 수 1위, 응시자 수 1위(한국FPSB 공식 발표자료 기준)

해커스 AFPK 최종 실전모의고사 특장점

01 최신 출제 경향과 난이도를 반영한 총 3회분의 모의고사로 확실한 실전 마무리!

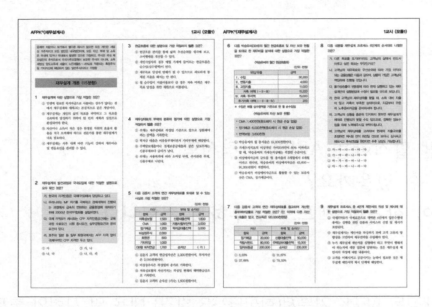

합격률 1위 노하우로 최신 출제 경향과 난이도를 철저히 분석하여 반영한 3회분의 모의고사를 수록하였습니다.

이를 통해 시험 전 마무리 단계에서 자신의 실력을 정확하게 점검할 수 있어 확실한 실전 마무리가 가능합니다.

02 철저한 실전 대비를 위한 OMR 답안지와 바로 채점 및 성적 분석 서비스 제공!

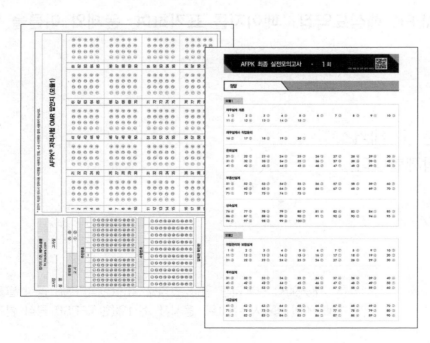

실제 시험과 동일한 환경에서 풀이할 수 있도록 OMR 답안지를 수록하였습니다.
OMR 답안지를 통해 실제 시험 시간에 맞춰서 풀어볼 수 있어 보다 철저히 실전에 대비할 수 있습니다.

또한 정답 및 해설에 있는 '바로 채점 및 성적 분석 서비스' QR 코드를 스캔하여 자신의 실력을 정확하게 파악하고 취약점을 분석할 수 있습니다.

03 모든 문제에 기본서 및 요약집 페이지를 표기하여, 문제와 이론의 연계학습 가능!

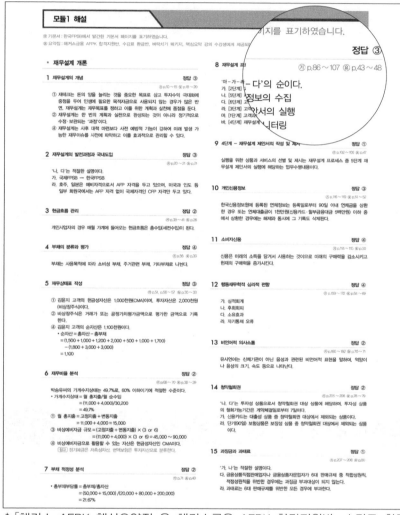

모든 문제에 상세한 해설을 제공하여 학습한 내용을 충분히 이해할 수 있도록 하였습니다.

또한 기본서 내용을 바탕으로 출제되는 시험 특성에 따라, 문제를 풀면서 관련 기본서 내용을 쉽게 찾아볼 수 있도록 문제에 해당하는 이론이 수록된 기본서(한국FPSB 발간) 및 「해커스 AFPK 핵심요약집」* 페이지를 표기하였습니다.

이를 통해 학습자는 관련 이론학습을 위해 기본서 및 요약집 중 본인이 원하는 교재를 선택하여 효과적으로 학습할 수 있습니다.

* 「해커스 AFPK 핵심요약집」은 해커스금융 AFPK 합격지원반, 수강료 환급반, 기수료팩, 핵심요약 강의 수강생에게 제공됩니다.

단기 합격의 길로 안내할, 동영상강의와 함께하고 싶다면?
해커스금융 fn.Hackers.com

목 차

최종 실전모의고사 1회

최종 실전모의고사 2회

최종 실전모의고사 3회

📄 [부록] OMR 답안지

정답 및 해설(책 속의 책)

AFPK 자격인증 안내

AFPK 자격인증시험이란

AFPK 자격인증시험은 응시자가 재무설계서비스를 제공하는 데 필요한 최소한의 재무설계지식을 갖추었는지 평가할 수 있도록 만들어졌습니다.

● AFPK 자격인증을 받기 위해서 거쳐야 할 절차

01 한국FPSB 지정 교육기관에서 AFPK 교육과정 수료		**02** AFPK 자격인증시험 합격		**03** AFPK 자격인증 신청 한국FPSB에서 정한 결격사유에 해당하지 않음으로써 재무설계서비스를 제공하는 데 필요한 윤리성을 인정 받아야 AFPK 자격인증 취득

교육과정면제 대상자

- AFPK 자격인증시험 응시 예정자는 한국FPSB에 등록된 교육기관이 제공하는 AFPK 교육과정을 모두 수료하여야 합니다.
- 단, 전문자격증이나 기타 관련 자격증 소지자는 교육과정 전체 또는 일부가 면제됩니다. 교육과정 중 일부가 면제되는 자격보유자는 나머지 교육과정을 이수함으로써 AFPK 자격인증시험에 응시할 수 있습니다.

대상자격증	교육면제과목
공인회계사 자격시험 합격자, 변호사 자격시험 합격자, 세무사 자격시험 합격자, 보험계리사, 감정평가사, 경영학 석사, 경제학 석사, 재무설계학 석사	전부면제 (모듈1, 모듈2)
종합자산관리사, 투자자산운용사, 자산관리사	일부면제 (모듈2)
손해사정사, 보험중개사	일부면제 (보험설계)
국제투자분석사, 운용전문인력, 펀드투자권유자문인력, 재무위험관리사, 파생상품투자권유자문인력, 증권투자권유자문인력, 집합투자자산운용사	일부면제 (투자설계)
공인중개사	일부면제 (부동산설계)

※ 교육과정면제 대상자는 교육과정만 면제될 뿐 시험과목은 모두 응시하여야 합니다.

시험구성

구 분	시 간	시험과목	시험문항수
모듈1	1교시 오후 2:00 ~ 오후 3:50	재무설계 개론	15
		재무설계사 직업윤리(주1)	5
		은퇴설계	30
		부동산설계	25
		상속설계	25
		소 계	100문항
모듈2	2교시 오후 4:20 ~ 오후 6:00	위험관리와 보험설계	30
		투자설계	30
		세금설계	30
		소 계	90문항
총 계			190문항

※ (주1) 별도의 시험과목으로 분류하지 않고 재무설계 개론에 포함합니다.
※ 문제의 형식은 객관식 4지선다형이며, 시험문제는 비공개입니다.

시험 합격기준 및 유효기간

◉ 전체합격

① 전체합격기준

동일 회차의 모듈1과 모듈2의 시험에서 과목별로 100분의 40 이상을 득점하고 모듈1과 모듈2 전체시험에 대하여 평균 100분의 70 이상을 득점해야 합니다.

② 전체합격 유효기간

AFPK 자격인증시험의 전체합격 유효기간은 합격월로부터 3년입니다. 합격월로부터 3년 이내에 AFPK 자격인증을 신청하지 않을 경우 합격사실이 취소되며, 재취득을 원하는 경우 시험에 다시 응시하여야 합니다.

◉ 부분합격

① 부분합격기준

각 모듈의 시험에 대하여 시험과목별로 100분의 40 이상을 득점하고 해당 모듈에 대하여 평균 100분의 70 이상을 득점해야 합니다.

② 부분합격 유효기간

모듈별 부분합격은 합격한 사실만 인정되며 점수는 이월되지 않습니다. 부분합격 회차로부터 연이은 4회 시험에서 다른 모듈을 합격하지 못할 경우 부분합격의 효력이 상실되며 다시 전체시험에 응시하여야 합니다.

합격전략

1 이론 학습전략

〈해커스 AFPK 핵심요약집〉은 해커스금융 AFPK 합격지원반, 수강료 환급반, 기수료팩, 핵심요약 강의 수강생에 한하여 무료로 제공됩니다.

기본서 1~2회 정독

동영상강의 수강과 함께 기본서(한국FPSB 발간)를 1~2회 정독하여 시험 과목에 익숙해지고 내용을 이해하도록 합니다.

핵심요약집 반복 학습

시험에 자주 나오는 내용만 엄선한 「해커스 AFPK 핵심요약집」을 반복 학습합니다. 각 이론마다 표기된 「해커스 AFPK 핵심문제집」 문제 번호를 활용하여 학습한 이론을 문제로 확인합니다.

2 문제 풀이전략

〈해커스 AFPK 핵심문제집〉은 시중 서점에서 구매 가능합니다.

핵심문제집 별 3개(★★★) 문제부터 풀이

「해커스 AFPK 핵심문제집」에서 중요도가 높은 별 3개(★★★) 문제를 먼저 푼 후 나머지 문제를 풀면 자연스럽게 복습이 되어 학습효과가 두 배가 됩니다.

틀린 문제 관련 이론 복습

틀린 문제는 「해커스 AFPK 핵심문제집」 각 문제에 해당하는 이론의 기본서 및 「해커스 AFPK 핵심요약집」 페이지를 확인하여 관련 이론을 반드시 복습합니다.

3 마무리 학습전략

해커스는 학습 마무리에 최적화된 콘텐츠를 수강기간이 남은 자사 AFPK 정규수강생에 한해 온라인으로 무료 제공합니다.

① 족집게 요약집
② 적중예상 모의고사(1회분)
③ 고난도 하프모의고사(1회분)
④ 하루 1시간 이론완성노트
* 적중예상 모의고사는 자사 AFPK 정규수강생이 아니더라도 유료로 구매 가능합니다.

이론완성노트 및 족집게 요약집 반복 학습

가장 중요한 내용만 모아놓은 이론완성노트 및 족집게 요약집을 반복 학습하여 해당 내용의 문제는 반드시 맞출 수 있도록 합니다.

최종 실전모의고사 및 온라인 제공 모의고사 풀이

실제 시험을 보듯 시험 시간에 맞춰 「해커스 AFPK 최종 실전모의고사」와 온라인으로 제공되는 「적중예상 모의고사」 및 「고난도 하프모의고사」를 풉니다.

학습플랜

전공자 추천 70점 목표 학습 단기 합격 희망	비전공자 추천 80점 목표 학습 안정권 합격 희망	비전공자 추천 90점 목표 학습 순위권 합격 희망	직장인, 재학생 추천 타 자격증 동시 준비 주말 집중 학습 희망
▼	▼	▼	▼
4주 플랜	**8주** 플랜	**12주** 플랜	**12주 주말** 플랜

4주 플랜	8주 플랜	12주 플랜	12주 주말 플랜
1주 핵심요약집(교재) 학습	**1-2주** 기본서 동영상강의 수강 + 기본서 1회독	**1-2주** 기본서 동영상강의 수강	**1-7주** 기본서 동영상강의 수강 + 기본서 1회독 + 핵심요약집(교재) 1회독
2주 핵심문제집(교재) 풀이	**3-4주** 핵심요약집(교재) 학습 + 핵심문제집(교재) 풀이	**3-4주** 기본서 1, 2회독 **5-6주** 핵심요약집(교재) 1, 2회독	**8-9주** 기본서 2회독 + 핵심요약집(교재) 2회독
3주 핵심요약집 및 핵심문제집(교재) 풀이 + 최종 실전모의고사(교재) 풀이 + 적중예상 모의고사(온라인) 풀이	**5-6주** 핵심문제집(교재) 풀이 및 복습 + 최종 실전모의고사(교재) 풀이	**7-8주** 핵심문제집(교재) 풀이	**10-11주** 핵심문제집(교재) 풀이 + 최종 실전모의고사(교재) 풀이
4주 고난도 하프모의고사(온라인) 풀이 + 모의고사(교재 + 온라인) 전체 복습 + 족집게 요약집(온라인) 반복	**7-8주** 적중예상 모의고사(온라인) 풀이 + 핵심요약집(교재) 복습 + 고난도 하프모의고사(온라인) 풀이 + 족집게 요약집(온라인) 반복	**9-10주** 최종 실전모의고사(교재) 풀이 + 핵심요약집(교재) 3회독 **11-12주** 적중예상 모의고사(온라인) 풀이 + 이론완성노트(온라인) 반복 + 고난도 하프모의고사(온라인) 풀이 + 족집게 요약집(온라인) 반복	**12주** 적중예상 모의고사(온라인) 풀이 + 고난도 하프모의고사(온라인) 풀이 + 족집게 요약집(온라인) 반복

◆ 더 상세한 학습플랜은 해커스금융(fn.Hackers.com) → [A/C 콘텐츠 자료실]에서 다운로드 받을 수 있습니다. 이 학습플랜은 수강기간이 남은 해커스 AFPK 정규수강생에 한하여 제공됩니다.

금융 · 자격증 전문 교육기관 해커스금융

fn.Hackers.com

해커스 **AFPK**® 최종 실전모의고사

1회

모듈1 재무설계 개론 (15문항)
재무설계사 직업윤리 (5문항)
은퇴설계 (30문항)
부동산설계 (25문항)
상속설계 (25문항)

모듈2 위험관리와 보험설계 (30문항)
투자설계 (30문항)
세금설계 (30문항)

금융 · 자격증 전문 교육기관 해커스금융

fn.Hackers.com

수험번호	
성 명	

해커스 **AFPK**® 최종 실전모의고사

1회

시험 유의사항

1) 시험장 내 휴대전화, 무선기, 컴퓨터, 태블릿 PC 등 통신 장비를 휴대할 수 없으며 휴대가 금지된 물품을 휴대하고 있음이 발견되면 부정행위 처리기준에 따라 응시제한 1년 이상으로 징계됨.

2) 답안 작성 시 컴퓨터용 사인펜을 이용하고 예비답안 작성은 반드시 붉은 사인펜만을 이용해야 하며, 붉은 사인펜 이외의 필기도구(연필, 볼펜 등)를 사용하여 예비답안을 작성한 경우 이중 마킹으로 인식되어 채점되지 않음을 유의함.

3) 답안은 매 문항마다 하나의 답만을 골라 그 숫자에 빈틈없이 표기해야 하며, 답안지는 훼손 오염되거나 구겨지지 않도록 주의해야 한다. 특히 답안지 상단의 타이밍 마크를 절대로 훼손해선 안 되며, 마킹을 잘못하거나(칸을 채우지 않거나 벗어나게 마킹한 경우) 또는 답안지 훼손에 의해서 발생되는 문제에 대한 모든 책임은 응시자에게 귀속됨.

4) 시험종료 안내는 종료 20분, 10분 전에 방송되며 시험시간 관리의 책임은 전적으로 수험생 본인에게 있으므로 종료 후 답안 작성으로 인하여 부정행위 처리되지 않도록 유의함.

5) 유의사항 위반에 따른 모든 불이익은 응시자가 부담하고 부정행위 및 규정 위반자는 부정행위 세부 처리기준에 준하여 처리됨.

모듈1

- 재무설계 개론 (15문항)
- 재무설계사 직업윤리 (5문항)
- 은퇴설계 (30문항)
- 부동산설계 (25문항)
- 상속설계 (25문항)

문제의 지문이나 보기에서 별다른 제시가 없으면 모든 개인은 세법상 거주자이고 모든 법인은 내국법인이며, 모든 자산, 부채 및 소득은 국내에 있거나 국내에서 발생한 것으로 가정하고, 주식은 국내 제조법인의 주식으로서 우리사주조합원이 보유한 주식이 아니며, 소득세법상 양도소득세 세율이 누진세율(6~45%)로 적용되는 특정주식 등 기타자산에 해당하지 않는 일반주식이라고 가정함

재무설계 개론 (15문항)

1 재무설계에 대한 설명으로 가장 적절한 것은?

① 인생에 필요한 목적자금으로 사용되는 경우가 많다는 점에서 재무설계와 재테크는 본질적으로 같은 개념이다.

② 재무설계는 개인의 삶의 목표를 파악하고 그 목표를 신속하게 달성하기 위하여 한 번의 계획과 실천으로 완성되어야 한다.

③ 자산이나 소득이 적은 경우 한정된 자원의 효율적 활용을 적극 모색해야 하므로 전문가를 통한 재무설계가 더욱 필요하다.

④ 재무설계는 사후 대책 마련 기능이 강하며 재무이슈 및 변동요인을 관리할 수 있다.

2 재무설계의 발전과정과 국내도입에 대한 적절한 설명으로 모두 묶인 것은?

가. 한국의 자격인증은 국제FPSB에서 담당하고 있다.

나. 우리나라는 IMF 위기를 극복하고 경제개혁이 진행되는 과정에서 급속히 변화하는 금융환경에 대처하기 위해 2000년 한국FP협회를 설립하였다.

다. 국제 FPSB가 제시하는 CFP 자격인증요건에는 교육과정 수료요건, 시험 응시요건, 실무경험요건과 윤리요건이 있다.

라. 호주와 일본 등 일부 회원국에서는 AFP 자격 없이 국제자격인 CFP 자격만 두고 있다.

① 가   ② 가, 나
③ 나, 다   ④ 나, 다, 라

3 현금흐름에 대한 설명으로 가장 적절하지 **않은** 것은?

① 현금흐름 관리를 통해 삶의 우선순위를 생각해 보고, 소비행태를 개선할 수 있다.

② 개인사업자의 경우 매월 가계에 들어오는 현금흐름은 순수입(실수령액)이 된다.

③ 재무목표 달성에 방해가 될 수 있으므로 과도하게 통제된 지출을 해서는 안 된다.

④ 월 순수입이 지출비용보다 클 경우 저축 여력은 재무목표 달성을 위한 재원으로 이용된다.

4 재무상태표의 부채의 분류와 평가에 대한 설명으로 가장 적절하지 **않은** 것은?

① 부채는 재무상태표 작성일 기준으로 앞으로 상환해야 하는 잔액을 기록한다.

② 학자금 대출은 비유동부채이면서 기타부채에 해당한다.

③ 주택담보대출이나 전세보증금대출과 같은 담보부채는 신용부채보다 금리가 낮다.

④ 부채는 사용목적에 따라 소비성 부채, 주거관련 부채, 신용부채로 나뉜다.

5 다음 김윤지 고객의 연간 재무상태표를 토대로 알 수 있는 사실로 가장 적절한 것은?

(단위 : 천원)

자산		부채 및 순자산	
항목	금액	항목	금액
저축성보험	1,500	신용대출잔액	1,800
CMA	1,000	자동차할부잔액	3,000
정기예금	1,200	학자금대출잔액	3,000
비상장주식	2,000		
회원권	500		
기타유입	1,000		
DB형 퇴직연금	1,700	순자산	(가)

① 김윤지 고객의 현금성자산은 2,200천원이며, 투자자산은 2,000천원이다.

② 비상장주식은 작성일의 종가로 기록한다.

③ 저축성보험의 자산가치는 작성일 현재의 해약환급금으로 기록한다.

④ 김윤지 고객의 순자산 (가)는 1,800천원이다.

6 다음 박승유씨(32세)의 월간 현금흐름표 및 자산 보유 현황을 토대로 한 재무비율 분석에 대한 설명으로 가장 적절한 것은?

〈박승유씨의 월간 현금흐름표〉

(단위 : 천원)

유입/유출	금액
Ⅰ. 수입	30,200
Ⅱ. 변동지출	4,000
Ⅲ. 고정지출	11,000
저축 여력(Ⅰ-Ⅱ-Ⅲ)	15,200
Ⅳ. 저축·투자액	15,000
추가저축 여력(Ⅰ-Ⅱ-Ⅲ-Ⅳ)	200

※ 수입은 매월 실수령액을 기준으로 한 월 순수입임

〈박승유씨의 자산 보유 현황〉

- CMA : 1,400천원(중도해지 시 원금 손실 없음)
- 정기예금 : 6,000천원(중도해지 시 원금 손실 없음)
- 변액보험 : 3,600천원

① 박승유씨의 월 총지출은 15,200천원이다.
② 가계수지지표의 이상적인 가이드라인이 60% 이하라고 할 때, 박승유씨의 가계수지상태는 적절한 수준이다.
③ 비상예비자금의 규모를 월 총지출의 3개월에서 6개월이라고 한다면, 박승유씨의 비상예비자금은 45,600 ~ 91,200천원이 적절하다.
④ 박승유씨가 비상예비자금으로 활용할 수 있는 보유자산은 CMA, 정기예금이다.

7 다음 강윤석 고객의 연간 재무상태표를 참고하여 계산한 총부채부담률로 가장 적절한 것은? (단, 이외에 다른 자산 및 대출은 없고, 연소득은 120,000천원임)

(단위 : 천원)

자산		부채 및 순자산	
항목	금액	항목	금액
정기예금	20,000	신용대출잔액	50,000
적립식펀드	80,000	주택담보대출잔액	15,000
임차보증금	200,000	순자산	235,000

① 3.33%   ② 21.67%
③ 27.66%   ④ 78.33%

8 다음 내용을 재무설계 프로세스 6단계의 순서대로 나열한 것은?

가. 다른 목표를 포기하더라도 고객님의 삶에서 반드시 이루고 싶은 목표는 무엇인가요?

나. 고객님의 재무목표와 우선순위에 따라 가장 이익이 되는 금융상품은 다음과 같으며, 상품의 가입은 고객님의 책임하에 진행될 것입니다.

다. 물가상승률이 변동함에 따라 현재 실행하고 있는 재무설계안의 실행방법에 수정이 필요할 것으로 보입니다.

라. 현재 고객님의 재무상태를 봤을 때, 소득 대비 지출이 많고 저축이 부족한 상태이므로, 지금부터 꾸준히 노후준비자금을 준비하셔야 합니다.

마. 고객님의 상황을 충분히 인지하지 못하면 재무설계가 제대로 진행되지 못할 수도 있으므로, 정확한 정보수집을 위해 노력해주시길 부탁드립니다.

바. 고객님의 재무상태를 고려하여 현재의 지출규모를 조정하면 제시된 안이 최선일 것으로 보이나, 심사숙고해보시고 후속면담을 원한다면 추후 상담도 가능합니다.

① 가 - 마 - 나 - 라 - 바 - 다
② 가 - 마 - 라 - 나 - 바 - 다
③ 마 - 가 - 라 - 바 - 나 - 다
④ 마 - 가 - 바 - 나 - 라 - 다

9 재무설계 프로세스 중 4단계 제안서의 작성 및 제시에 대한 설명으로 가장 적절하지 **않은** 것은?

① 국제FPSB가 국제표준으로 채택한 4단계의 업무수행내용에는 실행을 위한 상품과 서비스의 선별 및 제시가 포함된다.
② 재무설계사는 제안서를 작성하기 전에 고객 고유의 방향성을 고민하여 재무전략을 수립해야 한다.
③ 누가 재무설계 제안서를 실행해야 하고 무엇이 행해져야 하는지에 대한 질문에 답변하는 것은 재무설계 제안서의 작성에 대한 내용이다.
④ 고객을 이해시키고 공감시키는 능력이 필요한 것은 재무설계 제안서의 제시 단계에 해당한다.

10 개인신용정보에 대한 설명으로 가장 적절하지 **않은** 것은?

① 개인신용정보는 식별정보, 신용거래정보, 신용도 판단정보, 신용거래능력 판단정보, 공공정보 등 5가지로 구성된다.

② 연체정보는 등록사유발생일로부터 7영업일 내에 등록해야 한다.

③ 한국신용정보원에 등록된 연체정보의 경우 등록일로부터 90일 이내에 연체금을 상환하여 해제되더라도 해제사유발생일로부터 연체기간까지 연체기록이 보존된다.

④ 모든 공공정보는 해제와 동시에 삭제되어 별도의 기록 보존기간이 없지만, 금융질서문란정보는 해제사유가 발생하더라도 그 기록이 5년간 보존된 후에 삭제된다.

11 소비자신용에 대한 설명으로 가장 적절하지 **않은** 것은?

① 신용사용을 통해 신용도 개선을 추구할 수 있다.

② 신용을 활용하여 구매 시기를 앞당기면 인플레이션에 대비할 수 있다.

③ 신용을 사용한 만큼 이자나 수수료 등의 비용이 발생한다.

④ 신용은 미래의 구매력을 증가시키고 현재의 구매력을 감소시킨다.

12 행동재무학적 심리적 편향과 그 내용이 적절하게 연결된 것은?

가. 개인이 재무적 의사결정을 할 때 상황에 따라 적용되는 내적 프레이밍이 달라진다.

나. 투자상품을 선택할 때 원금손실이 발생하면 후회할 것이 두려워 주로 원금보장 상품에 가입하는 경향이 있다.

다. 자신이 가지고 있는 증권을 계속 보유하려는 속성이 있다.

라. 지금 당장의 과도한 소비지출은 미래의 소비지출 수준을 낮추는 일임을 알면서도 잘 통제가 되지 않는다.

	가	나	다	라
①	프레이밍 효과	후회회피	닻내리기 효과	손실회피
②	프레이밍 효과	소유효과	자기과신	자기통제 오류
③	심적회계	소유효과	자기과신	손실회피
④	심적회계	후회회피	소유효과	자기통제 오류

13 비언어적 의사소통에 대한 설명으로 적절하지 **않은** 것은?

① 언어와 비언어가 서로 다르게 표현되어 혼란이 발생하는 경우에는 일반적으로 비언어적 표현을 더 믿는 경향이 있다.

② '유사언어(paralanguage)'는 자세와 몸짓, 얼굴표정, 시선 등 신체에 의한 비언어적 표현을 말한다.

③ 상징물에 의한 비언어적 표현은 옷차림과 장신구 등으로 고객의 성향이나 자기관리의 상태, 고객이 속한 집단의 문화를 나타내기도 한다.

④ 비언어적 의사소통은 언어적 의사소통을 대체할 수 있지만, 비언어적 표현만으로 성공적인 커뮤니케이션을 수행하기는 어려울 수 있다.

14 다음 중 청약철회권 대상이 되는 상품과 철회가능기간이 가장 적절하게 연결된 것은? (단, 철회가능기간은 계약체결일로부터 기산함)

> 가. 신용카드
> 나. 고난도금융투자상품
> 다. 고난도투자일임계약
> 라. 단기(90일) 보험상품

	청약철회권 대상	철회가능기간
①	가	7일
②	나, 다	7일
③	나, 다	14일
④	나, 다, 라	14일

15 다음 중 과징금과 과태료에 대한 적절한 설명으로만 모두 묶인 것은?

> 가. 내부통제기준을 미수립한 경우 경미한 의무위반에 해당하여 과태료를 부과한다.
> 나. 과징금은 관련 수입의 50% 이내에서 부과된다.
> 다. 금융상품자문업자가 적합성원칙을 위반한 경우 과징금 부과대상이다.
> 라. 6대 판매규제 중 설명의무를 위반한 경우에는 과태료를 부과하지 않는다.

① 가, 나   ② 나, 다
③ 가, 나, 라   ④ 나, 다, 라

재무설계사 직업윤리 (5문항)

16 다음 사례에서 설명하는 고객에 대한 의무로 적절한 것은?

> • 고객은 위험중립형 위험수용성향을 보이고 있으며, 이에 근거한 제안서를 작성하였다.
> • 부동산정책의 변화에 대응하도록 기존의 부동산설계를 변경하는 재무계획을 준비하였다.

① 충실의무   ② 진단의무
③ 고지의무   ④ 자문의무

17 재무설계 자격인증자가 준수해야 할 행동규범 중 고객과의 관계정립에 대한 설명으로 적절하지 **않은** 것은?

① 자격인증자는 고객의 이익을 최우선으로 하고 선량한 관리자로서의 주의의무를 다하여야 한다.
② 고객, 자격인증자, 제3자와의 전반적인 이해상충을 기술한 요약서를 고객에게 서면으로 제공하여야 한다.
③ 계약서에는 계약 당사자, 계약일 및 계약기간, 계약종료 방법 및 조건, 제공되는 서비스를 명시하여야 한다.
④ 업무수행 계약을 맺기 전에 업무수행에 따른 보수 및 공급하는 서비스의 이용 조건 등에 대해 협의하여야 한다.

18 재무설계사의 결격사유에 대한 설명으로 가장 적절하지 **않은** 것은?

① 파산자로서 복권되지 아니한 자 또는 파산신청 후 5년이 지나지 아니한 자는 결격사유에 해당한다.
② 금고 이상의 형의 집행유예를 선고받고 그 기간이 경과한 후 3년이 지나지 아니한 자는 결격사유에 해당한다.
③ 한국FPSB가 시행하는 자격시험과 관련된 부정행위로 응시제한 등의 조치를 받고 조치기간 중에 있는 자는 결격사유에 해당한다.
④ 자격인증자가 된 이후에 결격사유에 해당될 경우 잠정적 자격정지의 대상이 되고 징계규정에 따라 자격인증이 정지되거나 취소된다.

19 재무설계 업무수행과정을 순서대로 바르게 나열한 것은?

> 가. 자격인증자는 고객의 현 재무상태에서의 강점과 약점을 평가하고 이를 고객의 목표, 니즈 그리고 우선순위와 비교하여야 한다.
>
> 나. 자격인증자는 고객에게 재무설계 업무수행과정, 제공하는 서비스, 자격인증자의 역량 및 업무경력에 대하여 알린다.
>
> 다. 자격인증자와 고객은 각자의 실행책임에 대하여 상호 합의하여 결정하여야 한다.
>
> 라. 자격인증자와 고객은 재무설계 제안서를 작성하거나 실행하기 전에 업무수행 범위와 관련된 고객의 개인적인 목표와 재무목표, 니즈 및 우선순위를 파악한다.
>
> 마. 자격인증자는 고객의 목표, 니즈 및 우선순위를 합리적으로 충족할 수 있도록 고객의 현행 자산운용방식에 대하여 적절한 여러 가지 전략을 고려하여야 한다.
>
> 바. 자격인증자와 고객은 재무설계 제안서의 목표 달성 과정의 진행상태를 평가하고 재무설계 제안서가 여전히 적절한지 결정하여야 한다.

① 가 – 나 – 다 – 마 – 라 – 바
② 가 – 다 – 나 – 라 – 바 – 마
③ 나 – 라 – 가 – 마 – 다 – 바
④ 나 – 마 – 가 – 다 – 라 – 바

20 재무설계 업무수행 시 유의사항에 대한 적절한 설명으로 모두 묶인 것은?

> 가. 조세에 관한 상담이나 자문은 재무설계사의 업무 범위에 속하므로 재무설계사가 진행하더라도 문제가 되지 않는다.
>
> 나. 재무설계사가 변호사 자격이 없는 경우에는, 해당 분야에 대해 충분한 법률적 소양을 갖추고 있더라도 반드시 변호사의 협의와 자문을 거쳐야 한다.
>
> 다. 무보수로 세무대리업무 행위를 하는 경우에는 세무사법에 위반되지 않는다.
>
> 라. 무보수로 법률상담을 하는 경우 변호사법에 의한 처벌의 대상이 된다.

① 나　　　　　　　　② 가, 다
③ 가, 나, 라　　　　　④ 나, 다, 라

은퇴설계 (30문항)

21 은퇴설계의 필요성에 대한 설명으로 가장 적절하지 **않은** 것은?

① 생산연령인구 1백명당 부양해야 할 인구를 의미하는 노령화지수가 꾸준히 증가할 것으로 보인다.
② 사망 전에 경제적 자원이 모두 소진되는 장수위험에 대비해야 한다.
③ 저출산 현상으로 유소년인구와 생산연령인구의 감소가 이어지고 있다.
④ 퇴직 이후 안정적으로 은퇴소득을 발생시킬 수 있는 연금공백전략을 수립해야 한다.

22 은퇴 후 생활 단계 중 활동기에 대한 적절한 설명으로만 모두 묶인 것은?

> 가. 은퇴소득과 자산에 대한 전반적인 검토와 계획을 수립·점검해야 할 시기이다.
>
> 나. 가족이나 친구 등 사회적 관계에 관심을 두며 정적인 여가활동에 관심을 갖는 시기이다.
>
> 다. 모든 일에 의욕적이고, 여행, 스포츠, 취미 등 여가활동을 활발하게 한다.
>
> 라. 안전한 주거지로의 이동을 고려해야 할 시기이다.

① 가, 나
② 가, 다
③ 나, 다
④ 나, 다, 라

23 A씨의 은퇴 전후 소비 수준이 다음과 같을 때, 적정 은퇴소득 수준에 대한 설명으로 가장 적절한 것은?

- 은퇴 전 소비 수준 : 월 300만원
- 은퇴 후 소비 수준(예상)
  - 최저생활비 : 월 150만원
  - 표준생활비 : 월 (   )
  - 유락생활비 : 월 350만원

① 표준생활비는 건강하고 문화적인 생활을 영위하는 등 여유 있게 생활할 수 있도록 하는 생활비이다.

② 목표소득대체율은 소비기준보다는 소득기준으로 산출하는 것이 일반적이며, 이는 저축목표로 활용될 수 있다.

③ 최저생활비를 기준으로 계산한 목표소득대체율은 약 66% 수준이다.

④ 표준생활비를 기준으로 계산한 목표소득대체율이 80%일 경우 표준생활비는 월 240만원 수준이다.

24 주택연금에 대한 적절한 설명으로만 모두 묶인 것은?

가. 거주주택에 평생 거주하면서 부부 모두 사망 시까지 매월 동일한 연금을 수령할 수 있는 종신지급방식(정액형)을 선택할 수 있다.

나. 대출이자비용은 연간 200만원 한도로 종합소득 과세표준 확정신고 시 소득공제 혜택이 있다.

다. 부부기준 공시가격 12억원 이하 1주택을 소유하거나, 다주택자인 경우 합산 가격이 12억원 이하이어야 하며, 대상 주택에 거주하지 않더라도 신청 가능하다.

라. 상환정산 시 주택가격이 대출 잔액보다 크면 남은 부분은 자녀에게 상속되고, 주택가격이 대출 잔액보다 적을 때는 부족분에 대하여 상속인에게 청구한다.

① 가
② 가, 나
③ 가, 나, 다
④ 가, 나, 다, 라

25 농지연금에 대한 설명으로 가장 적절하지 **않은** 것은?

① 농지연금을 수령하던 농업인이 사망할 경우 배우자가 승계하면 배우자 사망 시까지 계속해서 연금을 받을 수 있다.

② 농지연금을 받으면서 담보농지를 직접 경작하거나 임대할 수 있어 연금 이외의 추가소득을 얻을 수 있다.

③ 9억원 이하 농지는 재산세가 전액 감면된다.

④ 월지급금은 부부 중 나이가 적은 배우자를 기준으로 산정하되, 배우자가 만 60세 미만인 경우 가입자 연령을 기준으로 산정한다.

26 다음의 정보를 참고했을 때 정은영씨(65세)의 총은퇴일시금 산정에 대한 설명으로 가장 적절하지 **않은** 것은?

[정은영씨의 은퇴 관련 정보]
- A 건물에서 편의점을 운영 중인 개인사업자임
- 희망 은퇴기간 : 정은영씨 나이 현재 65세부터 15년간
- 은퇴소득목표 : 현재물가기준 연 40,000천원
- 국민연금 (일반) 노령연금은 65세부터 매년 초 현재물가 기준으로 15,000천원을 수령하는 것으로 가정함
- 은퇴소득 세후투자수익률 : 연 5.0%
- 은퇴소득 초기인출률 : 은퇴자산의 3%
- 연간 은퇴소득 목표소득원과 국민연금은 매년 물가상승률만큼 증액됨

① 정은영씨의 현재물가기준 연간 은퇴소득 부족금액은 연 25,000천원이다.

② 정은영씨가 은퇴생활비 이외에 간병비 등 추가적인 재무목표가 있다면 해당 금액을 포함하여 최종 총은퇴일시금을 산정한다.

③ 정은영씨의 은퇴 첫해에 필요한 인출금액이 20,000천원일 경우 총은퇴일시금은 60,000천원이다.

④ 정은영씨가 A 건물을 은퇴소득으로 활용한다면, 은퇴 시점에 A 건물 매각 시 발생하는 매도비용과 양도소득세 등을 공제한 순미래가치로 평가한다.

27 은퇴소득원이 다음과 같을 때 은퇴자산 중 저축 및 투자자산에 해당하는 금액으로 적절한 것은? (단, 다음은 모두 은퇴시점 세후평가액으로 가정함)

- 정기적금 : 3,000만원
- 납입 완료한 적립식 펀드 : 7,000만원
- IRP(퇴직연금 이외 추가 설정) : 10,000만원
- 연금보험 : 8,000만원
- 연금저축신탁 : 4,000만원
- 국민연금 : 15,000만원

① 10,000만원
② 18,000만원
③ 22,000만원
④ 32,000만원

28 은퇴자산 평가에 대한 설명으로 가장 적절하지 **않은** 것은?

① 연금보험의 은퇴시점 평가는 순보험료에 설계시점의 공시이율을 적용하여 산정한 금액 또는 해약환급금으로 평가한다.

② 고객이 퇴직 시 지급받을 것으로 예상되는 퇴직급여를 직접 금융상품을 선택하여 투자할 계획인 경우 해당 금융상품의 세후투자수익률을 적용하여 은퇴시점 세후 금액으로 평가한다.

③ 세제적격연금의 은퇴시점 세후평가금액은 은퇴기간 중 예상되는 세전연금액에서 소득세를 공제한 세후연금액을 은퇴시점에서 할인하는 방식으로 평가한다.

④ 은퇴 후 은퇴소득으로 사용할 부동산은 은퇴시점에 바로 매각하지 않을 예정이라면 매도비용은 공제하지 않고, 설계시점에서의 부동산 가액에 부동산 가치상승률만을 반영하여 평가한다.

29 자산배분에 대한 설명으로 가장 적절하지 **않은** 것은?

① 자산배분이란 수익구조와 위험수준이 다른 다양한 자산군에 대한 투자비중을 결정하고, 포트폴리오를 구성하는 일련의 과정을 말한다.

② 전략적 자산배분은 특별한 상황변화가 있지 않는 한 기존의 자산배분을 유지하는 전략이다.

③ 전술적 자산배분은 경제상황 변화 및 시장상황을 예측하여 투자비중을 조정해 나가는 전략이다.

④ 전략적 자산배분은 자산군별 투자비중을 결정하고, 포트폴리오의 목표수익률과 위험한도를 설정한다.

30 다음의 정보를 고려할 때 김재형씨의 국민연금에 대한 설명으로 가장 적절한 것은?

[김재형씨의 국민연금 관련 정보]
- 생년월일(나이) : 1964년 2월 16일(61세)
- 현재 국민연금 가입 중임
- 김재형씨 가족 관련 사항
  - 이단비(배우자, 1966년생, 59세) : 소득 없음
  - 김지우(자녀, 2000년생, 25세) : 소득 없음

※ 김재형씨 가족 중 장애인 없음

① 김재형씨가 2025년 현재 사망할 경우 배우자 이단비씨와 자녀의 유족연금은 민법상 상속 비율대로 나누어 지급받는다.

② 김재형씨의 연금수급개시연령은 64세이다.

③ 김재형씨가 연금수급개시연령에 소득이 있는 업무에 종사할 경우 수급개시연령부터 5년 동안의 노령연금액은 최대 60%까지 감액되어 지급받는다.

④ 김재형씨가 노령연금 연금지급의 연기를 희망할 경우 수급개시연령부터 5년 이내에 연금의 전부를 연기할 수 있으며, 해당기간 중 신청횟수의 제한은 없다.

31 국민연금 연금보험료 및 가입기간에 대한 적절한 설명으로만 모두 묶인 것은?

가. 기준소득월액이 100만원인 임의가입자의 연금보험료는 9만원이다.

나. 가입기간은 월 단위로 계산되므로 연금보험료를 내지 않은 경우와 연금보험료를 일부만 납부한 경우에는 가입기간에 산입되지 않는다.

다. 농어업인은 일정 한도 내에서 연금보험료의 70%까지 정부 지원을 받을 수 있다.

라. 50세 이상인 자는 최대 1년 이내로 선납신청이 가능하다.

① 가
② 가, 나
③ 가, 나, 다
④ 가, 나, 다, 라

32 다음 중 국민연금 가입자 유형이 가장 적절하게 연결된 것은?

> 가. 대학생이면서 소득이 없고, 국민연금 연금보험료를 납부한 사실이 있는 김하나씨(24세)
>
> 나. 직원 5명을 두고 유통업을 운영하고 있는 이두빈씨(50세)
>
> 다. 8년 전 중소기업 경영을 시작하면서 당시 처음 국민연금에 가입해 가입을 연장하고자 하는 박세진씨(60세)
>
> 라. 국민연금 수급권자의 배우자로서, 본인은 국민연금에 가입한 이력이 없고 현재 소득이 없는 전업주부 나산들씨(54세)

	가	나	다	라
①	지역 가입자	사업장 가입자	임의 가입자	임의계속 가입자
②	지역 가입자	사업장 가입자	임의계속 가입자	임의 가입자
③	사업장 가입자	임의 가입자	임의계속 가입자	지역 가입자
④	임의 가입자	임의계속 가입자	사업장 가입자	임의 가입자

33 국민연금 노령연금에 대한 설명으로 가장 적절하지 **않은** 것은?

① 1969년 이후 출생자의 노령연금 수급개시연령은 65세이다.

② 매월 100만원(부양가족연금액 제외)을 지급받아야 할 노령연금 수급권자가 지급을 5년간 전액 연기할 경우 30만원을 추가로 지급받게 된다.

③ 연금수급개시연령이 65세인 노령연금 수급권자가 그로부터 5년 전인 60세부터 연금을 지급받으려 할 경우 조기노령연금 지급률은 70%가 된다.

④ 조기노령연금 수급자가 수급개시연령 전에 소득이 있는 업무에 종사할 경우 그 소득이 있는 기간 동안 연금 지급이 정지된다.

34 다음 정보의 국민연금(노령연금) 수급권자(65세)가 사망한 경우 유족연금 수급자와 유족연금액으로 적절한 것은?

> • 가입기간 : 20년
>
> • 기본연금액 : 월 200만원
>
> • 연금수급개시연령인 60세부터 연금수령
>
> • 사망자에 의해 생계를 유지하고 있던 가족
>   - 자녀(28세) : 소득 없음, 장애를 가지고 있지 않음
>   - 아버지(85세) : 소득 없음, 장애를 가지고 있지 않음
>
> • 부양가족연금액, 물가상승 등은 고려하지 않음

	유족연금 수급자	유족연금액
①	아버지	월 200만원 × 60%
②	아버지	월 200만원 × 50%
③	자녀	월 200만원 × 60%
④	자녀	월 200만원 × 50%

35 B씨가 노령연금을 선택할 경우 중복급여 조정에 따른 연금액으로 적절한 것은?

> • A씨의 배우자인 B씨는 현재 노령연금액을 월 400천원 수령하고 있다.
>
> • A씨는 노령연금 수급 중 2025년 4월 사망하였다.
>
> • A씨의 사망으로 인한 B씨의 유족연금 수령액은 월 600천원이다.

① 580천원   ② 600천원

③ 720천원   ④ 800천원

36 공무원연금에 대한 설명으로 가장 적절한 것은?

① 지급사유가 발생한 날이 속하는 달의 다음 달부터 그 사유가 소멸된 날이 속하는 달까지 매월 25일에 지급된다.

② 연금급여 수급권자가 국적을 상실할 경우 5년분의 연금에 상당하는 금액을 일시에 받을 수 있다.

③ 퇴직연금 수급자가 선거에 의하여 국회의원, 지방자치단체장 등에 취임한 경우 소득 수준에 따라 연금의 일정 금액을 감액한다.

④ 공무원이 10년 이상 20년 미만 재직하고 퇴직할 경우 퇴직일시금이 지급된다.

37 군인연금과 공무원연금을 비교한 내용으로 적절하지 **않은** 것은?

	구분	군인연금	공무원연금
①	최대재직(복무) 기간	33년	36년
②	퇴직연금 수급 요건	20년 이상 복무	10년 이상 재직
③	기여금	9%	7%
④	지급개시	전역 즉시	65세

38 사립학교교직원연금에 대한 설명으로 가장 적절하지 **않은** 것은?

① 부담률과 급여의 내용은 공무원연금을 준용한다.

② 재직기간은 임용된 날이 속하는 달부터 퇴직한 날의 전날이 속하는 달까지의 연월수로 계산한다.

③ 국립대학병원 및 국립대학치과병원의 임상교수요원은 특례적용 가입대상이다.

④ 임시로 임명된 자, 조건부로 임명된 자는 임의적용 가입대상이다.

39 퇴직급여제도에 대한 설명으로 가장 적절한 것은?

① 퇴직연금제도는 근로기준법에 따라 퇴직급여를 일시금으로 지급하는 제도이다.

② 최근 근속기간이 짧아지는 추세를 보이면서 퇴직연금보다 퇴직금제도가 유리해지고 있다.

③ 근로자가 퇴직하면 그날로부터 14일 이내에 퇴직급여를 지급해야 한다.

④ 근로자에게 대출채권이 있다면 퇴직급여를 대출채권과 상계하여 지급할 수도 있다.

40 퇴직연금제도에 대한 설명으로 가장 적절하지 **않은** 것은?

① 임금상승률이 높고 안정적인 고용상태가 유지되는 대기업 근로자들은 일반적으로 DB형 퇴직연금을 선호한다.

② DB형 퇴직연금의 위험자산에 대한 투자는 적립금의 70%까지 허용된다.

③ DC형 퇴직연금의 경우 퇴직연금 적립금 운용수익률이 임금인상률보다 높으면 DB형 퇴직연금의 퇴직급여보다 높아진다.

④ DB형과 DC형 퇴직연금은 모두 상장·비상장주식에 대해 직접투자를 금지하고 있다.

41 다음 중 IRP를 설정할 수 있는 사람은 총 몇 명인가?

가. 직장에서 퇴직하면서 퇴직급여를 일시금으로 지급받은 A씨(56세)

나. 직장에서 DB형 퇴직연금을 가입하고 있으나, 개인적으로 추가 IRP 설정을 희망하는 B씨(40세)

다. 직원 수가 10인 미만인 사업장에서 근무하고 있는 근로자 C씨(32세)

라. 자영업자 남편이 있고, 별도의 소득이 없는 가정주부 D씨(38세)

① 1명   ② 2명
③ 3명   ④ 4명

42 사전지정운용제도에 대한 설명으로 가장 적절하지 **않은** 것은?

① 신규가입자의 경우는 최초납입일로부터 일주일 이내에 운용지시를 하지 않으면 사전지정운용방법으로 운용한다.

② 사전지정운용방법을 제시받은 사용자는 사업 또는 사업장 단위로 사전지정운용방법을 설정하여 근로자 대표의 동의를 받아 DC형 퇴직연금규약에 반영해야 한다.

③ 적격디폴트옵션은 근퇴법 등 관련법의 요건을 충족하여야 하며 고용노동부 장관의 승인을 받아야 한다.

④ 투자목표시점이 사전에 결정되고, 운용기간이 경과함에 따라 투자위험이 낮은 자산의 비중을 증가시키는 방향으로 자산배분을 변경하는 운용방법을 타겟데이트펀드(TDF)라 한다.

43 IRP계좌 설정 시 점검사항에 대한 적절한 설명으로만 모두 묶인 것은?

> 가. 1개의 금융회사에는 1개의 IRP계좌만을 개설한다.
>
> 나. 선택하려고 하는 해당 IRP의 운용수익률뿐만 아니라 다른 유형의 운용방법별 수익률을 기간별로 비교한다.
>
> 다. IRP 전체를 해지하면 퇴직급여에 대해서 퇴직소득세 100%를 부담해야 한다.
>
> 라. 추가적인 은퇴저축을 위해 DC형 퇴직연금계좌에 근로자가 추가 납입하는 경우 사용자 부담금과 근로자 기여금이 구분되어 운용된다.

① 가, 나, 다　　　　　② 가, 나, 라
③ 가, 다, 라　　　　　④ 나, 다, 라

44 세제적격연금과 세제비적격연금의 과세에 대한 설명으로 가장 적절하지 **않은** 것은?

구분	세제적격연금	세제비적격연금
납입단계 세제	–	①
운용단계 세제	②	
인출단계 세제	③	④

① 세액공제나 소득공제 등의 세제혜택이 없다.
② 운용수익에 대한 과세는 인출 시까지 과세이연된다.
③ 연금수령요건을 충족하지 못하면 기타소득세가 과세된다.
④ 가입기간이 10년 이상인 경우, 연금을 수령하면 과세하지 않지만 중도해지하면 과세한다.

45 세제비적격연금에 대한 설명으로 가장 적절한 것은?

① 세제비적격연금에는 연금저축신탁, 연금저축보험, 연금저축펀드 등이 있다.
② 연금개시 전까지 중도인출이 불가능하다.
③ 연금보험은 소득세법상 장기저축성보험에 해당하며, 가입기간에 관계 없이 보험차익에 대해 이자소득세를 과세한다.
④ 연금보험은 연간 납입한도가 없기 때문에 연금저축의 납입한도를 초과하는 추가 저축수단으로 활용할 수 있다.

46 다음 사례의 연금계좌 승계에 관한 설명 중 가장 적절하지 **않은** 것은?

> A씨(만 63세)는 10년 전부터 연금계좌에 매년 꾸준히 가입하여 납입해 왔다. A씨는 배우자 B씨(만 58세)와 자녀 C씨(만 32세)와 함께 거주하던 중 2025년 3월 15일에 불의의 사고로 사망하게 되었다. 아직 연금수령을 개시하지 않은 상태였으며, 배우자 B씨는 A씨의 연금계좌를 승계받기를 원한다.

① 배우자 B씨는 현재 바로 연금수령이 가능하다.
② 배우자 B씨가 연금계좌 승계를 받지 않을 경우, 자녀 C씨가 승계받게 된다.
③ 연금수령을 개시할 때 연금수령연차 산정을 위한 기산연도는 피상속인 기준을 적용한다.
④ 배우자 B씨는 A씨가 사망한 날이 속하는 달의 말일부터 6개월 이내에 승계신청을 해야 한다.

47 올해 초 근로소득만 있는 A씨(45세)는 다음과 같이 연금계좌에 가입 및 납입했다. A씨의 위험성향과 위험자산 운용한도 금액이 적절하게 연결된 것은?

> • 세제 혜택이 있는 연금저축보험과 연금저축펀드 중 연금저축펀드를 선택했다.
> • 연금계좌 납입액
> 　- 연금저축펀드 : 연 800만원
> 　- IRP : 연 200만원

	위험성향	위험자산 운용한도 금액
①	위험선호형	940만원
②	위험선호형	860만원
③	위험회피형	760만원
④	위험회피형	440만원

48 다음 사례의 A씨가 고려해야 할 내용으로 가장 적절하지 **않은** 것은?

> A씨는 지난해 연금저축펀드에 가입하였으나, 최근 해당 금융회사가 제공하는 서비스에 대한 불만족으로 인하여 연금저축계좌 이전 혹은 해지에 대해 고민하고 있다.

① 이연퇴직소득이 있다면 가입기간이 5년 미만이더라도 IRP로의 계약이전이 가능하다.

② 연금저축을 동일한 상품 내에서 다른 금융회사로 이전할 경우 기존 연금저축을 해지하는 것이 아니기 때문에 특별한 제한이 없다.

③ 연금저축펀드를 해지할 경우 일부 금액의 해지는 불가능하고, 반드시 전액을 해지해야 한다.

④ IRP로 이전하는 경우 소득세법상 이전요건을 충족해야 가능하다.

49 은퇴 후 자산관리의 기본원칙에 대한 설명으로 가장 적절하지 **않은** 것은?

① 일상적인 생활비와 특정한 목적이나 상황에 따라 필요한 자금은 별도로 분리하여 관리하는 것이 필요하다.

② 구매력 유지를 위해 물가상승률을 보수적(높게)으로 설정하면 더 많은 생활비가 필요하다.

③ 은퇴 전 은퇴자금 축적 계획 수립을 위한 기대수익률은 미래의 예상수익률로 산정한다.

④ 수익률 변동성은 은퇴 후 자산관리에서 더 민감하므로 주기적으로 모니터링해야 한다.

50 은퇴소득 인출전략에 필요한 요인에 대한 설명으로 가장 적절한 것은?

① 물가상승률은 경제환경 변화에 따라 달라지기 때문에 은퇴소득 인출전략에서는 반영하지 않는다.

② 금리를 낮게 책정하면 은퇴자금의 가치가 높아져 인출 가능 금액이 높게 산출된다.

③ 장수위험에 노출될 수 있으므로 은퇴기간은 짧지 않게 설정한다.

④ 포트폴리오에 위험자산 비중이 높아질수록 은퇴소득 인출전략의 성공 가능성도 계속 증가한다.

부동산설계 (25문항)

51 부동산업 중 부동산 관련 서비스업에 해당하는 것으로만 모두 묶인 것은?

> 가. 비주거용 건물 임대업
> 나. 기타 부동산 개발 및 공급업
> 다. 주거용 부동산 관리업
> 라. 부동산 감정평가업

① 가, 나　　　　　　② 나, 다
③ 나, 라　　　　　　④ 다, 라

52 다음에 해당하는 용도별 건축물이 가장 적절하게 연결된 것은?

> 가. 주택으로 쓰는 층수가 5개 층 이상인 주택
> 나. 1개 동의 주택으로 쓰이는 바닥면적의 합계가 660㎡ 이하인 독립된 주거의 형태를 갖추지 않은 것
> 다. 주택으로 쓰는 1개 동의 바닥면적의 합계가 660㎡ 이하이고 층수가 4개 층 이하인 주택

	가	나	다
①	아파트	연립주택	다세대주택
②	다가구주택	다중주택	아파트
③	아파트	다중주택	다세대주택
④	다세대주택	연립주택	다중주택

53 분양가상한제에 대한 적절한 설명으로만 모두 묶인 것은?

> 가. 장기적으로 신규주택의 공급을 증가시켜 주택가격을 하락시킬 수 있다.
>
> 나. 상한가격이 시장균형가격보다 높은 경우 초과수요가 발생하여 공급부족 현상이 나타난다.
>
> 다. 정부는 가격적인 측면에서 나타나는 분양 프리미엄을 규제하기 위해 전매기간을 제한하여 프리미엄 거래를 제한한다.
>
> 라. 정부는 실수요자의 내 집 마련 부담완화 및 집값 안정을 위해 분양가상한제를 실시한다.

① 라
② 다, 라
③ 가, 나, 라
④ 가, 다, 라

54 부동산 수요에 대한 설명으로 가장 적절한 것은? (단, 부동산은 정상재로 가정함)

① 소비자의 소득이 늘면 수요곡선이 좌측으로 이동한다.
② 가격 요인의 변화로 수요곡선상에서 점이 이동하는 것을 수요량의 변화라고 한다.
③ 시장수요곡선의 높이는 소비자가 재화 한 단위에 지불하려는 최소금액을 의미한다.
④ 부동산의 부동성으로 인해 수요의 이동이 자유로운 편이다.

55 물권 중 용익물권에 대한 설명으로 가장 적절하지 **않은** 것은?

① 용익물권은 소유권이 없는 타인이 물건에 대하여 사용가치를 설정하는 제한물권에 해당한다.
② 지상권자는 토지 사용에 따라 지료를 지급해야 하기 때문에 무상의 지상권은 존재하지 않는다.
③ 지역권은 타인의 토지를 자기 토지의 편익에 이용하는 물권으로, 편익을 주는 토지를 승역지, 편익을 받는 토지를 요역지라고 한다.
④ 일반적으로 전세권자는 전세권을 타인에게 양도 또는 담보로 제공할 수 있다.

56 공동소유의 유형에 대한 적절한 설명으로만 모두 묶인 것은?

> 가. 총유는 지분의 처분을 위해서 공동소유자 전원의 동의가 필요하다.
>
> 나. 공유와 합유는 공동소유자에 대한 지분이 인정된다.
>
> 다. 피상속인 사망에 따라 자녀들이 상속을 받게 되면 상속재산은 분할 전까지 상속인들이 공유하게 되고, 상속지분은 자유롭게 처분이 가능하다.
>
> 라. 합유는 목적물의 처분뿐만 아니라 지분의 처분을 위해서 합유자 전원의 동의가 필요하다.

① 가, 다
② 나, 라
③ 나, 다, 라
④ 가, 나, 다, 라

57 저당권에 대한 설명으로 가장 적절한 것은?

① 저당권은 물건 자체를 인도받아 점유한다.
② 근저당권은 채무가 확정되기 전까지 채무의 소멸과 이전에 따라 영향을 받는다.
③ 5억원의 주택 구매 시, 은행에서 주택담보대출 40%를 실행하여 대출을 받는다면 일반적으로 등기에는 2억원의 근저당권이 설정된다.
④ 저당권이 설정된 후 전세권이 설정되었을 때 저당권이 실행(경매)되면, 전세권은 경락자에게 인수되지 않는다.

58 부동산등기제도에서 등기 권리 순위에 대한 설명으로 가장 적절하지 **않은** 것은?

① 부기등기의 순위는 주등기의 순위에 의한다.
② 부기등기 간 순위는 부기등기 전후에 따른다.
③ 별구(갑구와 을구)에서는 우선접수일자에 의하며, 접수일자가 같은 경우 접수번호에 의한다.
④ 가등기를 한 후 가등기에 의한 본등기가 있는 경우 본등기의 순위는 가등기 순위와 관계없이 본등기를 한 시점에 따르게 된다.

59 토지의 지목과 부호가 가장 적절하게 연결된 것은?

① 광천지 – 천
② 유원지 – 원
③ 공장용지 – 공
④ 하천 – 하

60 다음 중 등기사항전부증명서 갑구에서 확인할 수 **없는** 사항은 무엇인가?

① 소유권보존등기
② 압류등기
③ 근저당권설정등기
④ 가처분등기

61 주택 A의 근저당권자가 담보권을 행사함에 따라 해당 주택의 경매가 다음과 같이 진행된 경우 이에 대한 설명으로 가장 적절한 것은?

매각 방법	기일입찰
배당요구종기	20×1. 2. 14.
매각기일	20×1. 3. 14.
매각결정기일	20×1. 3. 21.

① 해당 경매는 실행에 집행권원을 요하지 않는다.
② 입찰은 20×1년 3월 14일에, 개찰은 20×1년 3월 21일에 한다.
③ 경매 낙찰자는 20×1년 3월 21일까지 매각대금을 납부해야 한다.
④ 주택 A의 소액임차인은 주택임대차법에 따라 우선변제청구권이 있으므로 20×1년 2월 14일까지 배당요구를 하지 않더라도 당연히 배당된다.

62 경매와 공매에 대한 설명으로 가장 적절하지 **않은** 것은?

① 공매는 명도 과정에서 점유자와 합의가 되지 않는 경우 명도소송을 통해 매수인이 명도책임을 부담해야 할 수 있다.
② 경매의 입찰보증금은 최저매각가격의 10% 이상을 제출해야 한다.
③ 재경매는 입찰기일에 매각신청이 없어 다시 실시하는 경매를 말한다.
④ 재경매가된 경우 매수신청보증금을 최저매각가격의 20~30%로 정한다.

63 청약과 승낙에 대한 설명으로 가장 적절한 것은?

① 상품의 진열, 자동판매기의 설치 등은 승낙에 해당한다.
② 승낙은 불특정 다수인을 대상으로 한다.
③ 승낙자가 최초의 청약에 조건을 붙이거나 변경을 가하여 승낙하더라도 이전 청약이 그대로 유지되는 것으로 본다.
④ 청약은 원칙적으로 상대방에게 도달할 때 효력이 발생하며, 청약이 효력을 발생한 때에는 청약자는 임의로 청약을 철회하지 못한다.

64 현재 김진우씨는 주택 임대차 계약을 체결하여 임차 중에 있으며, 전 임대차와 동일한 조건으로 다시 계약하기 위해 계약갱신요구권을 행사하고자 한다. 이때, 임대인이 계약갱신요구를 거절할 수 있는 경우로 가장 적절하지 **않은** 것은?

① 김진우씨가 1회 월세를 연체한 경우
② 사전 합의 하에 임대인이 김진우씨에게 이사비 등 소정의 보상을 제공하는 경우
③ 김진우씨가 임대인 동의 없이 인테리어 공사를 한 경우
④ 임대인의 자녀가 목적 주택에 실거주하려는 경우

65 다음의 임대차 계약에 대한 설명으로 가장 적절한 것은? (단, 해당 임대차 계약은 주택임대차보호법에 따름)

> 20×1년 3월 7일, A씨는 B씨 소유의 서울 소재 주택 (보증금 5천만원)을 임대기간 2년으로 임차하였고, 임대 차계약 만료일은 20×3년 3월 6일이다. A씨는 같은 날 입주와 동시에 주민등록을 마쳤다.

① A씨가 제3자에 대하여 대항력이 생기는 최초의 날짜 는 20×1년 3월 7일이다.

② 20×2년 12월 15일, B씨는 A씨에게 보증금을 300만 원 증액 청구할 수 있다.

③ B씨가 20×3년 1월 6일까지 A씨에게 갱신거절의 통 지를 하지 않았다면, 임대차 기간이 끝난 때에 전 임 대차와 동일한 조건으로 다시 임대차한 것으로 본다.

④ A씨가 부속한 물건이 있는 경우 B씨의 동의를 얻어 설치하였을지라도 임대차 종료 시 B씨에게 그 부속물 의 매수를 청구할 수 없다.

66 주택임대차보호법과 상가건물임대차보호법에 대한 설명으로 가장 적절한 것은?

① 최우선변제비율은 주택임대차보호법과 상가건물임대 차보호법 모두 주택(상가건물)가액의 1/2 범위 내이다.

② 주택과 상가건물임대차의 경우 2년을 최단존속기간으 로 제한하고 있다.

③ 상가건물임대차보호법상 차임 증액 청구는 차임 또는 보증금의 3%를 초과하지 못한다.

④ 상가건물임대차보호법상 월차임 전환율 상한은 연 10% 와 기준금리에 연 2%를 더한 금리 중 낮은 비율을 적 용한다.

67 중개계약에 대한 적절한 설명으로만 모두 묶인 것은?

> 가. 일반중개계약은 개업공인중개사가 먼저 계약을 체결 하는 경우에만 보수청구권이 발생하기 때문에 적극적 인 중개 활동을 하지 않는 경향이 있다.
>
> 나. 전속중개계약을 체결한 개업공인중개사는 부동산 거 래를 성사시키지 않더라도 약정한 중개보수를 받을 수 있다.
>
> 다. 우리나라에서 일반적으로 진행되는 중개계약의 형태 는 전속중개계약이다.
>
> 라. 전속중개계약의 유효기간은 3개월로 한다.

① 가   ② 가, 라

③ 다, 라   ④ 가, 나, 다

68 용도지역에 대한 설명으로 가장 적절하지 **않은** 것은?

① 용도지역은 도시지역, 관리지역, 농림지역, 자연환경보 전지역으로 구분한다.

② 용도지역의 지정 또는 변경은 도시·군 관리계획으로 결정된다.

③ 도시지역의 제1종 전용주거지역은 저층주택 중심으로 편리한 주거환경을 조성하기 위하여 필요한 지역을 말 한다.

④ 관리지역은 도시지역의 인구와 산업 수용, 농림업 진 흥, 자연환경의 보전을 위해 농림지역·자연환경보전지 역에 준하여 관리한다.

69 강주원씨는 본인 소유의 토지(나대지)에 주택(1개 동)을 신 축하고자 한다. 다음 정보를 참고했을 때, 빈칸에 들어갈 내용이 적절하게 연결된 것은? (단, 신축하려는 주택의 건 축면적과 바닥면적은 동일하며, 각 층의 바닥면적 또한 모 두 동일함)

토지 정보	• 소재지 : 경기도 성남시 • 지목 : 대(垈) • 대지면적 : 600㎡
신축 주택 정보	• 건축면적 : 240㎡ • 연면적 : 960㎡ • 4층 주택

> 강주원씨가 신축하려는 주택은 건축법상 (   )에 해당하 며, 주택의 용적률은 (   )이다.

① 연립주택, 40%

② 연립주택, 160%

③ 다세대주택, 40%

④ 다세대주택, 160%

70 건축허가 및 제한에 대한 설명으로 가장 적절하지 **않은** 것은?

① 원칙적으로 건축물을 건축하거나 대수선하려는 자는 특별자치시장·특별자치도지사·시장·군수 또는 자치구 청장의 허가를 받아야 한다.

② 착공신고 전에 경매로 건축주가 대지의 소유권을 상실한 때부터 3개월이 지난 이후, 공사의 착수가 불가능하다고 판단되는 경우 허가권자는 그 허가를 취소하여야 한다.

③ 특별시 또는 광역시에 층수가 21층 이상이거나 연면적합계가 10만㎡인 건물을 건축하기 위해서는 특별시장 또는 광역시장의 허가를 받아야 한다.

④ 원칙적으로 건축신고를 한 자가 신고일로부터 1년 이내에 공사에 착수하지 아니한 경우 그 신고의 효력은 없어진다.

71 다음은 건축물의 용도 및 시설군에 관한 표이다. 건축물의 용도변경 중 허가대상으로만 모두 묶인 것은?

시설군	용도
자동차 관련 시설군	자동차 관련 시설
산업 등 시설군	운수시설
	창고시설
	공장
	위험물저장 및 처리시설
	자원순환 관련 시설
	묘지 관련 시설
	장례시설
전기통신 시설군	방송통신시설
	발전시설

가. 창고시설에서 자동차 관련 시설로의 용도변경

나. 묘지 관련 시설에서 공장으로의 용도변경

다. 운수시설에서 자원순환 관련 시설로의 용도변경

라. 위험물저장 및 처리시설에서 발전시설로의 용도변경

마. 방송통신시설에서 장례시설로의 용도변경

① 가, 마
② 다, 라
③ 가, 나, 마
④ 나, 다, 라

72 재개발과 재건축을 비교한 내용으로 가장 적절한 것은?

구분	재건축	재개발
사업범위	(가)	–
조합원 자격	(나)	–
안전진단	–	(다)
세입자 대책	–	(라)

① 가 – 정비기반시설이 열악한 노후·불량 건축물 주거환경 개선

② 나 – 토지소유자 또는 건축물소유자 또는 지상권자

③ 다 – 실시하지 않음

④ 라 – 없음

73 상가의 분류에 대한 설명으로 가장 적절하지 **않은** 것은?

① 아파트 단지 상가는 배후 인구가 안정적이고, 전문상가에 비해 가격이 저렴한 장점이 있다.

② 아파트 단지 상가는 대부분 생활 밀착형이기 때문에 기본적으로 배후 가구 수에 맞는 업종이어야 한다.

③ 전문상가는 운영 시장권 범위가 광역적이고 다양한 업종이 가능하다는 장점이 있으나, 상가의 가치 하락폭이 커 가치 하락 시 회복이 어렵다는 단점이 있다.

④ 주주형 상가는 소액으로도 투자할 수 있다는 장점이 있으나, 상가 운영 업종이 제한적이라는 단점이 있다.

74 산업용 부동산에 대한 설명으로 가장 적절한 것은?

① 공장용 건물에서 중제조업시설은 적절한 원자재 공급원, 숙련된 노동력에 대한 접근성이 필수적이다.

② 공장용 건물은 낮은 이용률로 인해 다른 산업용 부동산에 비해 불안정한 현금흐름을 보인다.

③ 지식산업센터를 증축하여 설립한 자로부터 최초로 분양받은 입주자는 재산세를 50% 감면받을 수 있다.

④ 물류센터는 현재 신선식품 당일배송 수요 증가로 인해 대량 소품종 제품 보관 및 저온유통체계인 콜드체인 시스템이 증가하고 있다.

75 다음 중 리츠(REITs)의 유형과 설명이 가장 적절하게 연결된 것은?

가. 운용자금의 보관은 외부 자산보관기관에 위탁하고, 실체회사의 업무는 사무수탁기관에 위탁하여 전문성과 투명성이 높다.

나. 자산유동화를 통한 기업의 구조조정을 지원하는 데 초점을 맞춘다.

다. 자산운용전문인력을 포함한 임직원을 상근으로 두고 자산의 투자·운용을 직접 수행한다.

	가	나	다
①	위탁관리 부동산투자회사	일반 REITs	CR-REITs
②	CR-REITs	위탁관리 부동산투자회사	일반 REITs
③	CR-REITs	일반 REITs	위탁관리 부동산투자회사
④	위탁관리 부동산투자회사	CR-REITs	일반 REITs

상속설계 (25문항)

76 상속설계의 기본 목표에 대한 설명으로 가장 적절하지 **않은** 것은?

① 사후의 재산분배뿐만 아니라 생전에도 어떻게 재산을 분배할 것인지에 대한 내용이 포함되어야 하며, 세금 측면의 분석도 필요하다.

② 상속세는 재산 전체에 대해 일시에 과세되어 거액인 경우가 많으므로 절세 측면의 상속설계가 중요하다.

③ 가족에게 수익형 부동산을 증여하는 등의 상속세 납부 재원을 마련하는 전략이 필요하다.

④ 피상속인의 상속설계는 상속인의 비재무적인 사항을 고려할 필요는 없다.

77 다음의 사례를 참고했을 때, A씨와 B씨의 민법상 상속개시일이 적절하게 연결된 것은?

가. 2014년 2월 17일 A씨는 해외출장을 간다고 집을 나선 것을 마지막으로 실종되어 그의 가족이 법원에 실종신고(보통실종)를 했고, 2025년 6월 10일 법원은 A씨의 실종선고를 확정하였다.

나. 2020년 3월 28일 B씨는 선박이 침몰되는 사건으로 인해 실종되었고, 해당 사건은 당일 종료되었다. 이후 2025년 5월 2일 법원이 B씨에 대한 실종선고를 확정하였다.

	가	나
①	2015년 2월 17일	2021년 3월 28일
②	2015년 2월 17일	2025년 3월 28일
③	2019년 2월 17일	2021년 3월 28일
④	2025년 6월 10일	2025년 5월 2일

78 상속인 결격 사유에 해당하는 사례로 가장 적절하지 **않은** 것은?

① A는 고의로 아버지를 살해하려 하였으나 실패하였다.

② 배우자를 잃은 B는 태어날 아이의 장래를 걱정하여 낙태수술을 하였다.

③ C는 야간에 운전을 하며 집으로 돌아오던 중 실수로 어머니를 치어 사망에 이르게 하였다.

④ D는 본인에게 불리하게 작성된 유언서를 확인하고 다른 공동상속인 모르게 유언서를 위조하여 공개하였다.

79 법정상속이 적절하게 이루어진 상황으로 모두 묶인 것은?

> 가. A는 상속결격자인 아버지를 대신하여 할아버지의 재산을 상속받았다.
>
> 나. 국내에서 한국인과 결혼한 외국인 B는 사망한 배우자의 재산을 상속받았다.
>
> 다. 친양자로 입양된 C는 사망한 친아버지의 재산을 상속받았다.
>
> 라. 배우자가 사망한 후 재혼한 D는 전배우자의 어머니의 상속재산을 대습상속 받았다.

① 가, 나　　　　　　　② 가, 라
③ 나, 다　　　　　　　④ 나, 라

80 상속재산에 대한 설명으로 가장 적절하지 **않은** 것은?

① 상속재산은 적극적 재산과 소극적 재산 모두를 포함한다.

② 피담보채권과 분리하여 단독으로 상속하는 담보물권도 상속재산에 포함된다.

③ 민법상 특정 상속인을 수익자로 지정한 보험의 보험금은 상속재산에 포함되지 않지만, 피상속인이 자신을 피보험자와 수익자로 한 경우의 보험금은 상속재산에 포함된다.

④ 위자료청구권은 일신전속적 권리로서 상속재산에 해당하지 않는다.

81 다음 사례에서 상속인의 상속분에 대한 설명으로 가장 적절하지 **않은** 것은?

> 김종현은 일찍이 이지영과 이혼하고 정지은과 재혼하였다. 김종현과 이지영 사이에는 자녀 김가영이 있고, 김종현과 정지은 사이에는 자녀 김나정, 김다희가 있다. 김종현은 20×5년 6월 5일에 사망하였다.

① 김종현은 유언으로 상속인들의 상속분을 지정할 수 있다.

② 이지영은 김종현의 상속재산에 대한 법정상속인이 아니다.

③ 법정상속에 의할 경우 김가영과 김나정은 동일한 비율의 재산을 상속받는다.

④ 김종현이 상속분을 유언으로 지정하지 않았을 경우 정지은은 상속재산의 3/7을 상속받는다.

82 기여분에 대한 설명으로 가장 적절한 것은?

① 기여분이란 피상속인의 유언에도 불구하고 상속인들에게 최소한의 상속재산을 보장하는 제도이다.

② 피상속인을 특별히 부양한 사실이 있으면 포괄수유자를 기여분권자로 인정한다.

③ 공동상속인 중에 상당한 기간 동거·간호 등의 방법으로 피상속인을 특별히 부양한 경우 공동상속인 간 협의나 가정법원의 심판과는 무관하게 유류분반환청구소송에서 기여분을 주장할 수 있다.

④ 기여분은 상속이 개시된 때의 피상속인의 재산가액에서 유증의 가액을 공제한 금액을 넘지 못한다.

83 상속포기에 대한 설명으로 가장 적절한 것은?

① 상속인이 상속포기를 하기 위해서는 상속개시가 있음을 안 날로부터 6개월 내에 가정법원에 상속포기를 신고해야 한다.

② 제1순위의 배우자와 자녀들이 모두 상속을 포기하면, 다음 직계비속인 손(孫)이 상속인이 된다.

③ 여러 공동상속인 중 1인이 상속을 포기한 경우, 상속포기자의 자녀와 배우자는 상속포기자를 대신하여 대습상속을 받을 수 있다.

④ 상속의 의사표시는 단독의 의사표시로서 조건부 포기나 일부 포기도 가능하다.

84 다음의 사례에서 기여분을 고려한 배우자의 구체적 상속분으로 가장 적절한 것은?

> • A씨의 가족 관계 정보
>   - A씨는 유족으로 배우자, 장남, 차남을 남겨두고 사망하였다.
>   - A씨는 중증치매를 앓고 있었으며, 장남은 본인의 혼인 후 분가를 하였는데도 A씨의 자택에서 함께 동거하며 간병하였고, 치료비도 모두 부담하였다.
>   - 이에 A씨의 상속인들은 장남의 기여분을 100,000천원으로 협의하였다.
> • A씨 상속재산 정보
>   - 사망 당시 상속재산은 800,000천원이다.

① 300,000천원　　　　② 500,000천원
③ 600,000천원　　　　④ 700,000천원

85 임동주씨는 최근 노환으로 건강이 악화되어 유언장을 미리 작성해두려고 한다. 유언장 작성 시 유의해야 할 사항으로 가장 적절한 것은?

① 자필증서유언을 작성하려면 성명을 정확하게 기입하지 않고 아호나 예명 등으로 기입해서는 안 된다.

② 구수증서유언은 최소 3인 이상의 증인 참여가 필요하다.

③ 녹음에 의한 유언은 구술이 외국어로 이루어져도 되며, 녹음 외에 영상녹화물이라도 무방하다.

④ 공정증서유언을 작성하면 공증인의 인증으로 증인의 참여를 대신할 수 있다는 장점이 있다.

86 유승연씨는 다음과 같은 방법으로 유언을 하려고 한다. 유승연씨가 고려해야 할 사항으로 가장 적절하지 **않은** 것은?

유언자가 증인 2명 이상이 참여한 공증인 앞에서 유언취지를 구수하고 공증인이 이를 필기한 후 유언자 및 증인에게 낭독하고, 유언자 및 증인이 정확함을 승인한 뒤 각자 서명날인하여 공증한다.

① 유승연씨는 주민등록증, 도장, 가족관계증명서, 주민등록등본 등의 서류가 필요하다.

② 딸이 유승연씨에게 필기구를 쥐어주고 그 손을 잡고 같이 서명을 하는 방식으로도 유언자의 서명날인이 가능하다.

③ 유언의 취지를 필기할 때 반드시 유승연씨의 면전에서 해야 할 필요는 없다.

④ 이 유언은 신빙성을 인정받기 쉬운 안전한 방식이다.

87 다음 사례를 토대로 계산한 D의 유류분은 얼마인가?

피상속인 A의 상속개시 시점의 재산은 1,000만원이다. A는 상속개시 3개월 전에 무악장학재단에 6,500만원을 증여하고, 2년 전에 친구 B에게 1,500만원을 증여하였다. A의 유족으로는 배우자 C와 아버지 D가 있다.

① 1,000만원   ② 1,200만원

③ 1,500만원   ④ 1,800만원

88 다음 사례를 토대로 했을 때, 배우자 B가 재단 D에 대해 청구할 수 있는 유류분부족액으로 가장 적절한 것은?

피상속인 A의 상속인으로는 배우자 B와 딸 C가 있다. A의 상속재산은 3억원이며 상속채무는 2억 5천만원이 있다. A는 사망 3개월 전 재단 D에 1억원을 증여했고, 사망 2개월 전 배우자 B와 딸 C에게 1천만원씩을 증여했다.

① 600만원   ② 700만원

③ 800만원   ④ 900만원

89 유류분 산정의 기초재산에 대한 설명으로 가장 적절하지 **않은** 것은?

① 피상속인이 생전에 증여한 재산인 특별수익은 유류분 계산 시 기초재산에 포함된다.

② 상속인이 아닌 사람에게 선의로 증여한 것은 상속개시 전 5년간 이루어진 것만 포함한다.

③ 증여받은 재산은 피상속인 사망 시 가격으로 계산한다.

④ 현금을 증여받았다면 현금에 피상속인 사망 시까지의 소비자물가지수 상승분을 곱한 것으로 계산한다.

90 상속세와 증여세를 비교한 내용으로 적절하지 **않은** 것은?

	구분	상속세	증여세
①	법률행위의 원인	상속개시	당사자 쌍방 계약
②	과세방식	유산취득세	유산세
③	포기/반환행위	포기(단독행위)	반환(계약)
④	공제제도의 종류	다양함	적음

91 상속세에 대한 설명으로 가장 적절한 것은?

① 상속세 납부의무가 있는 거주자인 상속인 또는 수유자는 상속개시일로부터 6개월 이내에 상속세의 과세가액 및 과세표준을 납세지 관할세무서장에게 신고해야 한다.

② 국내에 183일 이상 거소를 두고 있는 자는 국내외 소재 모든 상속재산에 대하여 과세한다.

③ 실종선고로 상속이 이루어지는 경우, 상증법에서는 실종기간 만료일을 상속개시일로 본다.

④ 수유자가 영리법인인 경우 그 영리법인은 상속세를 납부할 의무를 가진다.

92 김영희씨가 다음과 같은 재산을 두고 사망했을 때, 상증법상 김영희씨의 상속재산가액으로 적절한 것은?

- 금전 : 5,000만원
- 사망보험금 : 1억원(보험료 1,000만원 중 100만원은 김영희씨가 납부, 나머지는 김영희씨 자녀가 납부함)
- 신탁재산 : 2억원(김영희씨가 위탁자이며 수익자)

① 2억 2천만원   ② 2억 4천만원

③ 2억 6천만원   ④ 2억 8천만원

93 다음 거주자 A의 재산 자료를 토대로 계산한 금융재산상속공제액으로 적절한 것은? (단, 자료의 평가액은 상속개시일 현재의 시가 혹은 시가가 없는 경우 상증법상 보충적평가액임)

- 예금 : 2억원
- 은행차입금 : 1억원
- 사망보험금 : 4억원(계약자 및 피보험자 : A)
- 주식평가가액 : 5억원(A는 당회사의 최대주주)
- 임대보증금 : 3억원

① 2천만원   ② 1억원

③ 1억 6천만원   ④ 2억원

94 상속세 및 증여세법상 증여로 보지 **않는** 경우로 모두 묶인 것은?

가. 아버지에게 증여받은 현금 1억원을 증여세 과세표준 신고기한 이내에 반환하였다.

나. 상속세 신고기한 내에 상속재산을 협의분할하여 당초 상속분을 초과한 금액을 취득했다.

다. A는 B와 이혼하면서 재산분할청구권을 행사하여 B로부터 현금 1억원을 받았다.

라. C는 D로부터 토지를 증여받았으나 증여세 과세표준 신고기한 내에 D에게 증여받았던 토지를 반환하였다.

① 가   ② 나, 다

③ 가, 나, 라   ④ 나, 다, 라

95 다음 증여세의 신고와 납부에 대한 설명 중 (가)~(다)에 들어갈 내용이 적절하게 연결된 것은?

6월 20일 증여를 받은 경우 증여세 신고기한은 (가)이다. 납부할 증여세액이 1,200만원인 경우 증여세의 분납기한은 (나)까지이며, 분납할 수 있는 세액의 한도액은 (다)이다.

	가	나	다
①	9월 20일	11월 20일	200만원
②	9월 30일	11월 20일	600만원
③	9월 20일	11월 30일	600만원
④	9월 30일	11월 30일	200만원

96 만 30세의 거주자 A가 배우자, 아버지, 할아버지, 삼촌에게 동시에 각각 3,000만원씩을 증여받았을 때 A가 적용할 수 있는 증여재산공제액의 합계액은? (단, A는 혼인·출산공제 해당사항이 없음)

① 6,000만원

② 9,000만원

③ 11,000만원

④ 12,000만원

97 박민수씨는 금번 배우자로부터 5억원 상당의 상가를 증여받았다. 박민수씨에게 다음과 같은 수증내역이 있는 경우, 증여세 과세표준으로 적절한 것은? (단, 박민수씨는 혼인·출산공제 해당사항이 없고, 증여세 과세표준은 증여재산가산액과 증여재산공제만 고려하여 계산함)

증여자	증여일	증여재산	증여일 현재 증여재산가액
어머니	2013년 1월 8일	토지	1억원
배우자	2016년 7월 9일	예금	2억원
아버지	2017년 9월 21일	주식	2천만원
배우자	2025년 3월 19일	상가	5억원

① 4천만원   ② 6천만원

③ 8천만원   ④ 1억원

98 다음 사례에서 토지와 빌딩의 증여재산가액이 적절하게 연결된 것은?

- A는 특수관계인이 아닌 B로부터 시가 20억원 상당의 토지를 15억원에 양도받았다.
- A는 특수관계인인 C에게 시가 20억원인 빌딩을 25억원에 양도하였다.

	토지	빌딩
①	0원	0원
②	0원	2억원
③	2억원	2억원
④	2억원	5억원

99 가업상속공제에 대한 적절한 설명으로만 모두 묶인 것은?

> 가. 피상속인은 최대주주로서 가업주식을 10년 이상 계속하여 보유하며, 대표이사로 일정기간 재직하여야 한다.
>
> 나. 피상속인이 가업을 30년 이상 영위하여 상속인에게 승계한 경우에는 최대 300억원의 공제를 받을 수 있다.
>
> 다. 가업상속공제를 받은 후 5년간은 가업을 축소·폐지하지 않고 유지해야 한다.
>
> 라. 사후관리 요건을 위반하는 경우, 공제받은 금액을 상속개시 당시 상속세 과세가액에 산입하여 상속세를 부과한다.

① 가

② 가, 나

③ 다, 라

④ 가, 다, 라

100 장애인 관련 세제 활용방안에 대한 설명으로 가장 적절하지 **않은** 것은?

① 일괄공제 대신 '기초공제 + 그 밖의 인적공제'를 선택한 경우에 한하여 장애인공제를 활용할 수 있다.

② 장애인을 수익자로 하는 보험계약에서 받는 보험금 중 연 4천만원 이내의 금액을 비과세한다.

③ 타익신탁에서 장애인이 재산을 증여받고 본인을 수익자로 하여 신탁한 재산은 과세가액에 불산입한다.

④ 자익신탁과 타익신탁 금액을 합하여 5억원을 한도로 비과세한다.

▶ 정답 p.4
▶ 모듈1 해설 p.5

금융 · 자격증 전문 교육기관 해커스금융

fn.Hackers.com

해커스 **AFPK**® 최종 실전모의고사

1회

시험 유의사항

1) 시험장 내 휴대전화, 무선기, 컴퓨터, 태블릿 PC 등 통신 장비를 휴대할 수 없으며 휴대가 금지된 물품을 휴대하고 있음이 발견되면 부정행위 처리기준에 따라 응시제한 1년 이상으로 징계됨.

2) 답안 작성 시 컴퓨터용 사인펜을 이용하고 예비답안 작성은 반드시 붉은 사인펜만을 이용해야 하며, 붉은 사인펜 이외의 필기도구(연필, 볼펜 등)를 사용하여 예비답안을 작성한 경우 이중 마킹으로 인식되어 채점되지 않음을 유의함.

3) 답안은 매 문항마다 하나의 답만을 골라 그 숫자에 빈틈없이 표기해야 하며, 답안지는 훼손 오염되거나 구겨지지 않도록 주의해야 한다. 특히 답안지 상단의 타이밍 마크를 절대로 훼손해선 안 되며, 마킹을 잘못하거나(칸을 채우지 않거나 벗어나게 마킹한 경우) 또는 답안지 훼손에 의해서 발생되는 문제에 대한 모든 책임은 응시자에 귀속됨.

4) 시험종료 안내는 종료 20분, 10분 전에 방송되며 시험시간 관리의 책임은 전적으로 수험생 본인에게 있으므로 종료 후 답안 작성으로 인하여 부정행위 처리되지 않도록 유의함.

5) 유의사항 위반에 따른 모든 불이익은 응시자가 부담하고 부정행위 및 규정 위반자는 부정행위 세부 처리기준에 준하여 처리됨.

모듈2

- 위험관리와 보험설계 (30문항)
- 투자설계 (30문항)
- 세금설계 (30문항)

문제의 지문이나 보기에서 별다른 제시가 없으면 모든 개인은 세법상 거주자이고 모든 법인은 내국법인이며, 모든 자산, 부채 및 소득은 국내에 있거나 국내에서 발생한 것으로 가정하고, 주식은 국내 제조법인의 주식으로서 우리사주조합원이 보유한 주식이 아니며, 소득세법상 양도소득세 세율이 누진세율(6 ~ 45%)로 적용되는 특정주식 등 기타자산에 해당하지 않는 일반주식이라고 가정함

위험관리와 보험설계 (30문항)

1 다음 밑줄 친 (가)~(다)에 해당하는 위험 관련 개념에 대한 설명으로 가장 적절한 것은?

요리가 취미인 이종현씨는 (가) 가스밸브를 잠그지 않고 외출하는 습관이 있다. 이종현씨가 가스밸브를 잠그지 않아 유출된 가스로 인해 (나) 주택 화재가 발생하였고, 화재로 인해 (다) 주택 전체가 전소되었다.

① (가)는 손해를 발생시키는 직접적인 원인이므로 손인에 해당한다.
② (나)는 경제적·재산적 가치를 상실시키는 물리적 위태에 해당한다.
③ (나)는 순수위험이자 기본위험에 해당한다.
④ (다)에 의해 발생한 타인의 재산적 손해에 대한 배상책임위험은 순수위험에 해당한다.

2 위험관리방법이 적절하게 연결되지 **않은** 것은?

① 위험회피 : 자동차 사고를 피하기 위해 방어운전을 하였다.
② 위험보유 : 자기차량손해 담보에 가입하지 않고 위험발생에 대비하여 준비금을 적립하였다.
③ 위험이전 : 자동차 사고 발생 시 인적·물적 피해를 담보받기 위하여 자동차종합보험에 가입하였다.
④ 손실예방 : 자동차 사고에 대비하여 자동차 안전점검을 실시하였다.

3 역선택 방지를 위한 사례로만 모두 묶인 것은?

가. 생명보험에서는 우량체할인 특약을 두어 우량한 건강 상태를 입증하는 경우 보험료 할인혜택을 부여하고 있다.
나. 소득보상보험에서는 대기기간을 설정할 수 있으며, 대기기간을 길게 설정할수록 보험료가 낮아진다.
다. 암보험의 경우 계약일로부터 그날을 포함하여 90일이 경과한 날의 다음 날부터 보장이 개시되는 것으로 규정한다.
라. 실손의료보험은 자기부담금과 함께 연간 보상금액 한도가 존재하여 피보험자가 지출한 담보대상 의료비 전부를 보장하지 않는다.

① 가
② 가, 나
③ 나, 다
④ 가, 나, 라

4 보험계약 관계자에 대한 설명으로 가장 적절하지 **않은** 것은?

① 보험계약자는 자기 이름으로 보험회사와 보험계약을 체결하는 자로서 보험료를 납부해야 하며, 자연인과 법인 모두 가능하다.
② 만 15세 미만인 자를 피보험자로 하는 손해보험계약은 무효이다.
③ 보험수익자는 생명보험과 관련된 개념으로, 수나 자격에 제한이 없다.
④ 보험설계사, 보험대리점, 보험중개사와 보험의는 보험계약 체결 보조자이다.

5 보험자대위원칙에 대한 적절한 설명으로만 모두 묶인 것은?

> 가. 실손보상 계약에만 적용되는 원칙이다.
>
> 나. 보험목적의 일부만 멸실한 경우에는 잔존물대위를 행사할 수 없다.
>
> 다. 일부보험인 경우 잔존물대위를 행사할 수 없다.
>
> 라. 청구권대위는 보험자가 보험금의 일부를 지급한 경우에도 권리를 행사할 수 있다.

① 가
② 나
③ 다, 라
④ 가, 나, 라

6 다음 중 예금자보호법 보호 금융상품으로 가장 적절한 것은?

① 변액보험 주계약
② 퇴직보험
③ 보증보험계약
④ 재보험계약

7 다음 중 괄호 안에 들어갈 숫자를 모두 합한 값으로 가장 적절한 것은?

> • 보험금청구권은 (　　)년, 보험료청구권은 (　　)년간 행사하지 않으면 소멸시효 완성으로 행사할 수 없다.
>
> • 보험회사가 보험약관의 교부 및 설명의무를 위반한 때에는 보험계약자는 보험계약이 성립한 날로부터 (　　)개월 이내에 그 계약을 취소할 수 있다.

① 7　　　　　　　　② 8
③ 9　　　　　　　　④ 10

8 보험료 결정에 대한 설명으로 가장 적절하지 **않은** 것은?

① 일반손해보험의 영업보험료는 순보험료와 부가보험료의 합으로 구성된다.
② 수지상등원칙에 따라 순보험료 총액과 지급보험금 총액이 일치하는 수준에서 순보험료를 산출한다.
③ 예정이자율이 높아지면 투자활동을 통한 보험금 재원 기여분이 커지므로 보험료는 낮아진다.
④ 손해율/합산비율이 적정 수준을 초과할 경우 보험료 인하 조치를 취한다.

9 공공부조제도에 대한 적절한 설명으로만 모두 묶인 것은?

> 가. 국가와 지방자치단체의 책임으로 국민의 최저 생활을 보장하고 자립을 지원하는 제도이다.
>
> 나. 기초생활보장제도와 의료급여제도, 국민건강보험제도가 가장 대표적인 공공부조의 프로그램이다.
>
> 다. 기초생활보장제도의 수급자가 되기 위해서는 부양의무자 기준과 소득인정액 기준 중 하나를 충족해야 한다.
>
> 라. 국민기초생활보장법 수급자는 의료급여제도의 1종 수급자로 구분된다.

① 가, 나
② 가, 라
③ 나, 다
④ 다, 라

10 노인장기요양보험제도에 대한 설명으로 가장 적절하지 **않은** 것은?

① 국민건강보험 가입자는 장기요양보험의 가입자가 된다.
② 노인장기요양보험의 보험자 및 관리운영기관은 국민건강보험공단이다.
③ 장기요양보험료는 건강보험료와 합산하여 개인 단위로 부과하고 있다.
④ 재가급여의 수급자 본인부담금은 당해 장기요양급여비용의 15%이다.

11 일반 사무직 근로자인 김상민씨(42세, 피보험기간 12년)의 고용보험에 대한 설명으로 가장 적절한 것은? (단, 각 보기는 별개의 사례임)

① 김상민씨가 다니던 회사에서 해고되어 구직급여를 지급받는 경우 소정급여일수는 240일이다.

② 고용안정 및 직업능력개발사업에 해당하는 보험료는 김상민씨와 사업주가 각각 50%씩 부담한다.

③ 김상민씨가 육아휴직을 사용할 경우 1년간 통상임금의 50%를 사후 지급 없이 육아휴직기간 중 전액 지급한다.

④ 김상민씨가 한부모 근로자일 경우 육아휴직급여 첫 3개월은 통상임금의 80%를 지급한다.

12 생명보험에 대한 설명으로 가장 적절하지 **않은** 것은?

① 보험업법에서는 생명보험, 연금보험, 상해보험을 생명보험업의 보험종목으로 열거하고 있다.

② 주계약을 가입하지 않고 특약만 가입하는 것은 불가하다.

③ 생명보험은 상부상조 정신이 근간이 되는 제도이다.

④ 정기보험과 종신보험은 대표적인 보장성보험 상품이다.

13 최민정씨에게 권유하기 가장 적합한 정기보험은?

최민정씨는 본인이 가입한 정기보험의 보험기간이 종료되기 전에 피보험체 여부에 대해 증명하여 더 낮은 보험료로 계약을 갱신하고자 한다.

① 갱신정기보험

② 전환정기보험

③ 재가입정기보험

④ 체감정기보험

14 유니버셜종신보험에 대한 적절한 설명으로만 모두 묶인 것은?

가. 고금리가 지속되는 여건에서 타 금융기관으로의 자금 이탈 방지를 위해 개발된 상품이다.

나. 순보험료가 보험회사 자산운용수익률에 연동한 공시이율로 부리된다.

다. 평준형 사망급부는 연령증가에 따라 순보장금액 단위당 위험보험료가 일정한 구조이다.

라. 투자실적이 나쁘면 사망보험금과 계약자적립액이 감소하며, 투자에 대한 책임은 계약자에게 있다.

① 가

② 가, 나

③ 가, 나, 다

④ 가, 나, 다, 라

15 다음 정보를 참고하여 계산한 전체 사망보험금은 얼마인가? (단, 변동보험금은 계약자적립액비례방법에 의함)

• 보험가입금액 : 2억원

• 예정계약자적립액 : 400만원

• 계약시점 계약자적립액 : 450만원

① 1억 7,500만원

② 2억원

③ 2억 2,500만원

④ 2억 7,600만원

16 이선호씨가 근무하는 회사에서 종업원을 피보험자 및 수익자로 하는 단체순수보장성보험에 가입하였다. 종업원 1인당 보험료가 연 90만원인 경우, 보험료 중 이선호씨의 근로소득으로 과세되는 금액은?

① 과세되는 금액 없음

② 20만원

③ 70만원

④ 90만원

17 계약유지를 위한 제도에 대한 적절한 설명으로만 모두 묶인 것은?

> 가. 연장정기보험 제도를 활용하여 종신보험을 정기보험으로 변경하는 경우 보험가입금액은 감액된다.
> 나. 순수보장성 상품에 대해서는 보험료 자동대출납입 제도를 활용할 수 없다.
> 다. 변액종신보험의 경우 보험료 의무납입기간 이후 일시적으로 보험료 납입을 중지할 수 있다.
> 라. 긴급한 자금이 필요할 경우 보험계약대출제도를 통해 사망보험금 범위 내에서 대출이 가능하다.

① 나
② 나, 라
③ 가, 나, 다
④ 나, 다, 라

18 다음의 경험생명표를 참고하였을 때 이호영씨(45세)가 보험가입금액 10만원인 1년 만기 정기보험에 가입했을 경우 보험료는 얼마인가? (단, 예정이율은 3%로 가정함)

연령	생존자수	사망자수	생존율	사망률
44세	98,059명	103명	0.99895	0.00105
45세	97,956명	112명	0.99886	0.00114
46세	97,844명	121명	0.99876	0.00124

① 약 76원
② 약 85원
③ 약 99원
④ 약 111원

19 보험금 지급 시기가 적절하게 연결되지 **않은** 것은?

① 보험금 청구 서류를 접수한 경우 – 3영업일
② 보험금 조사 및 확인이 필요한 경우 – 10영업일
③ 보기 ②의 보험금 지급 시기를 초과할 것이 예상되는 경우 – 30영업일
④ 소송이 제기되거나 분쟁조정신청이 있는 경우 – 6개월

20 보험계약의 청약에 대한 적절한 설명으로만 모두 묶인 것은?

> 가. 보험계약을 청약한 후에는 보험료 납입시점과 관계없이 보험회사가 승낙한 시점부터 보장이 개시된다.
> 나. 청약철회에 관한 사항은 보험계약에 있어 설명의무를 부과하고 있는 중요한 내용에 해당한다.
> 다. 청약철회는 보험계약자가 보험회사에 대하여 청약철회 행위를 요구하는 법률상 청구권에 해당한다.
> 라. 보험회사는 청약철회 접수일부터 3영업일 이내에 이미 납입한 보험료를 반환해야 한다.

① 가
② 나
③ 나, 라
④ 나, 다, 라

21 다음 생명보험 계약에 대한 설명으로 가장 적절하지 **않은** 것은? (단, 각 보기는 별개의 사례임)

> 김미래씨는 남편 이경영씨를 피보험자로 하는 종신보험에 가입하면서 해당 보험의 수익자로 자녀 이민정씨를 지정하였다.

① 김미래씨가 보험료 납입을 연체하는 경우 보험회사는 김미래씨뿐만 아니라 이민정씨에게도 납입최고를 해야 한다.
② 김미래씨가 보험수익자를 본인으로 변경하고자 하는 경우 이경영씨의 서면동의가 필요하다.
③ 김미래씨가 보험수익자를 변경하고자 하는 경우 보험회사의 승낙을 얻어야 한다.
④ 강제집행 등으로 해당 보험계약이 해지된 경우 이민정씨는 김미래씨의 동의를 얻어 계약의 특별부활을 청약할 수 있다.

22 제3보험에 대한 적절한 설명으로만 모두 묶인 것은?

> 가. 제3보험 종목은 생명보험회사와 손해보험회사에서 겸영할 수 있다.
>
> 나. 질병사망은 제3보험의 영역이 아니므로 주계약으로 보장받을 수 없다.
>
> 다. 제3보험업은 독립하여 별도로 제3보험회사를 설립하거나 운영할 수 없다.
>
> 라. 보장성보험에 한하여 상품개발이 가능하지만, 보험기간에는 제한이 없다.

① 가
② 가, 나
③ 가, 나, 라
④ 가, 나, 다, 라

23 백민경씨의 보험 정보가 다음과 같을 경우 백민경씨가 통원의료비로 보상받을 수 있는 금액으로 가장 적절한 것은? (단, 처방조제비는 고려하지 않는 것으로 가정함)

> [백민경씨의 보험 관련 정보]
> • 현재 4세대 실손의료보험을 가입 중이며, 보험기간은 올해 1월 1일부터 12월 31일까지임
> • 1회당 공제금액
> - 급여(병·의원) : Max(1만원, 급여의 20%)
> - 급여(상급종합병원) : Max(2만원, 급여의 20%)
> - 비급여(병원구분 없음) : Max(3만원, 비급여의 30%)
>
> [백민경씨의 질병 통원(외래) 내역]

통원일	진단명 (병명)	진료기관	급여 진료비 (본인부담)	비급여 진료비
4월 29일	위염	A상급종합병원	160,000원	100,000원
5월 18일	위궤양	B병원	150,000원	60,000원

① 348,000원　　　　② 376,000원
③ 405,000원　　　　④ 510,000원

24 소득보상보험에 대한 설명으로 가장 적절하지 **않은** 것은?

① 보험급여를 수령하기 위해서는 대기기간이 종료될 때까지 계약이 유지되어야 한다.
② 단기형은 최대 2년까지 급여를 제공하는 것으로 사용자들이 주로 가입한다.
③ 대기기간이 경과한 후 급여를 수령하게 되면 피보험자는 더 이상 보험료를 납부하지 않는다.
④ 일시적인 증상은 장해로 보지 않으며, 증상이 영구적이더라도 정신적 훼손 상태는 장해로 보지 않는다.

25 손해보험에 대한 설명으로 가장 적절하지 **않은** 것은?

① 손해보험은 부정액보험이다.
② 실손보상의 원칙은 손해보험에만 적용되는 고유의 개념이다.
③ 실제 손해를 보상하는 실손의료보험은 손해보험에 해당한다.
④ 조기사망위험과 장기 생존위험을 제외한 거의 모든 인적·물적피해, 제3자에 대한 배상책임까지 담보하는 보험이다.

26 대한손해보험회사가 다음과 같은 경험통계를 활용하여 배상책임보험 상품을 개발하여 판매한 후, 1년이 경과된 시점에 실제손해율이 60%로 나타났다. 손해율법에 따른 요율조정으로 가장 적절한 것은?

> • 보험계약자 수 : 50만명
> • 예정사업비율 : 20%
> • 1년간 발생할 것으로 예상되는 손해액 : 300억원

① 25% 요율 인상
② 25% 요율 인하
③ 33% 요율 인상
④ 33% 요율 인하

27 다음의 내용을 참고할 때, 이인구씨가 가입한 주택화재보험(보험가입금액 1억원)에서 지급되는 총 보험금으로 가장 적절한 것은?

> • 재산손해액 : 8,000만원
> • 잔존물제거비용 : 1,000만원
> • 화재발생 시점 보험가액 : 1억 2천만원

① 8,000만원
② 8,800만원
③ 9,000만원
④ 1억원

28 김수호씨(45세)는 서울시에 위치한 건물의 1층에 입점하여 한식집(일반음식점, 연면적 400m²)을 운영하고 있다. 다음 설명 중 가장 적절한 것은? (단, 김수호씨는 해당 건물의 소유주가 아니며, 각 보기는 별개의 사례임)

① 한식집이 입점한 건물이 특수건물인 경우 김수호씨는 특수건물화재보험의 가입의무자이다.

② 해당 건물이 특수건물이 아닌 경우 김수호씨는 다중이용업소 화재배상책임보험에 의무적으로 가입해야 한다.

③ 해당 건물이 특수건물이 아닌 경우 김수호씨는 재난배상책임보험에 의무적으로 가입해야 한다.

④ 다중이용업소 화재배상책임보험 또는 재난배상책임보험에 가입한 경우 타인 사망 시 1인당 1억원 한도 내에서 보상한다.

29 다음 중 의무(강제)배상책임보험으로 가장 적절하지 **않은** 것은?

① 재난배상책임보험

② 특수건물 신체배상책임보험

③ 생산물배상책임보험

④ 다중이용시설배상책임보험

30 자동차를 운전 중이던 김형준씨(37세)는 음주운전으로 인해 행인을 다치게 하였다. 다음 설명 중 가장 적절한 것은?

① 김형준씨와 피해자가 형사합의를 하는 경우 반의사불벌죄가 적용되어 김형준씨는 형사처벌을 받지 않는다.

② 음주운전에 의한 사고이므로 김형준씨가 가입한 대인배상Ⅰ에서 보험금이 지급되지 않는다.

③ 김형준씨가 운전자보험에 가입한 경우 교통사고처리지원금을 지급받을 수 있다.

④ 피해자는 김형준씨의 보험회사에 직접 보험금을 청구할 수 있다.

투자설계 (30문항)

31 예금자보호대상 금융상품으로만 모두 묶인 것은?

> 가. 주택청약저축
>
> 나. 주택청약부금
>
> 다. 표지어음
>
> 라. 환매조건부채권(RP)

① 가, 나

② 가, 다

③ 나, 다

④ 다, 라

32 GDP(국내총생산)에 포함되는 것으로만 모두 묶인 것은?

> 가. 외국기업이 국내에서 생산한 제품
>
> 나. 중고시장에서 거래되는 중고품
>
> 다. 병원에서 제공하는 의료서비스
>
> 라. 다른 제품의 생산에 사용되는 중간재

① 가, 다

② 나, 라

③ 가, 나, 다

④ 나, 다, 라

33 총인구가 4,000만명인 국가의 비경제활동인구가 1,000만명, 취업자가 600만명, 실업자가 200만명이라고 가정할 때 실업률은 얼마인가?

① 20%

② 25%

③ 30%

④ 35%

34 금리에 대한 설명으로 가장 적절하지 **않은** 것은?

① 한국은행이 기준금리를 내리면 대부자금시장의 자금 수요량은 증가할 것이다.

② 피셔방정식에 의하면 실질금리가 1%, 예상 물가상승률이 3%인 경우 명목금리는 약 2%이다.

③ 콜금리와 환매조건부채권 금리는 대표적인 단기금리이다.

④ 장기금리가 단기금리보다 낮아지는 경우 향후 경기침체 가능성이 높은 것으로 예측할 수 있다.

35 다음 사례 중 빈칸에 공통으로 들어갈 경상수지의 종류로 가장 적절한 것은?

> 6월 수출이 전년 동월비 10%가 상승하며 경상수지가 흑자를 달성했다. 이는 수출 증가로 인한 (　　)가 6월 기준 역대 최대 규모의 흑자를 달성한 결과이다. 전문가들은 반도체의 수출 증가세가 지속될 뿐만 아니라 기계와 정밀기기 등에서의 수출 증가세가 함께 상승함에 따라 (　　)가 흑자를 달성했다고 밝혔다.

① 자본수지

② 상품수지

③ 서비스수지

④ 이전소득수지

36 다음을 참고하여 원화의 엔화에 대한 재정환율(₩/100￥)을 계산한 것은?

> • 원화와 미 달러화의 환율 : 1$ = ₩990
>
> • 미 달러화와 일본 엔화의 환율 : 1$ = ￥115

① 860.87

② 1,138.50

③ 1,150.00

④ 1,161.61

37 김동한씨는 주식 A를 12,000원에 매수하여 중간에 배당금 500원을 수령하고, 1년 후 15,000원에 매도하였다. 이때 김동한씨의 연환산 보유기간수익률은 얼마인가?

① 약 17%

② 약 21%

③ 약 25%

④ 약 29%

38 무위험이자율은 2%, 시장의 기대수익률은 7%이다. 다음 중 시장가격보다 내재가치가 더 클 것으로 예상되는 자산은?

① 기대수익률이 10%이고, 베타계수가 1.6인 자산

② 기대수익률이 5%이고, 베타계수가 0.8인 자산

③ 기대수익률이 7%이고, 베타계수가 1.2인 자산

④ 기대수익률이 12%이고, 베타계수가 1.8인 자산

39 과거 주식의 평균수익률이 7%, 수익률의 표준편차가 5%이다. 기대수익률의 미래 확률분포는 정규분포를 따른다고 할 때, 다음 중 적절한 설명으로만 모두 묶인 것은?

> 가. 정규분포곡선 아래 면적의 합은 1.0 혹은 100%이다.
>
> 나. 기대수익률이 평균 ±3σ 안에 있을 확률은 약 99.73%이다.
>
> 다. 기대수익률이 2 ~ 12% 사이에 위치할 확률은 약 95.45%이다.
>
> 라. 기대수익률이 12%를 초과할 확률은 약 16% 정도이다.

① 가, 다

② 나, 라

③ 가, 나, 라

④ 나, 다, 라

40 김현민씨는 10억원의 보유자금으로 위험이 적은 주식 포트폴리오를 구성하고자 한다. 주식 A, B, C의 상관계수가 다음과 같을 때, 각 보기 중 가장 위험이 적은 포트폴리오는? (단, 개별주식의 기대수익률과 표준편차는 동일하다고 가정함)

구분	주식 A	주식 B	주식 C
주식 A	1.0	0.5	−0.2
주식 B	0.5	1.0	0.1
주식 C	−0.2	0.1	1.0

① 주식 A에 10억원 전액 투자
② 주식 A와 B에 각각 5억원씩 투자
③ 주식 B와 C에 각각 5억원씩 투자
④ 주식 A와 C에 각각 5억원씩 투자

41 포트폴리오의 위험에 대한 설명으로 가장 적절하지 **않은** 것은?

① 포트폴리오의 총위험은 체계적 위험과 비체계적 위험을 합한 것이다.
② 기업 고유의 위험은 분산투자를 통해 원하는 위험수준까지 줄일 수 있다.
③ 거시경제요인의 위험은 체계적 위험으로, 분산투자를 해도 감소하지 않는다.
④ 표준편차는 체계적 위험을 나타내는 지표이다.

42 지배원리에 따라 자산을 선택하는 경우 다음 중 상대적으로 가장 우수한 투자안은?

구분	주식 A	주식 B	주식 C	주식 D
기대수익률	3%	3%	5%	5%
위험(표준편차)	2%	3%	2%	1%

① 주식 A
② 주식 B
③ 주식 C
④ 주식 D

43 주식에 대한 적절한 설명으로만 모두 묶인 것은?

가. 주주는 회사에 대한 유한책임을 부담한다.
나. 주식은 기한부증권으로서 만기가 가까워질수록 가격 변동성이 커진다.
다. 주주가 가지는 의결권은 공익권에 해당한다.
라. 우선주는 배당이나 잔여재산분배에 있어서 사채 소유자보다 우선한다.

① 가, 나
② 가, 다
③ 나, 다
④ 가, 다, 라

44 주식회사 A의 결산일은 6월 30일(목)이다. 다음 설명 중 가장 적절하지 **않은** 것은?

① 6월 24일(금)에 주식을 매수하여 6월 29일(수)에 매도한 경우 배당을 받을 수 없다.
② 6월 28일(화)까지 주식을 매수해야 배당을 받을 수 있다.
③ 6월 29일(수)에 매수하면 배당락에 의해 배당을 받을 수 없다.
④ 6월 30일(목)은 배당기준일이며, 이날 주주명부를 작성한다.

45 정률성장 배당할인모형에 따른 주식가치가 하락하는 요인을 가장 적절하게 연결한 것은?

	요구수익률	배당성장률	베타	시장수익률
①	상승	상승	하락	하락
②	상승	하락	상승	상승
③	하락	상승	상승	하락
④	하락	상승	하락	상승

46 다음 자료를 토대로 계산한 A기업 주식의 PER은?

- 주가 : 15,000원
- 당기순이익 : 12억원
- 총 발행주식 수 : 100만주
- 자기자본 : 40억원
- 타인자본 : 60억원

① 8.4배

② 10배

③ 12배

④ 12.5배

47 주가지수에 대한 설명으로 가장 적절하지 **않은** 것은?

① 일반적으로 종합 주가지수는 경기선행지표로 활용된다.

② 동일가중방법에 의한 주가지수 산정방식은 대형주의 가중치가 높아지는 단점이 있다.

③ 미국의 Dow Jones Industrial Average 지수, 일본의 NIKKEI 225 등은 대표적인 가격가중방법이다.

④ KOSPI200 지수는 유동주식만의 시가총액을 합산하여 주가지수를 계산한다.

48 액면금액이 10,000원이고, 표면이자율이 5%(연단위 지급), 만기 2년인 이표채의 현재가격은? (단, 매매수익률은 10%이며, 원 미만은 절사함)

① 8,677원

② 9,132원

③ 9,574원

④ 9,833원

49 채권투자의 위험에 대한 설명으로 가장 적절한 것은?

① 이표채를 만기까지 보유할 경우 채권의 가격변동위험을 회피할 수 있다.

② 할인채를 만기까지 보유할 경우 재투자율위험에 노출될 수 있다.

③ 채권을 매도하고자 하는 투자자는 채권수익률 상승 시 유리하다.

④ 일반적으로 회사채는 국채보다 유동성위험이 낮은 편이다.

50 증권분석에 대한 설명으로 가장 적절하지 **않은** 것은?

① 증권분석은 효율적 시장을 전제로 한다.

② 기술적 분석은 증권의 매매 시점을 중시한다.

③ 기본적 분석은 증권의 내재가치를 중시한다.

④ 기본적 분석은 재무제표에 나타나지 않은 자료들도 분석한다.

51 펀드에 대한 설명으로 가장 적절하지 **않은** 것은?

① 단위형펀드는 펀드 설정 이후에는 추가로 자금을 모집하지 않는다.

② 대부분의 공모펀드는 추가설정 및 중도환매가 금지된다.

③ 폐쇄형펀드는 원칙적으로 환매가 금지되어 거래소 상장을 의무화하고 있다.

④ 모자형펀드에서 자펀드는 유동성자금 등을 제외한 모든 자금을 모펀드에 투자해야 한다.

52 자산유동화증권(ABS)의 종류에 대한 설명으로 가장 적절한 것은?

① 유통시장 CBO는 신용도가 낮아 회사채를 직접 발행하기 어려운 기업의 회사채 차환발행 또는 신규발행 시 이용된다.

② MBS는 주택저당채권(mortgage)을 기초로 발행되는 자산유동화증권(ABS)이며 조기상환위험을 지닌다.

③ 무수익대출채권(NPL)을 기초자산으로 발행하는 ABS는 수탁은행의 신용보강이 이루어질 수 없다.

④ ABCP는 CP의 형태로 발행되며 다른 ABS와 달리 SPC가 발행하지 않는다.

53 주식워런트증권(ELW)과 주식옵션을 비교한 내용으로 가장 적절한 것은?

① ELW는 파생상품시장에서 거래되지만, 주식옵션은 유가증권시장에서 거래된다.

② ELW의 투자자는 매수만 가능하지만, 주식옵션은 매수와 매도가 모두 가능하다.

③ ELW는 유동성공급자 선정 의무가 없지만, 주식옵션은 유동성공급자 선정이 의무화되어 있다.

④ ELW는 거래소가 결제이행을 보증하지만, 주식옵션은 발행자의 신용위험에 노출될 수 있다.

54 주식투자전략에 대한 적절한 설명으로만 모두 묶인 것은?

가. 액티브 전략은 기본적 분석을 통하여 우량종목을 선별할 수 있는 능력을 중요시한다.

나. 액티브 전략에서 상향식 접근법은 기업의 펀더멘털 분석 능력을 중요시한다.

다. 패시브 전략의 투자성과는 위험조정성과지표에 의해 측정된다.

라. 가격지수는 비교지수 내 주식들의 가격을 시가총액으로 가중평균한 지수로서 현금배당을 지수산정에 포함한다.

① 가

② 가, 나

③ 가, 나, 다

④ 가, 나, 다, 라

55 김채민씨가 실행하고 있는 채권투자전략으로 가장 적절한 것은?

투자자 김채민씨는 금리가 상승할 것이 예상되면 보유하고 있던 잔존만기가 긴 채권을 매도하고, 금리가 하락할 것이 예상되면 잔존만기가 긴 채권을 매수하는 채권투자전략을 실행하고 있다.

① 크레딧전략

② 듀레이션전략

③ 현금흐름일치전략

④ 만기보유전략

56 다음은 투자자의 증거금 수준을 나타낸 것이다. 개시증거금이 20,000원, 유지증거금이 15,000원일 경우, 6일 차의 인출가능금액은 얼마인가?

1일 차	2일 차	3일 차
20,000원	18,000원	13,000원
4일 차	5일 차	6일 차
20,000원	25,000원	30,000원

① 0원

② 5,000원

③ 10,000원

④ 30,000원

57 옵션에 대한 설명으로 가장 적절하지 **않은** 것은?

① 행사가격은 옵션계약을 체결하는 시점에서 확정된다.

② 풋옵션 매수자는 '기초자산 가격 > 행사가격'인 경우 권리를 행사한다.

③ 유럽형 옵션은 만기일에만 권리를 행사할 수 있다.

④ 옵션프리미엄이 낮을수록 레버리지 효과가 크게 나타난다.

58 다음 자료를 토대로 한 옵션에 대한 설명으로 가장 적절하지 **않은** 것은?

> 투자자 A씨는 현재 15만원인 기업 B의 주식을 만기 시 13만원에 살 수 있는 권리를 3만원에 매입하였다.

① 투자자 A씨가 매입한 옵션은 콜옵션이다.
② 기업 B의 주가 하락 시 최대 손실은 3만원이다.
③ 투자자 A씨의 만기 시점의 손익분기점은 10만원이다.
④ 만기까지 주가 변동이 없는 경우 A씨는 권리를 행사할 것이다.

59 적정성원칙 대상 금융투자상품으로만 모두 묶인 것은?

> 가. 합성 ETF
> 나. 전환사채
> 다. 금적립 계좌
> 라. 인버스 ETF

① 가, 나
② 가, 라
③ 나, 라
④ 나, 다, 라

60 대체투자에 대한 적절한 설명으로만 모두 묶인 것은?

> 가. 대체투자상품은 인플레이션 헤지가 가능하다.
> 나. 대체투자상품은 환금성이 떨어지기 때문에 환매금기 기간이 있고 투자기간이 길다.
> 다. 대체투자상품을 활용하면 효율적 투자기회선은 하향 조정될 것이다.
> 라. 대체투자상품은 최근 전통적인 투자상품과의 탈동조화 현상이 심해지고 있다.

① 가
② 가, 나
③ 가, 나, 다
④ 가, 나, 다, 라

세금설계 (30문항)

61 세법의 법원으로만 모두 묶인 것은?

> 가. 조례　　　　　　나. 고시
> 다. 통칙　　　　　　라. 판례

① 가, 나
② 가, 다
③ 나, 다
④ 나, 라

62 납세의무의 소멸사유로만 모두 묶인 것은?

> 가. 부과제척기간이 만료되는 경우
> 나. 납세의무 내용의 하자로 당초 부과처분을 취소하는 경우
> 다. 납세의무자가 사망하는 경우
> 라. 강제징수 절차에 따른 매각대금으로 체납액을 보전하는 경우

① 가, 나, 다
② 가, 나, 라
③ 가, 다, 라
④ 나, 다, 라

63 종합소득세 과세대상으로만 모두 묶인 것은?

> 가. 상가 1층을 임대하여 월 100만원의 월세를 받고 있다.
> 나. 올해 퇴직 후 1억원의 퇴직금을 수령하였다.
> 다. 5년 전부터 국민연금을 월 100만원 수령하게 되었다.
> 라. 올해 본인 명의 주택을 양도하여 3억원의 양도차익이 발생하였다.

① 가, 나
② 가, 다
③ 나, 다
④ 다, 라

64 다음 중 신고납세제도에 의해 조세채권을 확정하는 방식이 **아닌** 것은?

① 소득세

② 법인세

③ 부가가치세

④ 종합부동산세

65 다음 중 A씨와 B씨의 국내에서 발생한 소득에 대한 소득세의 납세지가 올바르게 연결된 것은?

• 사업소득이 있는 거주자 A씨의 사업장 소재지는 서울시 서초구이다. 현재 주소지는 서울시 마포구이나, 거소지는 서울시 강남구이다.

• 양도소득이 있는 비거주자 B씨는 부산시 동래구에 거소를 두고 있으며, 국내사업장 소재지는 부산시 북구이다.

	거주자 A씨	비거주자 B씨
①	서울시 서초구	부산시 동래구
②	서울시 마포구	부산시 북구
③	서울시 강남구	부산시 북구
④	서울시 마포구	납세의무 없음

66 다음의 정보를 참고하여 계산한 개인사업자 홍수진씨의 2025년도 사업소득금액은 얼마인가?

• 매출액 : 385,000,000원
 (부가가치세 매출세액 35,000,000원, 전년도 이월소득금액 30,000,000원 포함)

• 매출원가 및 관리비 등 : 200,000,000원
 (본인 급여 50,000,000원, 종업원 급여 80,000,000원, 가사 관련 경비 10,000,000원 포함)

• 소득세 : 8,000,000원

• 벌금 및 과태료 : 500,000원

• 이월결손금(2023년 발생분) : 10,000,000원

① 90,000,000원

② 112,000,000원

③ 170,000,000원

④ 200,000,000원

67 다음 자료를 토대로 제조업과 상가 건물에 대한 부동산임대업을 영위하는 거주자의 20×5년 소득세 과세표준을 계산하면 얼마인가? (단, 모든 소득에 대해 복식부기로 기장을 했으며, 최대한 절세하고자 함)

• 20×5년 제조업 사업소득금액 : 9,000만원

• 20×5년 부동산임대업에서 발생한 결손금 : 2,000만원

• 20×4년 제조업에서 발생한 이월결손금 : 1,000만원

• 20×4년 부동산임대업에서 발생한 이월결손금 : 4,000만원

① 2,000만원

② 6,000만원

③ 7,000만원

④ 8,000만원

68 성실신고확인제도에 대한 설명으로 가장 적절하지 **않은** 것은?

① 수입금액이 일정 규모 이상인 개인사업자가 종합소득세를 신고할 때 세무사 등에게 장부기장의 내용을 확인받은 후 신고해야 한다.

② 성실신고확인대상사업자가 성실신고확인서를 제출하는 경우 성실신고확인비용의 60%를 100만원 한도 내에서 세액공제 받을 수 있다.

③ 성실신고확인대상사업자가 성실신고확인서를 제출하는 경우 의료비세액공제, 교육비세액공제, 월세액세액공제를 적용받을 수 있다.

④ 성실신고확인의무를 위반한 사업자에게는 가산세 부과와 세무조사대상 선정 등 불이익이 따른다.

69 박민영씨는 20×5년 3월 A회사를 퇴사한 후 같은 해 5월 B회사로 이직하였다. 다음 설명 중 가장 적절하지 **않은** 것은? (단, 박민영씨는 근로소득 이외에 다른 소득은 없다고 가정함)

① 근로소득에 대한 원천징수는 원천징수 이후에 납세의무를 다시 확정해야 하는 대표적인 예납적 원천징수의 예이다.

② A, B회사는 박민영씨의 근로소득을 지급하는 경우 그 징수일이 속하는 달의 다음 달 10일까지 관할 세무서에 납부해야 한다.

③ 박민영씨가 다음 해 20×6년 2월분 급여를 받기 전까지 A회사 근로소득원천징수영수증을 B회사에 제출하는 경우 B회사는 A회사와 B회사의 근로소득을 합산하여 연말정산해야 한다.

④ 박민영씨가 다음 해 20×6년 2월분 급여를 받기 전까지 A회사 근로소득원천징수영수증을 B회사에 제출하지 않은 경우 A회사는 박민영씨에게 지급한 근로소득에 대하여 연말정산해야 한다.

70 거주자 이진혁씨(1세대 2주택자)는 부동산임대업을 영위하고 있다. 이진혁씨가 소유 및 임대하고 있는 부동산에 대한 정보가 다음과 같을 때, 이진혁씨의 2025년도 사업소득 총수입금액에 산입할 간주임대료는 얼마인가? (단, 1년은 365일로 가정함)

- 주택 A의 임대 관련 정보
  - 임대기간 : 2025년 1월 1일 ~ 2025년 12월 31일
  - 보증금 : 200,000,000원
  - 월 임대료 : 1,500,000원
- 상가 B의 임대 관련 정보
  - 임대기간 : 2025년 1월 1일 ~ 2025년 10월 31일
  - 보증금 : 400,000,000원
  - 건설비 : 100,000,000원(토지가액 40,000,000원 포함)
  - 월 임대료 : 500,000원
- 정기예금이자율 : 3.5%

① 8,745,205원   ② 9,911,232원

③ 14,911,232원   ④ 16,911,232원

71 거주자의 인적공제에 대한 설명으로 가장 적절한 것은?

① 종합소득금액 3,000만원 이하인 거주자로서 배우자가 있는 여성인 경우에는 50만원의 부녀자공제를 추가로 공제받을 수 있다.

② 장애인인 부양가족에 대해서는 나이와 소득에 관계없이 1인당 150만원의 기본공제를 적용받을 수 있다.

③ 65세의 소득이 없는 부모에 대해서는 기본공제와 함께 경로우대공제를 추가로 공제받을 수 있다.

④ 배우자가 없는 남성 거주자로서 소득이 없는 25세의 딸(장애인 아님)이 있으면 한부모공제를 받을 수 있다.

72 종합소득 세액공제와 그 적용대상자의 연결이 가장 적절하지 **않은** 것은?

① 특별세액공제(의료비) – 근로소득자

② 특별세액공제(보장성보험료) – 근로소득자

③ 월세액세액공제 – 일정 금액 이하의 근로소득자

④ 표준세액공제(연 13만원) – 근로소득이 없는 종합소득자

73 다음 중 반드시 종합소득에 대한 과세표준 확정신고 의무가 있는 자는?

① 근로소득만 4,000만원이 있는 자

② 퇴직소득만 6,000만원이 있는 자

③ 부동산임대소득만 2,000만원이 있는 자

④ 국내 정기예금 이자소득만 1,000만원이 있는 자

74 다음 중 법인세 과세대상 소득이 **아닌** 것은?

① 법인이 해산에 의하여 소멸할 때 자기자본총액 이내의 잔여재산가액

② 자기자본이 500억원을 초과하는 기업의 미환류소득

③ 법인이 주택, 별장, 비사업용 토지 등을 양도하여 획득한 소득

④ 각 사업연도별로 익금총액에서 손금총액을 공제한 각 사업연도 소득

75 부가가치세 특징으로만 모두 묶인 것은?

> 가. 신고납세제도
>
> 나. 소비지국 과세원칙
>
> 다. 초과누진세율
>
> 라. 개별소비세

① 가, 나
② 가, 라
③ 나, 다
④ 다, 라

76 부가가치세 과세표준에 포함하지 **않는** 금액으로만 모두 묶인 것은?

> 가. 대손금
>
> 나. 연체이자
>
> 다. 하자보증금
>
> 라. 매출에누리와 환입

① 가, 나
② 나, 다
③ 나, 라
④ 다, 라

77 다음 중 이자소득의 범위에 해당하지 **않는** 것은?

① 저축성보험의 보험차익
② 직장공제회 초과반환금
③ 비영업대금의 이익
④ 집합투자기구로부터의 이익

78 다음 중 금융소득의 원천징수세율이 적절하게 연결된 것은?

① 비실명배당소득 : 30%
② 비영업대금의 이익 : 14%
③ 직장공제회 초과반환금 : 25%
④ 개인종합자산관리계좌 : 9%

79 다음 자료를 통해 계산한 금융소득 종합과세대상 소득은 얼마인가?

> • 은행이자 : 1,000만원
>
> • 국내법인 현금배당 : 500만원
>
> • ISA 계좌에서 발생하는 금융소득 : 200만원
>
> • 출자공동사업자의 배당소득 : 500만원

① 종합과세되는 금융소득 없음
② 500만원
③ 2,000만원
④ 2,200만원

80 종합과세될 수 있는 금융소득으로만 모두 묶인 것은? (단, 원천징수 가능한 소득은 원천징수한 것으로 가정함)

> 가. 개인투자용 국채
>
> 나. 외국법인으로부터의 배당
>
> 다. 법원에 납부한 경락대금의 이자
>
> 라. 출자공동사업자의 배당

① 가, 나
② 가, 다
③ 나, 라
④ 다, 라

81 채권을 증권회사에서 다음과 같이 취득한 후 양도하였을 경우 과세대상 이자소득금액은 얼마인가?

- 채권의 양도가액 : 12,000만원
- 채권의 취득가액 : 11,000만원
- 채권의 액면가액 : 10,000만원
- 보유기간 : 1년
- 액면 이자율 : 연 5%

① 과세대상 이자소득금액 없음
② 500만원
③ 1,000만원
④ 1,500만원

82 지방세법상 취득의 유형 중 원시취득에 해당하는 것은?
① 부동산을 매매를 통해 대가를 지불하고 취득한 경우
② 건물의 증축으로 인하여 토지를 취득하는 경우
③ 상속으로 인해 부동산을 취득하는 경우
④ 법인의 주식 또는 지분을 취득함으로써 과점주주가 된 경우

83 아버지로부터 주택을 증여받은 경우 취득세 신고납부기한과 무신고 시 가산세를 적절하게 연결한 것은? (단, 부정행위로 인한 무신고는 아닌 것으로 가정함)

	신고납부기한	가산세
①	취득한 날부터 60일 이내	당해 납부세액의 10%
②	취득일이 속하는 달의 말일부터 3개월 이내	당해 납부세액의 20%
③	취득일이 속하는 달의 말일부터 3개월 이내	당해 납부세액의 10%
④	취득한 날부터 60일 이내	당해 납부세액의 20%

84 종합부동산세에 대한 설명으로 가장 적절한 것은?
① 20×5년 5월 23일에 종합부동산세 과세대상 주택을 매도한 자는 20×5년에 종합부동산세 납세의무가 없다.
② 1세대 1주택자에 대한 장기보유세액공제와 노령자세액공제는 중복하여 적용하지 않는다.
③ 종합부동산세로 납부해야 할 세액의 10%가 농어촌특별세로 부과된다.
④ 1세대 1주택자가 만 60세 이상의 직계존속과 동거봉양을 위해 합가하는 경우 5년 동안 각각 1세대 1주택으로 본다.

85 양도로 보지 **않는** 경우로만 모두 묶인 것은?

가. 토지수용법에 의한 수용
나. 연접한 토지의 공유물 분할
다. 부담부증여
라. 양도담보 제공

① 가, 다
② 가, 라
③ 나, 라
④ 다, 라

86 양도가액 및 취득가액에 대한 설명으로 가장 적절하지 **않은** 것은?

① 자산의 양도가액은 원칙적으로 실지거래가액에 의하며, 취득가액은 취득에 소요된 실지거래가액에 취득부대비용 등을 포함한다.

② 특수관계자와의 거래에서 시가보다 저가로 양도함으로써 부당행위계산의 부인에 해당하는 경우에는 시가를 양도가액으로 한다.

③ 양도소득세 필요경비는 취득 당시의 실지거래가액을 확인할 수 있는 경우 개산공제방식을 적용한다.

④ 취득가액 중 사업소득 또는 부동산임대소득의 계산에 있어서 감가상각비 등 필요경비에 산입된 금액은 취득가액에서 제외한다.

87 양도소득세 세율이 적절하게 연결되지 **않은** 것은?

① 1년 미만 보유한 주택을 양도하는 경우 : 50%

② 미등기된 자산을 양도하는 경우 : 70%

③ 1세대 2주택에 해당하는 주택(조정대상지역 내)을 양도하는 경우 : 기본세율 + 20%

④ 1년 이상 2년 미만 보유한 토지 또는 건물을 양도하는 경우 : 40%

88 거주자 이재영씨와 김정연씨는 2025년 9월 1일에 혼인신고를 하였다. 두 명 모두 혼인신고 전부터 각자 2년 이상 거주한 1세대 1주택자로 본인 명의의 주택을 소유하고 있었다. 이들이 혼인 후에도 두 주택을 모두 보유하고 있는 경우, 먼저 양도하는 주택에 대하여 1세대 1주택 양도소득세 비과세를 적용받기 위한 양도기한은?

① 2028년 8월 31일

② 2030년 8월 31일

③ 2032년 8월 31일

④ 2035년 8월 31일

89 퇴직소득세에 대한 설명으로 가장 적절한 것은?

① 일반적으로 퇴직소득의 수입시기는 소득을 지급받은 날이다.

② 동일한 퇴직금이라면 근속연수가 길수록 퇴직소득세의 세부담은 증가한다.

③ 환산급여공제는 환산급여액이 증가할수록 공제율이 감소하는 차등공제방식을 사용하고 있다.

④ 확정기여(DC)형 퇴직연금제도의 원천징수의무자는 회사이다.

90 기타소득세가 과세되는 경우로 가장 적절한 것은?

① 이연퇴직소득을 원천으로 연금외수령하는 경우

② 운용수익 및 공제받은 자기부담금을 원천으로 연금수령하는 경우

③ 이연퇴직소득을 원천으로 연금수령하는 경우

④ 운용수익 및 공제받은 자기부담금을 원천으로 연금외수령하는 경우

▶ 정답 p.4
▶ 모듈2 해설 p.12

금융 · 자격증 전문 교육기관 해커스금융
fn.Hackers.com

해커스 **AFPK**® 최종 실전모의고사

2회

모듈1 재무설계 개론 (15문항)
재무설계사 직업윤리 (5문항)
은퇴설계 (30문항)
부동산설계 (25문항)
상속설계 (25문항)

모듈2 위험관리와 보험설계 (30문항)
투자설계 (30문항)
세금설계 (30문항)

금융 · 자격증 전문 교육기관 해커스금융

fn.Hackers.com

수험번호	
성 명	

해커스 **AFPK**® 최종 실전모의고사

2회

시험 유의사항

1) 시험장 내 휴대전화, 무선기, 컴퓨터, 태블릿 PC 등 통신 장비를 휴대할 수 없으며 휴대가 금지된 물품을 휴대하고 있음이 발견되면 부정행위 처리기준에 따라 응시제한 1년 이상으로 징계됨.

2) 답안 작성 시 컴퓨터용 사인펜을 이용하고 예비답안 작성은 반드시 붉은 사인펜만을 이용해야 하며, 붉은 사인펜 이외의 필기도구(연필, 볼펜 등)를 사용하여 예비답안을 작성한 경우 이중 마킹으로 인식되어 채점되지 않음을 유의함.

3) 답안은 매 문항마다 하나의 답만을 골라 그 숫자에 빈틈없이 표기해야 하며, 답안지는 훼손 오염되거나 구겨지지 않도록 주의해야 한다. 특히 답안지 상단의 타이밍 마크를 절대로 훼손해선 안 되며, 마킹을 잘못하거나(칸을 채우지 않거나 벗어나게 마킹한 경우) 또는 답안지 훼손에 의해서 발생되는 문제에 대한 모든 책임은 응시자에 귀속됨.

4) 시험종료 안내는 종료 20분, 10분 전에 방송되며 시험시간 관리의 책임은 전적으로 수험생 본인에게 있으므로 종료 후 답안 작성으로 인하여 부정행위 처리되지 않도록 유의함.

5) 유의사항 위반에 따른 모든 불이익은 응시자가 부담하고 부정행위 및 규정 위반자는 부정행위 세부 처리기준에 준하여 처리됨.

모듈1

- 재무설계 개론 (15문항)
- 재무설계사 직업윤리 (5문항)
- 은퇴설계 (30문항)
- 부동산설계 (25문항)
- 상속설계 (25문항)

문제의 지문이나 보기에서 별다른 제시가 없으면 모든 개인은 세법상 거주자이고 모든 법인은 내국법인이며, 모든 자산, 부채 및 소득은 국내에 있거나 국내에서 발생한 것으로 가정하고, 주식은 국내 제조법인의 주식으로서 우리사주조합원이 보유한 주식이 아니며, 소득세법상 양도소득세 세율이 누진세율(6 ~ 45%)로 적용되는 특정주식 등 기타자산에 해당하지 않는 일반주식이라고 가정함

재무설계 개론 (15문항)

1 재무설계와 재무설계사의 개념에 대한 설명으로 적절하지 **않은** 것은?

① 재무설계의 관점에서는 수익률보다 재무목표를 이루기 위한 플랜과 꾸준한 실천이 더 중요하다.

② 재무설계는 나이와 소득수준에 관계없이 모든 사람에게 필요하다.

③ 전문가적 책임, 업무수행, 인지, 커뮤니케이션은 재무설계사가 갖추어야 할 전문지식에 해당한다.

④ 재무설계사는 금융상품을 판매하고 관리하는 세일즈맨이 아니라 고객의 재무목표를 달성할 수 있도록 돕는 재무전문가이다.

2 재무설계사에게 필요한 역량과 그 내용을 적절하게 연결한 것은?

가. 고객의 자산, 부채 내역에 대한 정보를 모아 사실관계를 확인하고, 분석에 용이한 방식으로 정보를 분류하였다.

나. 고객의 말을 경청하고, 명확하고 상대방이 이해할 수 있는 방식으로 소통하여 반대와 불만에 대해 효과적으로 대처하였다.

다. 올해의 경제 전망과 새롭게 바뀐 금융 관련 정책 및 규정에 대한 지식을 습득하였다.

라. 정직하고 공정하게 행동하고 필요할 경우 다른 전문가의 조언을 받거나 다른 전문가에게 위임하는 등 고객의 이익을 최우선으로 하였다.

	가	나	다	라
①	전문능력	전문능력	전문지식	전문기술
②	전문능력	전문기술	전문지식	전문기술
③	전문기술	전문능력	전문지식	전문지식
④	전문기술	전문능력	전문능력	전문지식

3 다음 노경윤씨의 재무상태표 관련 정보를 토대로 한 재무상태 분석에 대한 설명으로 가장 적절한 것은? (단, 모든 자산 및 부채는 현재 평가금액임)

(단위 : 천원)

자산 및 부채	금액	비고
DC형 퇴직연금	100,000	−
보장성 보험	50,000	해약환급금
임차보증금	20,000	시세 400,000천원인 아파트의 임차보증금
신용대출 잔액	1,000	−

① 노경윤씨의 금융자산 중 투자자산에 해당하는 금액은 150,000천원이다.

② 거주 중인 아파트의 임대인에게 지불한 임차보증금 20,000천원은 사용자산으로 분류한다.

③ 노경윤씨의 총자산은 150,000천원, 총부채는 21,000천원이다.

④ 노경윤씨의 순자산은 129,000천원으로 부채보다 자산이 더 많은 상태이다.

4 현금흐름표의 작성에 대한 적절한 설명으로만 모두 묶인 것은?

가. 순현금흐름이 (+)인 달은 차액을 운용자산으로 유입하고, (−)인 달은 부족분을 운용자산에서 인출해 저축여력을 파악한다.

나. 비용 예측이 가능하고 정기적으로 지출되는 비용은 고정지출에 포함할 수 있다.

다. 저축여력이란 수입에서 변동지출을 차감한 금액을 말한다.

라. 현금유출이 현금유입보다 더 많으면 고객으로 하여금 과잉 부채를 유발하고 대출이자에 기인한 추가비용이 들게끔 유도하게 된다.

① 가, 나

② 가, 나, 라

③ 나, 다, 라

④ 가, 나, 다, 라

5 김현빈씨(30대)의 연간 재무정보를 토대로 한 부채 적정성 분석에 대한 설명으로 적절하지 **않은** 것은?

- 연 총소득 : 36,000천원
- 소비성부채상환액 : 6,000천원
- 주거관련부채상환액 : 8,000천원
- 소득세 : 5,000천원
- ※ 김현빈씨의 주거관련부채는 전세보증금 담보대출이 아님

① 소비성부채비율의 가이드라인이 20% 이내라면, 김현빈씨의 소비성부채비율은 적정한 수준이다.

② 주거관련부채상환비율의 가이드라인이 28% 이내라면, 김현빈씨의 주거관련부채상환비율은 적정한 수준이다.

③ 총부채상환비율의 가이드라인이 36% 이내라면, 김현빈씨의 총부채상환비율은 적정한 수준이다.

④ 김현빈씨의 부채상환액에 원금상환 부분이 포함되는지의 여부에 따라 김현빈씨의 재무건전성은 달리 해석된다.

6 재무설계 프로세스 중 2단계 고객 관련 정보의 수집에 대한 설명으로 적절하지 **않은** 것은?

① 수집된 고객의 정보가 많을수록 좋지만, 고객의 부담을 최소화하면서 수집하도록 노력할 필요가 있다.

② 물가상승률, 세후투자수익률 등 경제가정치는 재무설계사 일방의 생각이 아닌 고객과 상호 합의된 것이어야 한다.

③ 고객으로부터 정보를 수집할 때에는 재무적 정보와 비재무적 정보 두 가지로 나누어 수집하며 재무적 정보란 투자기대수익률, 위험수용성향 등의 정량적 정보를 말한다.

④ 동일한 생애주기에 있는 사람의 재무관심사는 비슷한 경우가 있으므로 재무목표 구체화의 한 방법으로 생애주기에 따라 재무목표를 구분할 수 있다.

7 재무설계 프로세스의 각 단계와 그 설명을 적절하게 연결한 것은?

가. 고객에게 안정자산, 투자자산, 운용자산별 세부적인 금융상품을 제안하였다.

나. 고객의 재무상태를 파악하기 위해 재무상태표와 현금흐름표를 작성하였다.

다. 고객의 정량화된 분석평가 사항과 상담을 통해 파악한 고객의 정성적 사항을 고려하여 고객별 재무전략을 수립하였다.

라. 고객의 재무목표 달성을 위해 고객과 연결된 다른 전문가들에 대한 정보를 수집하였다.

	가	나	다	라
①	고객과의 관계 정립	제안서의 작성 및 제시	재무상태 분석 및 평가	제안서의 실행
②	고객과의 관계 정립	재무상태 분석 및 평가	제안서의 작성 및 제시	제안서의 실행
③	제안서의 실행	제안서의 작성 및 제시	재무상태 분석 및 평가	고객 관련 정보의 수집
④	제안서의 실행	재무상태 분석 및 평가	제안서의 작성 및 제시	고객 관련 정보의 수집

8 권현지씨는 5년 후 개인사업자금으로 500,000천원을 모으기 위해 연 6% 월복리로 부리되는 상품에 가입할 예정이다. 이 때, 권현지씨가 현재 납입해야 할 일시금은 얼마인가? (단, 천원 미만은 절사함)

- $(1 + 0.005)^5 = 1.0253$
- $(1 + 0.005)^{60} = 1.3489$
- $(1 + 0.06)^{12} = 2.0122$
- $(1 + 0.06)^{60} = 32.9877$

① 151,571천원

② 164,938천원

③ 370,672천원

④ 487,709천원

9 리스에 대한 설명으로 가장 적절한 것은?

① 금융리스는 리스이용자가 사용하기를 원하는 설비·기계 등을 리스회사가 구입한 후 리스료를 받고 대여해주는 계약으로, 서비스 제공의 성격이 강하다.

② 운용리스는 금융거래의 성격이 강한 계약으로, 리스이용자가 사용하고자 하는 물건을 필요 기간만 이용한 후 리스회사에 반납하는 형태이다.

③ 금융리스는 운용리스와 달리 리스이용자가 희망한다면 계약기간 만료 이전이라도 언제든지 계약을 중도해지 할 수 있다.

④ 리스 물건에 대한 유지, 관리 및 위험에 대한 책임은 금융리스는 리스이용자, 운용리스는 리스회사가 지게 된다.

10 연소득이 1억원인 주소연씨의 현재 대출 현황 및 추가 대출 정보가 다음과 같다. 더 넓은 주택으로 이사를 가기 위해 주택담보대출을 추가로 받는 것을 고려하고 있을 때, 대출한도 결정에 대한 설명으로 가장 적절한 것은? (단, 각 선지는 독립적임)

〈주소연씨의 현재 대출 현황〉

구분	주택담보대출	캐피탈대출
대출조건	3억원	5천만원
연간 원리금 상환액	1,907만원 (이자상환액 736만원 포함)	1,737만원 (이자상환액 115만원 포함)

〈주소연씨의 추가 대출 정보〉

- 추가 주택담보대출 : 2억 2천만원
- 연간 원리금상환액 : 2,673만원(이자상환액 847만원 포함)
- ※ 이사를 원하는 지역은 투기과열지구로 적정 DTI 한도가 40%임

① 추가 주택담보대출을 받으면, 주소연씨의 DTI는 약 47%가 될 것이므로, 이사를 위해 희망하는 금액을 대출할 수 없다.

② 주소연씨의 연소득이 1억 1,000만원으로 인상된다면, 추가 주택담보대출을 받아도 DTI가 적정 한도 내에 들게 된다.

③ 주소연씨가 상용차금융을 통해 자동차를 한 대 더 구입한다면, DSR은 지금보다 커진다.

④ 적정 DSR이 60%라면, 추가 주택담보대출을 받아도 주소연씨는 적정한 상환능력을 가졌다고 평가할 수 있다.

11 신용회복위원회의 채무조정제도와 그 내용을 적절하게 연결한 것은?

가. 장기간 분할상환을 하고 싶은 채무자 또는 일시적 어려움으로 조기상환이 가능한 채무자에게 유리하다.

나. 연체기간이 3개월 이상인 채무자를 대상으로 하며 이자와 연체이자가 모두 감면되고, 대출원금은 최대 90%까지 감면받을 수 있다.

다. 연체가 예상되거나 30일 이하 단기 연체 중인 채무자에 대한 신속한 채무조정을 지원하여 연체 장기화를 방지하는 제도이다.

라. 채무조정 확정자가 성실상환을 하는 경우 신용정보 조기삭제, 소액 신용대출 등의 혜택을 부여하여 조속한 신용회복을 돕는다.

	가	나	다	라
①	신속채무조정	프리워크아웃	성실상환 인센티브	개인워크아웃
②	신속채무조정	성실상환 인센티브	프리워크아웃	개인워크아웃
③	프리워크아웃	신속채무조정	개인워크아웃	성실상환 인센티브
④	프리워크아웃	개인워크아웃	신속채무조정	성실상환 인센티브

12 재무설계사의 효과적 의사소통 시 유의사항으로 가장 적절하지 **않은** 것은?

① 본인의 지식으로 고객을 일방적으로 설득하는 것이 아니라 고객의 이야기를 먼저 경청하고 이해해야 한다.

② 어려운 용어, 복잡한 수치 등은 고객이 재무설계 과정을 친숙하고 쉽게 느끼는 데 장애요인이 되므로 주의한다.

③ 양괄식 화법을 통해 핵심주제에 더 쉽게 접근할 수 있도록 한다.

④ 고객이 의사표현을 더욱 쉽게 할 수 있도록 폐쇄형 대화방식을 유도하는 것이 좋다.

13 금융소비자보호법에 대한 설명으로 적절하지 **않은** 것은?

① 금융소비자보호법은 금융상품을 예금성 상품, 투자성 상품, 보장성 상품의 3가지 유형으로 분류한다.

② 적합성원칙은 판매자가 적극적으로 구매권유를 하는 경우에 적용되며, 적정성원칙은 소비자가 스스로 구매 의사를 밝힌 경우에 적용된다.

③ 설명의무는 일반금융소비자에 한해 모든 금융상품의 유형에 대해서 적용된다.

④ 개정된 금융소비자보호법에 의하면 금융상품을 방문판매하는 경우 야간 방문 또는 연락이 금지된다.

14 금융소비자보호법상 규제와 규제 대상 금융소비자를 적절하게 연결한 것은?

가. 적합성원칙

나. 적정성원칙

다. 불공정영업행위 금지

라. 부당권유 금지

마. 광고규제

	일반금융소비자	전문금융소비자
①	가, 나, 마	가
②	가, 나, 다, 마	가, 나
③	가, 나, 다, 라, 마	나, 다, 라
④	가, 나, 다, 라, 마	다, 라, 마

15 조정 성립 시 금융분쟁조정 절차를 순서대로 나열한 것은?

가. 조정결정 통보 및 수락

나. 위원회 회부

다. 사실조사 및 검토

라. 심의·의결

마. 분쟁접수

바. 조정 성립 및 조정서 발급

① 마 – 다 – 나 – 가 – 라 – 바

② 마 – 다 – 나 – 라 – 가 – 바

③ 마 – 다 – 라 – 가 – 나 – 바

④ 마 – 다 – 라 – 나 – 가 – 바

재무설계사 직업윤리 (5문항)

16 재무설계사의 고객에 대한 의무에 대한 설명으로 가장 적절하지 **않은** 것은?

① 고지의무는 우리나라의 경우 '금융소비자 보호에 관한 법률' 규정에 따라 투자방안에 내포된 위험을 고객에게 알려주어야 한다는 것이다.

② 진단의무는 재무설계 업무수행과정상 모든 단계에 적용되는 중요한 요소로 투자자 적합성이라는 개념이 내포되어 있다.

③ 충실의무는 선량한 관리자로서의 주의의무와 충성의무로 구성되며, 모든 전문직업인에게 요구되는 고객에 대한 기본적인 의무이다.

④ 자문의무는 본인의 능력의 한계를 알고 있어야 하며 금융환경의 변화나 금융제도 및 금융상품의 내용을 항상 파악하고 있어야 한다는 것이다.

17 재무설계 자격인증자의 윤리원칙에 대한 설명을 적절하게 연결한 것은?

가. 고객우선의 원칙

나. 객관성의 원칙

다. 공정성의 원칙

A. 지성적인 정직과 공평무사한 분별력이 바탕이 되어야 하며, 주관적인 판단이나 억지를 배제한다.

B. 자격인증자는 정직하게 업무를 수행하고 항상 자신의 개인적 이익보다 고객의 이익을 우선하여야 한다.

C. 고객과의 이해상충이 있는 경우 이 사실을 정직하게 알려야 한다.

① 가 – A, 나 – B, 다 – C

② 가 – A, 나 – C, 다 – B

③ 가 – B, 나 – A, 다 – C

④ 가 – B, 나 – C, 다 – A

18 재무설계 자격인증자의 행동규범 중 고객에 대한 의무로 적절하지 **않은** 것은?

① 한국FPSB로부터 자격정지 처분을 받은 후 즉시 고객에게 해당 사실을 알렸다.

② 자격인증자는 성실성의 원칙과 객관성의 원칙에 따라 고객에게 서비스를 제공하였다.

③ 자격인증자는 고객에게 자신의 전문 분야가 아닌 분야에 대해서도 성실하게 조언을 제공하였다.

④ 자격인증자는 고객이 스스로 의사결정을 할 수 있도록 필요한 모든 합리적 조치를 하였다.

19 AFPK® 자격표장 사용지침의 위반사례로만 모두 묶인 것은?

> 가. gildongafpk@hotmail.com
>
> 나. 홍길동, ASSOCIATE FINANCIAL PLANNER KOREA™
>
> 다. 홍길동은 associate financial planner korea 자격인증자이다.
>
> 라. www.associatefinancialplannerkorea.com

① 가

② 나, 다

③ 가, 다, 라

④ 나, 다, 라

20 재무설계 업무수행기준에 대한 설명으로 적절하지 **않은** 것은?

① 업무수행내용 1-3단계에서는 이해상충의 가능성이 있는지 점검하여 고객에게 알려야 하고 고객정보의 비밀유지 방법에 대해 고객과 협의한다.

② 업무수행내용 2-2단계에서 자격인증자가 재무설계에 필요한 정보를 모두 수집하지 못할 경우, 고객에게 그러한 제약이 미치는 영향에 대해 설명한다.

③ 업무수행내용 3-1단계에서 자격인증자는 고객의 필요소득, 투자기간 등의 개인정보 및 인플레이션율, 세율 등의 합리적인 가정을 이용해야 한다.

④ 업무수행내용 3-2단계에서 고객의 현 재무상태 및 자산운용방식에 내재된 기회와 제약사항 등을 평가하고 고객의 목표 달성 가능성에 대해 점검해야 한다.

은퇴설계 (30문항)

21 인구수가 다음과 같을 때 노년부양비와 노령화지수를 계산한 것으로 가장 적절한 것은?

구분	0~14세	15~64세	65세 이상	총인구
인구수	12.2	72.1	15.7	100

	노년부양비	노령화지수
①	21.7	15.7
②	21.7	128.6
③	38.6	21.7
④	128.6	21.7

22 노후소득보장제도에 대한 설명으로 가장 적절한 것은?

① 국민연금은 소득대체율이 낮기 때문에 의무가입대상이 아니라면 퇴직연금과 개인연금으로만 은퇴소득을 확보하는 것이 바람직하다.

② 공적연금 중 국민연금은 노후소득보장 기능과 인사정책적 기능이 함께 포함되어 있다.

③ 퇴직연금은 크게 확정급여형과 확정기여형으로 구분되며, 55세 이전에 퇴직하여 퇴직(연)금을 IRP계좌로 이전받아 운용하고 55세 이후 연금을 수령할 수 있다.

④ 개인연금은 여유로운 노후생활을 보장하기 위한 것으로 노후소득보장체계의 하위에 위치해 있다.

23 다음은 고객 A씨가 목표로 하는 은퇴라이프스타일을 충족하기 위해 필요한 목표은퇴소득이다. 이를 바탕으로 할 때, A씨의 목표소득대체율은 얼마인가?

> • 은퇴 전 소비수준 : 월 280만원
>
> • 예측된 은퇴 후 소비수준 : 월 182만원
>
> • 은퇴 전 소득수준 : 월 400만원
>
> • 예측된 은퇴 후 소득수준 : 월 240만원

① 65%

② 70%

③ 75%

④ 80%

24 은퇴소득원 중 주택연금과 농지연금에 대한 적절한 설명으로만 모두 묶인 것은?

> 가. A씨가 4억 5천만원(주택 가액)인 주택을 보유하고 있고 5억원(주택 가액)인 주택을 구매한다면, 1세대 2주택자가 되어 주택연금을 가입할 수 없다.
>
> 나. 주택연금은 연금대출한도의 50～90% 이내 범위에서 주택담보대출금 상환용도로 일시에 인출하고 나머지를 연금으로 종신토록 지급받을 수도 있다.
>
> 다. 농지연금은 신청연도 말일 기준으로 농지소유자 본인이 만 55세 이상이고 영농경력이 2년 이상인 자가 신청할 수 있다.
>
> 라. 농지연금의 대출한도는 없으며, 월지급금 상한액은 300만원이다.

① 가, 나　　　　　　　② 가, 다
③ 나, 라　　　　　　　④ 다, 라

25 은퇴설계 실행 절차에 대한 적절한 설명으로만 모두 묶인 것은?

> 가. 경제적 가정조건은 결정 시 고객과 합의하는 절차가 필요하다.
>
> 나. 은퇴기간 중 연간 은퇴소득 부족금액은 목표은퇴소득금액에서 공적연금 수령예상액을 차감하여 계산한다.
>
> 다. 현재 준비하고 있는 은퇴자산을 평가할 때는 은퇴시점에서의 순미래가치로 평가해야 한다.
>
> 라. 추가로 필요한 은퇴일시금은 총은퇴일시금에서 목표은퇴소득금액을 차감하는 방식으로 계산한다.

① 가
② 가, 나
③ 가, 나, 다
④ 가, 나, 다, 라

26 다음의 정보를 참고했을 때 김서정씨의 은퇴설계 분석에 대한 설명으로 가장 적절한 것은?

> [2025년 현재 김서정씨의 은퇴 관련 정보]
> • 은퇴 전 소득 : 월 6,000천원
> • 은퇴 준비 및 은퇴 후 소득
> 　- (일반) 노령연금 : 월 1,000천원
> 　- 확정기여형 퇴직연금 : 월 1,500천원
> 　- 세제비적격 연금보험 : 월 700천원
> ※ 모든 연금의 예상 수령 시기는 동일함

① 현재 김서정씨의 소득대체율은 60% 이상이다.

② 김서정씨가 가입한 연금보험은 납입한 보험료에 대해 세액공제를 받을 수 있다.

③ 확정기여형 퇴직연금의 경우 사용자부담금과 별도로 추가납입이 불가능하므로, 김서정씨가 연금액을 증가시키기 위해서는 개인형 퇴직연금(IRP)을 추가로 가입해야만 한다.

④ 김서정씨가 노령연금 연기제도를 활용하여 국민연금 수급을 2년 연기할 경우, 월 1,144천원을 수령할 것이다.

27 은퇴자산 평가와 관련하여 (가)～(다)에 들어갈 내용이 적절하게 연결된 것은?

> • 은퇴자산은 은퇴시점에서의 순미래가치, 즉 (가)으로 평가한다.
> • 투자수익률을 예상하기 어려운 대체자산은 (나)의 공정시장가액을 적용하거나 보수적인 가치상승률을 적용하여 은퇴시점에서의 가액을 평가한다.
> • 은퇴기간 중 지급되는 기초연금, 국민연금 및 직역연금 등은 은퇴자산으로 (다).

	가	나	다
①	세후금액	은퇴시점	평가한다
②	세후금액	설계시점	평가하지 않는다
③	세전금액	설계시점	평가하지 않는다
④	세전금액	은퇴시점	평가한다

28 전술적 자산배분에 대한 설명으로 가장 적절한 것은?

① 기대수익률과 기대위험을 근거로 중·장기적 자산군별 투자비중을 결정한다.

② 은퇴저축에 사용하는 경우 장기적인 투자성과를 위해서는 시장상황 변동에 따라 전술적 자산배분을 즉각 조정하여 대응해야 한다.

③ 저평가된 자산을 매수하고, 고평가된 자산을 매도함으로써 투자수익률을 높이는 역투자전략이다.

④ 전략적 자산배분의 자산군별 투자비중의 변동허용폭을 정하기도 한다.

29 은퇴자산 축적을 위한 투자계획에 대한 적절한 설명으로만 모두 묶인 것은?

가. 투자계획을 체계적으로 수립하려면 은퇴자산 포트폴리오의 목표수익률, 위험허용수준 등을 기초로 중장기 자산배분과 포트폴리오를 구성해야 한다.

나. 저축기간, 저축방법 및 저축금액 결정이 마무리되면 포트폴리오를 구성한다.

다. 장기투자 시 포트폴리오 성과에 대한 정기적인 모니터링을 통해 자산배분 및 포트폴리오 조정이 필요하다.

라. 포트폴리오를 구성할 때에는 자산군별 종목을 선택한 후 자산군별 투자비중을 결정한다.

① 가, 나   ② 가, 다
③ 나, 라   ④ 다, 라

30 기초연금제도에 대한 설명으로 가장 적절하지 **않은** 것은?

① 근로소득이 월 118만원 있고, 매달 국민연금 50만원을 수급하는 노인 단독가구의 월 소득평가액은 60만원이다.

② 기초연금의 기준연금액은 전년도 기준연금액에 전국소비자물가변동률을 반영하여 보건복지부 장관이 매년 고시하며, 고시한 기준연금액의 적용기간은 해당 조정연도 1월부터 12월까지이다.

③ 부부가 모두 기초연금 수급자인 경우 각각에 대하여 산정된 기초연금액의 20%를 감액하여 지급한다.

④ 공무원연금 수급권자 및 배우자는 원칙적으로 기초연금 수급대상에서 제외한다.

31 국민연금 미가입자인 A씨(53세)가 국민연금 임의가입자를 신청한 경우에 대한 설명으로 가장 적절한 것은?

① 연금보험료를 1개월 이상 체납하는 경우 임의가입자 자격이 상실된다.

② 임의가입자를 신청한 후 개인의 선택에 의해 탈퇴가 가능하다.

③ 연금보험료 납부는 월납이 원칙이며, 해당 월의 연금보험료를 다음 달 25일까지 납부해야 한다.

④ 국민연금 연금보험료를 최대 12개월까지 선납이 가능하다.

32 국민연금 연금보험료에 대한 설명으로 가장 적절하지 **않은** 것은?

① 국민연금 가입자가 사업중단, 실직 등 일정 사유에 해당하는 경우 납부예외기간 중에는 연금보험료 납부를 하지 않을 수 있다.

② 기한 내 연금보험료를 납부하지 않으면 연체금이 가산되며, 재산에 압류처분 등 강제징수를 통해 충당하게 될 수도 있다.

③ 기준소득월액 상한액과 하한액은 매년 3월 말까지 보건복지부 장관이 고시하며 해당연도 7월부터 1년간 적용한다.

④ 지역가입자의 연금보험료는 중위수 기준소득월액 이상으로 본인의 희망에 따라 결정한다.

33 국민연금 크레딧 제도에 대한 설명으로 가장 적절한 것은?

① 출산크레딧과 군복무크레딧은 노령연금 및 유족연금을 산정할 때에 가입기간을 추가로 인정해준다.

② 출산크레딧의 경우 최대 60개월을 추가로 인정해준다.

③ 군복무크레딧의 경우 6개월의 가입기간을 추가로 인정해주고, 해당 기간의 소득은 A값의 50%를 적용한다.

④ 실업크레딧의 경우 추가 산입기간의 연금보험료는 국가가 전액 부담한다.

34 국민연금법상 노령연금 수급권자 A씨가 소득이 있는 업무에 종사하는 경우에 대한 설명으로 가장 적절하지 **않은** 것은? (단, 각 보기는 모두 별개의 사례임)

① A씨는 '연금수급개시연령＋5년'의 기간 동안 소득수준에 따라 노령연금액의 50% 한도의 감액된 금액으로 지급받으며, 부양가족연금액은 지급되지 않는다.

② '연금수급개시연령＋5년'의 기간 이후에는 소득액에 관계없이 노령연금 전액이 지급된다.

③ A씨가 조기노령연금을 지급받다가 연금수급개시연령 도달 전에 소득이 있게 되면, 해당 기간 동안 연금을 일부 감액하여 지급받는다.

④ A씨가 소득이 있는 업무에 종사하여 감액된 연금액을 지급받더라도, 전 배우자 B씨는 감액 전의 노령연금액을 기준으로 산정된 분할연금액을 지급받는다.

35 유족연금에 대한 설명으로 가장 적절하지 **않은** 것은?

① 배우자가 수급권자인 경우 수급권이 발생한 때부터 3년 동안 유족연금을 지급한 후 55세가 될 때까지 그 지급을 정지한다.

② 가입자의 태아가 출생한 경우 가입자의 자녀보다 후순위로 유족연금을 받던 자의 수급권은 소멸한다.

③ 노령연금 수급권자가 사망한 경우 노령연금의 지급연기로 인한 가산금액을 유족연금액에 반영한다.

④ 가입기간이 15년인 가입자가 사망했다면, 유족연금은 기본연금액의 50%에 부양가족연금액을 합산한 금액으로 한다.

36 국민연금 연금급여에 대한 적절한 설명으로만 모두 묶인 것은?

가. 가입기간이 10년 미만인 자가 60세가 된 경우 납부한 연금보험료에 소정의 이자를 더한 반환일시금을 받을 수 있다.

나. 수급권이 발생한 날로부터 10년 이내에 반환일시금 지급 신청을 하지 않을 경우 청구권은 소멸한다.

다. 유족연금 수급권자가 동일한 사유로 다른 법률에 의한 유족보상을 받을 수 있는 경우, 유족연금액의 1/2에 해당하는 금액을 지급받는다.

라. 장애등급 1급에 해당하는 경우 장애연금으로 기본연금액의 100%와 부양가족연금액이 지급된다.

① 가
② 가, 나
③ 가, 나, 다
④ 가, 나, 다, 라

37 공무원연금 분할연금제도에 대한 적절한 설명으로만 모두 묶인 것은?

가. 분할연금을 지급받기 위해서는 분할연금 수급권자가 65세에 도달해야 한다.

나. 분할연금을 지급받기 위해서는 재직한 기간 중 혼인기간이 3년 이상이어야 한다.

다. 분할연금은 필요 요건들을 모두 갖추게 된 때부터 3년 이내에 청구해야 한다.

라. 지급액은 배우자의 혼인기간에 해당하는 연금액을 균등분할하여 지급하며, 이는 당사자 간 재산분할 합의나 법원의 판결보다 우선한다.

① 가, 다
② 나, 라
③ 가, 다, 라
④ 나, 다, 라

38 공무원연금 퇴직유족급여와 그 내용이 적절하게 연결된 것은?

가. 퇴직유족연금부가금
나. 퇴직유족연금특별부가금
다. 퇴직유족연금일시금

A. 10년 이상 재직한 공무원이 재직 중에 사망할 경우 퇴직유족연금 외에 지급되는 급여로, 사망 당시 퇴직연금일시금의 25% 수준으로 지급된다.

B. 공무원이거나 공무원이었던 자로서 퇴직연금을 받을 권리가 있는 사람이 사망할 경우 지급되는 급여로, 퇴직연금의 60% 수준으로 지급된다.

C. 10년 이상 재직한 공무원이 재직 중에 사망했을 때 유족이 원하는 경우 퇴직유족연금과 퇴직유족연금부가금을 갈음하여 지급하는 급여이다.

D. 공무원이었던 자가 퇴직 후 퇴직연금이 지급되기 전에 사망하거나, 퇴직연금 수급자가 연금 지급이 시작되는 달부터 3년 이내에 사망하는 경우 퇴직유족연금 외에 지급되는 급여이다.

① 가-A, 나-B, 다-C
② 가-A, 나-D, 다-C
③ 가-B, 나-A, 다-C
④ 가-B, 나-D, 다-A

39 다음은 DB형 퇴직연금과 DC형 퇴직연금을 비교한 내용이다. (가)~(라)에 들어갈 내용이 적절하게 연결된 것은?

구분	DB형 퇴직연금	DC형 퇴직연금
사용자부담금	–	(가)
가입자기여금	(나)	–
적립금 운용주체	(다)	–
중도인출	(라)	–

① 가 – 운용결과에 따라 변동
② 나 – 납입 가능
③ 다 – 사용자
④ 라 – 가능

40 퇴직금제도에 대한 설명으로 가장 적절하지 **않은** 것은?

① 퇴직금제도를 퇴직연금제도로 변경하려면 퇴직연금규약을 작성하고 근로자대표의 동의를 받아야 한다.
② 평균임금은 근로자의 퇴직사유가 발생한 날 이전 3개월 동안에 근로자에게 지급된 임금총액을 그 기간의 총일수로 나눈 금액을 말하며, 이는 퇴직금 산정의 기초가 된다.
③ 법정퇴직금은 30일분의 평균임금에 계속근로연수를 곱하여 산정한다.
④ 근로자들의 퇴직급여를 사외에 적립하도록 강제하여 퇴직금에 대한 수급권 보장이 강화되어 있다.

41 DB형 퇴직연금에 대한 설명으로 가장 적절하지 **않은** 것은?

① 근로자가 퇴직 시 받을 퇴직급여는 기본적으로 현행 퇴직금제도에서의 퇴직금과 동일하다.
② 사업장은 사용자부담금을 사외 금융회사에 의무적으로 적립해야 한다.
③ 퇴직연금 적립금이 기준책임준비금의 100%를 초과할 경우 초과적립금은 사용자의 신청에 의해 반환될 수 있다.
④ 사용자는 퇴직연금 적립금 운용현황을 매년 1회 이상 근로자에게 통지해야 한다.

42 DC형 퇴직연금에 대한 적절한 설명으로만 모두 묶인 것은?

가. 위험자산(주식형펀드 등)에 대한 투자한도는 적립금의 50%까지만 허용된다.
나. 퇴직연금사업자는 반기 1회 이상 원리금보장상품을 포함한 3개 이상의 적립금 운용방법을 제공한다.
다. 퇴직연금사업자는 신규가입자가 가입일로부터 4주 이내에 운용지시를 하지 않으면 적립금을 사전지정운용방법으로 운용한다.
라. 사용자는 매년 1회 이상 연간 임금총액의 1/12 수준 이상을 근로자가 선택한 퇴직연금계좌에 납입해야 한다.

① 가, 나
② 가, 다
③ 나, 라
④ 나, 다, 라

43 IRP에 대한 설명으로 가장 적절하지 **않은** 것은?

① IRP의 계약내용과 운용방법은 DC형 퇴직연금과 동일하다.
② 퇴직연금 가입 여부와 관계없이 소득이 있는 근로자 및 자영업자 등은 IRP에 가입할 수 있다.
③ IRP 운용수익을 연금형태로 수령하면 3~5%의 연금소득세로 과세되어 절세 효과가 있다.
④ IRP는 자금이 필요한 경우 일부 해지가 가능하다.

44 연금저축의 종류와 이에 대한 설명이 적절하게 연결된 것은?

> 가. 연금저축신탁
>
> 나. 연금저축펀드
>
> 다. 연금저축보험
>
> ─────────────────────────
>
> A. 채권형과 안정형으로 운용하여 안정적이지만, 기대수익률이 다소 낮다.
>
> B. 금리연동형이며 최저보증이율이 있어 원리금이 보장된다는 장점이 있다.
>
> C. 위험수용성향에 맞는 포트폴리오를 구성할 수 있고, 해외자산에도 투자하며 높은 기대수익률을 기대할 수 있다.

① 가 – A, 나 – B, 다 – C
② 가 – A, 나 – C, 다 – B
③ 가 – C, 나 – A, 다 – B
④ 가 – C, 나 – B, 다 – A

45 연금저축계좌에 대한 설명으로 가장 적절하지 **않은** 것은?

① 나이 제한이나 소득 유무와 관계없이 거주자라면 모두 가입할 수 있다.
② 연간 납입한도인 1,800만원 이외에 일정 한도 내에서 ISA 전환금과 고령자 주택 축소 차액 자금은 연금저축에 추가로 납입할 수 있다.
③ 중도해지하여 인출할 때에는 세액공제를 받은 납입액 범위 내에서 인출하여 기타소득세가 부과되는 불이익이 없도록 한다.
④ 연금저축계좌 가입자는 가입일로부터 5년이 경과하고 만 55세 이후에 연금수령한도 내에서 연금을 수령할 수 있다.

46 변액연금보험에 대한 설명으로 가장 적절한 것은?

① 소득세법상 요건을 충족하면 보험차익에 대해 이자소득세가 과세되지 않는다.
② 적립금 운용결과에 대한 책임은 보험회사가 부담한다.
③ 펀드자동재배분은 가입 시 정한 펀드별 투자비중에 따라 특별계정에 납입되는 보험료를 자동배분하여 적립금을 운용하는 옵션이다.
④ 적립금 운용 중에는 펀드 변경이 불가능하여 투자위험 관리가 어렵다.

47 개인연금 가입 시 고려사항에 따라 금융상품이 적절하게 연결된 것은?

> 가. 일시금자금의 마련보다는 은퇴소득을 확보하기 위한 목적으로 저축을 하고 있다.
>
> 나. 세액공제를 받지 않더라도 인출 시 과세되지 않는 것을 선호한다.
>
> 다. 수익성을 우선하는 위험선호형이고 세제비적격연금보험을 선택했다.
>
> 라. 원금보장을 우선하는 위험회피형이고 세제혜택이 있는 상품을 찾고 있다.

	가	나	다	라
①	저축성보험	연금저축	일반 연금보험	연금저축 보험
②	개인연금	세제비적격 연금	변액 연금보험	연금저축 보험
③	저축성보험	연금저축	변액 연금보험	연금저축 펀드
④	개인연금	세제비적격 연금	일반 연금보험	연금저축 펀드

48 이찬민씨(58세)의 연금계좌 분석에 대한 설명으로 가장 적절하지 **않은** 것은?

> [이찬민씨의 연금계좌 정보]
>
> • 연금저축펀드
>   - 2000년 5월에 가입 후 2025년 현재까지 매월 800천원씩 납입 중임
>
> • IRP
>   - 1년 전 퇴직 후 300,000천원을 퇴직연금계좌(이연퇴직소득)에 지급 받아 해지 및 중도인출 없이 2025년 현재까지 유지 중임

① 이찬민씨는 IRP 가입 후 5년이 경과하지 않더라도 연금수령 한도 내에서 연금수령이 가능하다.
② 연금저축펀드에서 중도인출 시 세액공제 받은 납입액 및 운용수익이 과세제외금액보다 먼저 인출되는 것으로 본다.
③ 이찬민씨는 연금저축펀드를 주식형펀드 및 ETF 등에 100% 투자할 수 있다.
④ IRP 운용수익을 일시금으로 수령할 경우 15%의 기타소득세가 과세된다.

49 근로소득자 김서곡씨(45세)는 은퇴자금 마련을 위해 연금계 좌에 저축하고 있다. 다음 정보를 통해 2025년 귀속 연말 정산 시 최대로 받을 수 있는 연금저축 세액공제액으로 가장 적절한 것은? (단, 지방소득세는 포함하지 않으며, 근로소득 이외에 다른 소득은 없는 것으로 가정함)

> [김서곡씨 관련 정보]
> • 2025년 귀속 총급여액 : 80,000천원
> • 2025년 연금저축계좌 납입액
>   - 연금저축펀드 : 4,000천원
>   - 연금저축보험 : 6,000천원

① 720천원   ② 900천원
③ 1,200천원   ④ 1,500천원

50 은퇴소득 인출전략을 구성하는 방법에 대한 적절한 설명으로만 모두 묶인 것은?

> 가. 인출할 은퇴소득은 간병비나 여행경비 등 특정 시기에 집중적으로 지출하는 비용들을 포함한다.
> 나. 인출기초자산은 인출에 사용될 은퇴자금으로 비연금 금융자산이나 실물자산은 포함하지 않는다.
> 다. 은퇴기간 동안 인출하는 금액이 은퇴자금에서 차지하는 비중을 인출률이라고 한다.
> 라. 은퇴 첫해에 인출되는 금액이 은퇴자금에서 차지하는 비중에 물가상승률을 더한 비율을 인출규칙으로 적용한다.

① 가, 다
② 나, 라
③ 다, 라
④ 가, 나, 다, 라

부동산설계 (25문항)

51 다음 법률적 요건을 모두 갖춘 주택으로 가장 적절한 것은?

> • 1개 동의 주택으로 쓰이는 바닥면적의 합계가 660m² 이하이고, 주택으로 쓰는 층수가 3개 층 이하일 것
> • 독립된 주거의 형태를 갖추지 않을 것
> • 학생, 직장인 등 다수인이 장기간 거주할 수 있는 구조일 것
> • 적정한 주거환경을 조성하기 위하여 건축조례로 정하는 실별 최소 면적, 창문의 설치 및 크기 등의 기준에 적합할 것

① 다중주택   ② 기숙사
③ 다세대주택   ④ 연립주택

52 부동산의 특성에 대한 설명으로 가장 적절하지 **않은** 것은?

① 토지는 부동성으로 인해 부동산활동에서 입지설정이 중요하다.
② 토지는 영속성으로 인해 감가상각 적용이 배제된다.
③ 토지의 부증성은 지가 상승의 원인이 되고, 토지의 공급곡선을 매우 비탄력적으로 만든다.
④ 토지는 개별성으로 인해 일물일가의 법칙이 적용된다.

53 다음 중 부동산 가격 상승의 원인으로만 모두 묶인 것은? (단, 각 보기는 모두 별개의 사건임)

> 가. 전년에 비해 부동산 조세의 세율이 완화되었다.
> 나. 코로나로 인해 건축 자재비가 상승하였다.
> 다. 인구 및 가구 수가 증가하였다.
> 라. 건축 관련 규제가 완화되어 공지의 이용 가능성이 증대되었다.
> 마. 건축 관련 기술 수준이 향상되었다.

① 가, 나, 다   ② 가, 나, 라
③ 나, 다, 라   ④ 나, 라, 마

54 A재화 시장의 현재 균형가격은 P_0, 균형거래량은 Q_0이다. 이 시장의 수요 및 공급에 대한 설명으로 가장 적절한 것은? (단, 재화 A는 정상재이고, 각 보기는 별개의 사례이며, 수요와 공급곡선이 이동한 경우 각각 D_1, S_1으로 이동함)

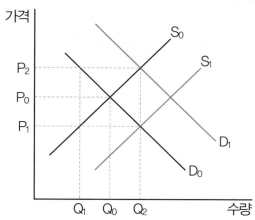

① A재 생산요소가격이 하락하면 균형가격은 P_2가 된다.

② 수요자들의 소득이 증가하면 균형가격은 P_1이 된다.

③ 정부가 A재의 가격을 P_2로 제한하면 $Q_2 - Q_1$만큼의 초과수요가 발생한다.

④ 정부가 A재의 가격을 P_1으로 제한하면 암시장이 형성될 수 있다.

55 부동산 경기변동의 4개 국면과 그 내용을 가장 적절하게 연결한 것은?

> 가. 거래량이 매우 감소하고, 가격상승률이 높았던 부동산상품은 큰 폭의 가격하락을 맞을 수 있다.
> 나. 과거의 사례가격은 새로운 거래가격의 하한선이 되고 매도인을 중시하는 현상이 나타난다.
> 다. 금리가 낮아지고 부동산투자자들이 투자를 시작한다.
> 라. 과거의 사례가격은 새로운 거래가격이 되거나 상한선이 되며, 매수인 우위시장이 형성된다.

	가	나	다	라
①	경기후퇴기	불황기	호황기	경기회복기
②	경기회복기	불황기	호황기	경기후퇴기
③	불황기	호황기	경기후퇴기	경기회복기
④	불황기	호황기	경기회복기	경기후퇴기

56 부동산권리분석에 대한 설명으로 가장 적절하지 **않은** 것은?

① 부동산등기는 부동산 물권변동의 필수적 요건이거나 처분을 위한 요건이 된다.

② 민법은 부동산에 대하여 선의취득을 인정하지 않고 있다.

③ 실제 토지의 경계와 공부상 경계가 다를 경우 공부상의 경계와 관계없이 현실의 경계에 의하여 확정된다.

④ 부동산 권리의 변동은 등기부의 기재사항을, 부동산 물적사항은 대장의 기재사항을 기초로 확인한다.

57 최동호, 김하나씨 부부는 현재 투자용 부동산을 공유 형태로 소유하고 있다. 이에 대한 설명으로 가장 적절한 것은?

> 가. 공유 중인 부동산을 매각하기 위해서는 부부 모두가 동의해야 한다.
> 나. 최동호씨가 자신의 지분을 처분하기 위해서는 김하나씨의 동의가 필요하다.
> 다. 해당 부동산에서 수익이 발생할 경우 부부의 지분 비율에 따라 수익을 나눈다.

① 가, 나　　　　　　② 가, 다

③ 나, 다　　　　　　④ 가, 나, 다

58 용익물권에 대한 적절한 설명으로만 모두 묶인 것은?

> 가. 석회조 건물을 목적으로 하는 경우, 지상권의 최소 존속기간은 30년이다.
> 나. 승역지는 반드시 1필의 토지이어야 하나, 요역지는 1필의 토지의 일부도 가능하다.
> 다. 구분지상권의 경우 토지소유자가 일정 범위를 제외하고는 토지를 사용할 수 있다.
> 라. 구분지상권은 구분지상권설정계약과 등기에 의하여 성립하므로, 효력이 미치는 일정한 범위를 반드시 등기해야 한다.

① 가, 나, 다　　　　② 가, 나, 라

③ 가, 다, 라　　　　④ 나, 라, 마

59 다음 토지의 지목에 대한 설명 중 빈칸에 들어갈 내용을 순서대로 나열한 것은?

> • (　　)은 물을 상시적으로 직접 이용하여 벼, 연, 미나리 등의 식물을 주로 재배하는 토지이다.
> • (　　)는 물이 고이거나 상시적으로 물을 저장하고 있는 댐·저수지·호수 등의 토지이다.

① 전, 유지
② 전, 구거
③ 답, 유지
④ 답, 구거

60 부동산 공부에 대한 설명으로 가장 적절하지 **않은** 것은?

① 건축물대장상의 부동산의 현황표시 내용이 등기사항전부증명서의 내용과 일치하지 않는 경우 등기사항전부증명서의 내용이 우선시된다.
② 1/1200 축척의 경우 지적도상 1cm가 실제 12m를 의미한다.
③ 임야대장의 지번은 지번 앞에 '산'을 표기하여 토지대장 지번과의 혼동을 방지한다.
④ 토지이용계획은 누구나 열람이 가능하며, 토지에 적용된 규제 및 원하는 용도로 활용이 가능한지를 알 수 있는 공부이다.

61 경매에서 대금의 배당순위가 높은 순서대로 나열한 것은?

> 가. 제3취득자가 경매목적 부동산에 투입한 필요비
> 나. 집행비용
> 다. 일반 채권
> 라. 주택임대차법상 최우선변제권

① 나 – 가 – 다 – 라
② 나 – 가 – 라 – 다
③ 라 – 나 – 가 – 다
④ 라 – 다 – 가 – 나

62 부동산 경매에 대한 설명으로 가장 적절한 것은?

① 배당요구의 종기는 첫 매각기일 이전의 날짜로 결정되며, 배당요구를 하지 않아도 배당 받을 수 있는 채권자가 아니라면 반드시 배당요구종기까지 배당요구를 해야 한다.
② 매각결정기일은 경매법정에서 최고가매수인을 선정하는 날이다.
③ 매수의 신고가 있은 후에는 경매신청을 취하할 수 없다.
④ 재경매가된 경우 법원은 특별매각조건으로 매수신청보증금을 최저매각가격 수준으로 정한다.

63 부동산 공매에 대한 적절한 설명으로만 모두 묶인 것은?

> 가. 입찰기간 내에 입찰하게 하여 매각기일에 개찰하는 기간입찰 방식을 택한다.
> 나. 해당 물건의 담당 지방법원에 참석하여 기일입찰표를 작성하고 입찰한다.
> 다. 국유재산과 압류재산의 경우 매수인이 명도책임을 부담해야 한다.
> 라. 최저매각가격의 10%를 보증금액으로 납부해야 한다.

① 가, 나
② 가, 다
③ 가, 나, 라
④ 가, 다, 라

64 박희진씨와 김민아씨는 주택 매매 계약을 체결하고, 현재 중도금 지급까지 완료된 상황이다. 매매 계약 정보가 다음과 같을 때 이에 대한 설명으로 가장 적절한 것은? (단, 계약금은 해약금의 성격을 가지며, 매매 계약 체결 시 과실에 관한 약정을 별도로 정하지 않음)

- 매수자 : 박희진
- 매도자 : 김민아
- 계약일 : 20×1년 3월 14일
- 계약금 : 50,000천원(계약일 당일 계약 체결과 동시에 지급 완료)
- 중도금 : 100,000천원(20×1년 4월 14일 지급 완료)
- 잔금 : 350,000천원(20×1년 6월 14일 지급 예정)

① 박희진씨가 계약금의 100%를 포기하면 해약금에 의한 계약 해제를 할 수 있다.

② 계약을 해제하는 경우 계약으로 이미 발생한 법률 효과에 소급효가 적용되지 않으므로, 김민아씨가 박희진씨에게 중도금을 원상회복할 의무는 없다.

③ 법정해제권이 발생하여 일방이 해제의 의사표시를 한 경우 이는 언제든지 철회가 가능하다.

④ 박희진씨가 잔금 지급이 불가능하게 되어 계약 해제를 하는 경우 김민아씨는 박희진씨에게 손해배상청구도 할 수 있다.

65 부동산 임대차 계약에서 임차인의 권리와 의무에 대한 설명으로 가장 적절하지 **않은** 것은?

① 임차인의 권리로는 임차권, 차임증감청구권, 해지권 등이 있다.

② 임차인은 원칙적으로 동산, 건물이나 대지에 관하여 매년 말에 차임을 지급해야 한다.

③ 임차물의 수리를 요하거나 임차물에 대해 권리를 주장하는 자가 있을 경우 원칙적으로 임차인은 지체 없이 임대인에게 이를 통지해야 한다.

④ 임차인이 임차물의 보존에 관한 필요비를 지출한 때에는 임대인에 대하여 그 상환을 청구할 수 있다.

66 다음의 임대차 계약에 대한 설명으로 가장 적절한 것은? (단, 해당 임대차 계약은 주택임대차보호법에 따름)

A씨는 B씨의 소유 주택에 대하여 약정기간 1년의 임대차 계약을 체결하였다.

① 임대차기간이 2년 미만인 경우 그 기간을 2년으로 보기 때문에 A씨는 약정기간 1년이 유효함을 주장할 수 없다.

② A씨가 수차례 차임을 연체한 경우라도 묵시적 갱신은 인정된다.

③ A씨가 대항력을 갖추기 위해서는 주택의 인도와 주민등록을 마쳐야 하며, 당일부터 제3자에 대하여 효력이 생긴다.

④ A씨가 대항력과 임대차계약증서상의 확정일자를 갖추고 있다면, 경매 또는 공매를 할 때에 해당 주택의 환가대금에서 후순위권리자나 그 밖의 채권자보다 우선하여 보증금을 변제받을 권리가 있다.

67 상가건물임대차보호법에 대한 설명으로 가장 적절한 것은?

① 임대차는 그 등기가 없는 경우에도 임차인이 건물의 인도와 사업자등록을 신청하면 그 당일부터 제3자에 대하여 효력이 생긴다.

② 보증금을 월차임으로 전환할 경우 전환율은 Min[연 10%, 기준금리 + 2%p]을 초과할 수 없다.

③ 최우선변제권은 임차인의 보증금 중 일정액이 상가건물의 가액의 1/2을 초과하는 경우 상가건물의 가액의 1/2에 해당하는 금액에 한하여 인정된다.

④ 임차인이 2기의 차임액에 해당하는 금액에 이르도록 차임을 연체한 사실이 있는 경우 임대인은 임차인의 계약갱신요구를 거절할 수 있다.

68 주택청약제도에 대한 설명으로 가장 적절하지 **않은** 것은?

① 주택청약종합저축의 가입대상은 19세 이상의 국내 거주자인 개인이다.

② 주택청약종합저축은 모든 주택을 대상으로 한다.

③ 주택청약종합저축의 월 납입금은 2만원 이상 50만원 이하이다.

④ 민영주택 청약 가능 통장에는 주택청약종합저축과 청약예금 및 청약부금이 있다.

69 주택청약제도에서 특별공급에 대한 설명으로 가장 적절하지 **않은** 것은?

① 입주자모집공고일 현재 미성년 자녀 2명, 성년 자녀 1명인 다자녀가구는 특별공급 주요 대상에 포함된다.

② 신혼부부는 입주자모집공고일 현재 혼인기간이 7년 이내인 경우만 가능하고, 혼인신고일부터 현재까지 계속해서 무주택자이어야 한다.

③ 특별공급의 주요대상은 국가유공자, 독립유공자, 북한이탈주민, 신혼부부 등이 있다.

④ 특별공급은 당첨횟수를 1세대당 평생 1회로 제한한다.

70 용도지역과 용도지구에 대한 적절한 설명으로만 모두 묶인 것은?

가. 도심과 부도심의 상업기능 및 업무기능의 확충을 위하여 필요한 지역을 일반상업지역이라 한다.

나. 용도지역은 크게 도시지역, 관리지역, 농림지역, 자연환경보전지역으로 구분할 수 있다.

다. 용도지구의 지정은 용도지역의 기능을 증진시킨다.

라. 용도지역 간 중복지정이 가능하다.

① 가, 나   ② 가, 라
③ 나, 다   ④ 다, 라

71 건축허가 및 제한에 대한 설명으로 가장 적절하지 **않은** 것은?

① 원칙적으로 건축신고를 한 자가 신고일로부터 6개월 이내에 공사에 착수하지 아니한 경우 그 신고의 효력은 없어진다.

② 원칙적으로 건축허가를 받은 자가 허가를 받은 날부터 2년 이내에 공사를 착수하지 않을 경우 허가가 취소된다.

③ 건축물의 용도를 하위시설군에서 상위시설군으로 변경하는 경우에는 관할 관청의 허가를 받아야 한다.

④ 건축물의 용도를 상위시설군에서 하위시설군으로 변경하는 경우에는 신고하는 것으로 충분하다.

72 허가대상 건축물이라 하더라도 일정 요건을 만족하면 건축신고만으로도 건축허가를 받은 것으로 본다. 다음 중 건축신고 대상 건축으로만 모두 묶인 것은?

가. 연면적 200㎡ 미만이고 3층 미만인 건축물의 대수선

나. 주요 구조부의 해체가 없는 등의 대수선

다. 도시지역에서 연면적 200㎡ 미만이고 3층 미만인 건축물의 건축

라. 건축물의 높이를 3m 이상 증축하는 건축물

① 가, 나   ② 가, 다
③ 나, 다   ④ 나, 라

73 주택의 재개발 및 재건축에 대한 설명으로 가장 적절하지 **않은** 것은?

① 재개발 및 재건축의 기본계획을 수립 또는 변경하는 경우 14일 이상 주민에게 공람하고 지방의회 의견을 들어야 한다.

② 도시·주거환경정비기본계획은 10년 단위로 수립해야 한다.

③ 천재지변 등으로 주택이 붕괴되어 신속히 재건축을 추진할 필요가 있다고 정비계획의 입안권자가 인정하더라도 안전진단 대상에서 제외할 수는 없다.

④ 조합은 조합설립인가를 받은 후 조합총회에서 경쟁입찰 또는 수의계약의 방법으로 건설사업자 또는 등록사업자를 시공사로 선정해야 한다.

74 아파트와 다세대·연립주택에 대한 설명으로 가장 적절하지 **않은** 것은?

① 아파트는 위치, 공시가격, 세대수 등 모든 정보가 오픈되어 있어 접근이 쉽고 대출이 용이하다.

② 아파트는 관리주체가 존재하여 지속적인 관리를 통해 건물의 물리적 감가를 방어할 수 있다.

③ 다세대·연립주택은 임대할 경우 매매가 대비 전세가 비율이 낮아 상대적으로 임대수익률이 낮은 편이다.

④ 다세대·연립주택은 하나의 집합건물에 소유주가 여러 명이다.

75 부동산투자회사(REITs)에 대한 설명으로 가장 적절하지 **않은** 것은?

① 부동산투자회사는 배당가능이익의 90% 이상을 투자자에게 배당함으로써 법인세법상 세제 혜택을 받을 수 있다.

② 기업구조조정 부동산투자회사는 자산운용전문인력을 포함한 임직원을 상근으로 두고 자산의 투자 및 운용을 직접 수행한다.

③ 부동산투자회사를 통해 소액투자자들에게 간접투자의 기회가 제공되었다.

④ 위탁관리 부동산투자회사는 본점 외에 지점을 설치할 수 없고, 자산에 대한 투자 및 운용 업무를 자산관리회사에 위탁해야 한다.

상속설계 (25문항)

76 다음 상속개시 사례에 대한 설명으로 가장 적절하지 **않은** 것은?

> A는 배우자 B, 결혼한 외동딸 C와 함께 비행기를 타고 해외여행을 갔다. 비행기가 정비결함으로 추락하였고, 비행기 탑승객 전원이 사망하였다. A의 유족으로는 A의 아버지 D, C의 배우자 E, C의 아들인 F가 있다.

① 2인 이상이 동일한 재난으로 사망하였으므로 동시사망한 것으로 추정한다.

② E가 F보다 재산을 50% 더 상속받는다.

③ 동시사망으로 추정될 경우 A의 상속재산은 D, E, F가 공동으로 상속받는다.

④ A, B, C의 사망에 대한 선후관계가 증명될 경우, 동시사망은 인정되지 않는다.

77 다음 상속인에 대한 설명 중 (가)~(다)에 들어갈 내용이 적절하게 연결된 것은?

> • (가)는 양부모와 친부모 양쪽 모두에 대하여 1순위 상속인이 된다.
> • 아버지만 같은 경우(동성이복) 또는 어머니만 같은 경우(이성동복)의 형제자매 사이에서는 상속이 (나).
> • 상속개시 전 상속인이 될 피상속인의 직계비속 또는 형제자매가 사망 또는 (다)가 된 경우 그의 직계비속이나 배우자는 대습상속을 받을 수 있다.

	가	나	다
①	일반양자	가능하다	상속결격자
②	일반양자	불가능하다	상속포기자
③	친양자	가능하다	상속포기자
④	친양자	불가능하다	상속결격자

78 상속의 효과에 대한 설명으로 가장 적절한 것은?

① 상속재산은 상속인이 상속사실 등을 알지 못하더라도 당연히 승계된다.

② 상속재산은 상속등기 등 별도의 이전 방법이 없어도 상속인에게 이전되며, 자연스럽게 제3자에게 대항할 수 있게 된다.

③ 공동상속인들 간 상속재산에 대한 분할이 완료될 때까지 공동상속인들은 상속재산을 총유하게 된다.

④ 상속개시 후 상속재산을 분할할 때까지 상속인은 자신의 상속분에 해당하는 지분을 양도할 수 없다.

79 다음 사례에서 A의 현존 상속재산이 7억원이라면, A의 상속재산에 대한 E의 구체적 상속분은 얼마인가?

> 20×5년 5월 10일 사망한 피상속인 A에게 배우자 B와 자녀 C가 있다. 20×3년 3월 18일에 A는 C에게 사업자금으로 3억원을 증여하였다. C는 20×4년 8월 5일에 사망하였고, C에게는 배우자 D와 자녀 E가 유족으로 있다.

① 2,000만원　　　　　② 4,000만원

③ 6,000만원　　　　　④ 8,000만원

80 다음 중 상속회복청구권에 대한 설명으로 가장 적절하지 **않은** 것은?

① 참칭상속인에 의하여 상속권이 침해된 경우 일정 기간 내에 회복을 청구할 수 있는 권리를 말한다.

② 혼인 외의 자가 피상속인인 부의 사후에 부에 대한 인지심판을 청구하여 확정되었다면 기존 상속인을 상대로 상속회복청구권을 행사할 수 있다.

③ 공동상속인 중 1인이 다른 공동상속인의 동의 없이 상속부동산에 관한 소유권이전등기를 마친 경우 다른 공동상속인들이 등기의 말소를 구하는 것은 상속회복청구에 해당하지 않는다.

④ 상속회복청구권자는 그 침해를 안 날로부터 3년 또는 상속권의 침해행위가 있은 날로부터 10년 이내에 상속회복청구의 소를 제기해야 한다.

81 다음 사례에서 상속의 승인 및 포기와 관련된 설명으로 가장 적절한 것은?

> A는 20×4년 6월 5일에 사망하였다. A의 상속재산은 현금 1억원이 전부였으며, 상속인들은 상속을 승인하였다. 20×5년 7월 8일 은행에서 상속인들 앞으로 피상속인의 생전 연대보증에 대한 채무 2억원을 변제하라는 연락이 왔으며, 최대한의 주의를 기울였음에도 상속인들 중 그 누구도 해당 채무에 대한 사실을 알지 못했다.

① 상속개시가 있음을 안 날은 20×4년 6월 5일이고, 그 날로부터 3개월이 지났으므로 상속인들은 피상속인의 연대보증에 대한 채무에 대해 한정승인을 할 수 없다.

② 상속개시 전 상속인들이 A의 상속재산에 대해 상속포기의 의사를 표시했다면 그 의사표현은 유효하므로 피상속인의 연대보증채무를 변제할 필요가 없다.

③ 피상속인이 사망 후 상속인들이 상속포기를 했더라도 새로운 상속재산이 생겼으므로, 새로운 채무를 알게 된 때로부터 3개월 내에 한정승인이나 상속포기를 다시 해야 한다.

④ 상속인들은 상속채무가 상속재산을 초과하는 사실을 안 날인 20×5년 7월 8일로부터 3개월 내에 한정승인을 할 수 있다.

82 후견제도에 대한 설명으로 적절하지 **않은** 것은?

① 법정후견보다 임의후견이 더 적극적인 자산관리 유형이라고 볼 수 있다.

② 후견인은 대리권, 취소권, 동의권을 가지며 피후견인을 위한 신상보호와 재산관리를 대리한다.

③ 한정후견인은 사무처리능력의 지속적 결여 상태에 있는 피후견인을 위한 포괄적 대리권을 가진다.

④ 특정후견인은 기간과 범위를 정하여 법원으로부터 받은 권한 범위 내에서 대리권을 행사하게 된다.

83 유언과 유증에 대한 설명으로 가장 적절하지 **않은** 것은?

① 유언은 반드시 법률이 규정한 방식에 의하여야 하고, 이에 따르지 않은 유언은 원칙적으로 무효이다.

② 유증은 유언에 의하여 자신의 재산을 무상으로 제3자에게 주는 계약행위를 말한다.

③ 공정증서에 의한 유언은 유언의 요식성을 통한 경고기능 외에 공증인에 의한 상담기능을 가진다.

④ 유언방식의 하자가 있어 유언이 무효라고 하더라도 당사자 사이에 의사 합치가 있으면 사인증여가 성립할 수 있다.

84 다음 중 법정유언사항으로만 모두 묶인 것은?

> 가. 친생부인
> 나. 유증
> 다. 사단법인의 설립을 위한 재산의 출연
> 라. 성년후견인의 지정
> 마. 상속재산의 분할방법 지정

① 가, 나　　　　　　② 나, 라
③ 가, 나, 마　　　　④ 나, 다, 라, 마

85 A씨는 갑작스럽게 위독한 상태가 되어 구수증서유언을 하려고 한다. 구수증서유언에 대한 적절한 설명으로만 모두 묶인 것은?

> 가. A씨는 2인 이상의 증인 중 1인에게 유언의 내용을 구수할 수 있다.
> 나. 미성년자는 증인이 될 수 없지만, 청각장애자는 증인 결격자에 해당하지 않는다.
> 다. A씨의 증인 또는 이해관계인은 급박한 사유가 종료된 날로부터 7일 내에 법원에 검인을 신청해야 한다.
> 라. A씨의 건강이 회복되어 자필증서·녹음·공정증서 등의 방식에 의한 유언이 객관적으로 가능한 경우가 되어도 구수증서유언이 허용된다.

① 가, 나　　　　　　② 가, 다
③ 나, 라　　　　　　④ 다, 라

86 유언에 대한 설명으로 가장 적절하지 **않은** 것은?

① 자필증서에 문자를 삽입·삭제하거나 변경하려면 유언자가 이를 자서하고 날인하면 된다.
② 녹음유언은 유언자가 육성으로 유언의 취지, 성명과 연월일을 구술하며, 증인은 유언의 정확함과 성명을 구술한다.
③ 자필증서유언, 녹음유언, 비밀증서유언은 유언자가 사망한 후 유언에 대한 법원의 검인을 받지 않았더라도 유언이 무효가 되지 않는다.
④ 비밀증서유언은 객관적인 제3자가 개입되어 있어 신빙성을 인정받기 쉽다는 장점이 있다.

87 다음 사례에서 유언의 철회와 관련된 설명으로 가장 적절하지 **않은** 것은? (단, A의 상속인으로는 아들과 딸이 있으며, A가 작성한 유언장은 적법한 절차를 거쳤다고 가정함)

> A는 아들에게 토지를 유증하겠다는 유언을 남기며, 이 유언에 대해 철회하지 않겠다는 유언장을 작성하였다.

① 유언을 철회하지 않겠다는 내용은 무효이다.
② A는 유언장의 내용에도 불구하고 언제든지 새롭게 유언하거나 유언의 전부 또는 일부를 철회할 수 있다.
③ A가 아들에게 유증하겠다고 하던 토지를 처분하였다면 이 유언을 철회한 것으로 본다.
④ A가 딸에게 해당 토지를 유증하겠다는 유언장을 새로 쓴다면 A의 아들과 딸은 공동수유자가 된다.

88 다음 유류분 관련 사례에 대한 설명으로 가장 적절한 것은?

> 피상속인 A는 상속인으로 배우자 B와 자녀 C를 두고 있으며, A가 사망할 당시 소유재산은 10억원이었다. A는 사망하기 3년 전 B에게 5억원 상당의 상가를 증여하였으며, 사망 전 친구 D에게 전 재산을 유증하겠다는 유언을 남겼다.

① B가 증여받은 5억원은 유류분 산정 기초재산에 포함되지 않는다.
② 만약 피상속인 A에게 사법상의 채무가 있다면 이는 유류분 계산 시 공제하지 않는다.
③ C의 유류분은 4억 5천만원이다.
④ C는 D에게 유류분 범위 내에서 유류분반환청구권을 행사할 수 있다.

89 유류분에 대한 설명으로 가장 적절한 것은?

① 유류분권리자는 공동상속인들이 합의하거나 가정법원의 심판으로 결정된 기여분에 대해 유류분 반환을 청구할 수 없다.
② 반환받을 수 있는 증여를 안 때로부터 1년이 지났더라도 상속개시일로부터 10년이 경과하지 않았다면 유류분의 반환을 청구할 수 있다.
③ 4촌 이내 방계혈족의 유류분 비율은 법정상속분의 3분의 1이다.
④ 유류분 산정 기초재산에 포함되는 상속인이 아닌 자에게 한 증여는 상속개시일로부터 과거 5년 이내에 이루어진 것에 한한다.

90 다음 사례를 토대로 상속인 C의 유류분 비율과 반환방법을 바르게 연결한 것은?

> A는 20×4년 8월 24일 사망하였다. A는 생전 아들 B에게 전 재산인 회사주식을 증여했다. 그런데 그 후 증여한 주식이 병합되었고, 주식을 증여해준 회사는 병합된 만큼 감소된 신주권을 아들에게 교부했다. 다른 상속인인 딸 C는 20×5년 3월 15일 A의 사망과 유증의 사실을 알게 되어, 유류분으로서 병합된 주식을 받고 싶다는 의사표시를 했다.

	유류분 비율	반환방법
①	1/2	원물반환
②	1/2	가액반환
③	1/3	원물반환
④	1/3	가액반환

91 상속세와 증여세에 대한 설명으로 가장 적절한 것은?

① 상속은 상속개시를 원인으로 한 포괄적 권리의무의 승계이고, 증여는 쌍방의 계약에 의한 재산의 무상이전을 말한다.

② 상속재산가액이 많은 경우에는 유산취득세 과세방식이 유산세 과세방식보다 세액이 더 많이 발생한다.

③ 상속세는 유산취득세 과세방식에 의해 과세되고 증여세는 유산세 과세방식에 의해 과세된다.

④ 증여세 계산 시 세대를 생략한 증여에 대해서는 산출세액을 할증과세하지 않는다.

92 상속세 및 증여세법상 상속에 대한 적절한 설명으로 모두 묶인 것은?

> 가. 상속인은 상속을 포기한 사람과 특별연고자를 제외한다.
> 나. 실종선고에 의한 상속의 경우 실종기간 만료일을 상속개시일로 본다.
> 다. 피상속인이 비거주자일 경우 국내에 있는 모든 상속재산에 대하여 상속세를 과세한다.
> 라. 상속세는 상속인 또는 수유자 각자가 받았거나 받을 상속재산을 한도로 연대하여 납부할 의무를 진다.

① 가, 나   ② 가, 다
③ 나, 라   ④ 다, 라

93 2025년 8월 5일 사망한 A는 유족으로 배우자, 아버지, 아들을 두었다. 다음 A의 사전증여내역을 토대로 계산한 상속재산에 가산할 증여재산가액으로 적절한 것은? (단, A의 상속인은 배우자와 아들이고 실제로 상속을 받았음)

수증자	증여일	증여재산	증여일 현재 증여재산가액
배우자	2015년 1월 3일	상가	5억원
아버지	2020년 10월 7일	토지	7억원
아들	2022년 2월 1일	주택	2억원

① 5억원   ② 9억원
③ 12억원   ④ 14억원

94 다음의 상속세 과세흐름도를 참고했을 때, (가)~(라)에 들어갈 금액이 바르게 연결된 것은?

상속세 과세가액		20억원
상속공제	일괄공제	(가)
	배우자 상속공제 (최소 금액)	(나)
	금융재산 상속공제 (순금융재산가액 12억원)	(다)
	재해손실공제	1억원
상속세 과세표준		(라)

① 가 – 2억원   ② 나 – 3억원
③ 다 – 5억원   ④ 라 – 7억원

95 다음 사례에서 A가 증여받은 토지의 반환시점에 따른 증여세 부과 여부를 바르게 연결한 것은?

> 거주자 A는 20×5년 1월 1일에 아버지에게 토지를 증여받았으나 증여받은 토지를 아버지가 사업상 사용해야 할 일이 생겨서 합의하에 다시 반환하게 되었다.

	20×5년 4월 7일	20×5년 5월 5일	20×5년 7월 10일
①	O	O	O
②	O	O	X
③	O	X	X
④	X	X	X

96 증여세 과세체계에 대한 설명으로 가장 적절하지 **않은** 것은?

① 증여세 과세표준이 50만원 미만인 때에는 증여세를 부과하지 않는다.

② 수증자가 증여자의 자녀가 아닌 직계비속인 경우에는 일반적으로 증여세 산출세액의 50%에 상당하는 금액을 가산한다.

③ 미성년자인 거주자가 직계존속에게 증여받는 경우 10년 이내에 2,000만원까지 증여재산공제를 받을 수 있다.

④ 거주자가 직계비속에게 증여받는 경우 10년 이내에 5,000만원까지 증여재산공제를 받을 수 있다.

97 다음 사례에서 아들 B가 받은 증여재산으로 보는 보험금으로 적절한 것은?

> 피상속인 A는 본인이 피보험자, 아들 B가 계약자 및 수익자인 생명보험에 가입되어 있다. 피상속인 A가 아들 B에게 현금 2억원을 증여하고, 아들 B는 증여받은 현금을 포함하여 보험료를 납부했다. 이후 보험사고가 발생하여 아들 B가 보험금을 수령하였다.
>
> • 총보험료 납입액 : 4억원
> • 보험금 수령액 : 5억원

① 5천만원　　　　　　② 2억원
③ 4억원　　　　　　④ 5억원

98 20×5년 7월 25일에 상가를 증여하였다면 다음 사례를 토대로 한 상가의 상증세법상 증여재산가액은 얼마인가? (단, 해당 상가는 사실상 임대차계약을 체결하지 않았고, 임차권이 등기되지 않음)

> • 20×4년 11월 10일 상가를 취득할 당시의 취득가액은 10억원이었다.
> • 20×5년 5월 10일 담보대출과 관련하여 은행이 직접 감정평가한 상가의 평가액은 12억원이었다.
> • 20×5년 1월 1일 기준으로 국세청장이 산정·고시한 기준시가는 11억원이었다.

① 10억원　　　　　　② 11억원
③ 12억원　　　　　　④ 13억원

99 보충적 평가방법에 대한 설명으로 가장 적절한 것은?

① 예금은 평가기준일 현재 예입총액과 같은 날 현재 이미 지난 미수이자 상당액을 합친 금액으로 평가한다.

② 저당권이 설정된 재산은 평가기준일 현재 그 재산이 담보하는 채권액과 시가 중 작은 금액으로 평가한다.

③ 상장주식은 일반적으로 평가기준일 전후 2개월간 거래소 최종시세가액의 평균액으로 평가한다.

④ 특정시설물 이용권의 가액은 평가기준일까지 납입한 금액으로 평가한다.

100 상속세 및 증여세 납부전략과 그에 대한 설명이 적절하게 연결된 것은?

> 가. 재산을 처분하거나 이를 담보로 한 대출을 받는다.
>
> 나. 세금 납부기한까지 1/11을 납부하고 나머지는 최대 10년간 매년 나누어서 납부한다.
>
> 다. 과세금액이 2천만원을 초과한다면 일반적인 경우 1/6만 납부하고 나머지는 최대 5년간 연도별로 납부한다.
>
> 라. 비상장주식에 대해서는 배당을 실행하여 자녀가 배당을 받게 한다.
>
> 마. 계약자와 수익자를 배우자·자녀로 하는 생명보험에 가입한다.
>
> 바. 납부자에게 세금 납부재원을 대여해준 후 금전소비대차약정서를 작성하고 대여금에 대한 이자를 수수한다.

	상속세 납부전략	증여세 납부전략
①	가, 나, 마	다, 라, 바
②	가, 나, 바	다, 라, 마
③	다, 라, 마	가, 나, 바
④	다, 라, 바	가, 나, 마

▶ 정답 p.18
▶ 모듈1 해설 p.19

금융 · 자격증 전문 교육기관 해커스금융

fn.Hackers.com

수험번호	
성 명	

🕐 제한시간 100분 / 90문항

해커스 **AFPK**® 최종 실전모의고사

2회

시험 유의사항

1) 시험장 내 휴대전화, 무선기, 컴퓨터, 태블릿 PC 등 통신 장비를 휴대할 수 없으며 휴대가 금지된 물품을 휴대하고 있음이 발견되면 부정행위 처리기준에 따라 응시제한 1년 이상으로 징계됨.

2) 답안 작성 시 컴퓨터용 사인펜을 이용하고 예비답안 작성은 반드시 붉은 사인펜만을 이용해야 하며, 붉은 사인펜 이외의 필기도구(연필, 볼펜 등)를 사용하여 예비답안을 작성한 경우 이중 마킹으로 인식되어 채점되지 않음을 유의함.

3) 답안은 매 문항마다 하나의 답만을 골라 그 숫자에 빈틈없이 표기해야 하며, 답안지는 훼손 오염되거나 구겨지지 않도록 주의해야 한다. 특히 답안지 상단의 타이밍 마크를 절대로 훼손해선 안 되며, 마킹을 잘못하거나(칸을 채우지 않거나 벗어나게 마킹한 경우) 또는 답안지 훼손에 의해서 발생되는 문제에 대한 모든 책임은 응시자에 귀속됨.

4) 시험종료 안내는 종료 20분, 10분 전에 방송되며 시험시간 관리의 책임은 전적으로 수험생 본인에게 있으므로 종료 후 답안 작성으로 인하여 부정행위 처리되지 않도록 유의함.

5) 유의사항 위반에 따른 모든 불이익은 응시자가 부담하고 부정행위 및 규정 위반자는 부정행위 세부 처리기준에 준하여 처리됨.

모듈2

- 위험관리와 보험설계 (30문항)
- 투자설계 (30문항)
- 세금설계 (30문항)

문제의 지문이나 보기에서 별다른 제시가 없으면 모든 개인은 세법 상 거주자이고 모든 법인은 내국법인이며, 모든 자산, 부채 및 소득 은 국내에 있거나 국내에서 발생한 것으로 가정하고, 주식은 국내 제 조법인의 주식으로서 우리사주조합원이 보유한 주식이 아니며, 소득 세법상 양도소득세 세율이 누진세율(6 ~ 45%)로 적용되는 특정주식 등 기타자산에 해당하지 않는 일반주식이라고 가정함

위험관리와 보험설계 (30문항)

1 각 사례에 해당하는 위험을 구분한 것으로 가장 적절한 것은?

> 가. 가장의 갑작스러운 암 선고로 인해 병원비와 생활비 를 어떻게 충당할지 걱정됩니다.
>
> 나. 경제위기로 인해 안전자산인 골드바를 대량으로 구매 했으나, 기준금리가 상승하여 금 가격이 하락할 것이 염려됩니다.
>
> 다. 동물미용업을 운영 중인데 실수로 손님이 맡기신 동 물의 피부에 상해를 가할 것이 걱정됩니다.
>
> 라. 지속적인 경기불황으로 기업이 대규모 구조조정을 단 행하면서 실직자가 될 것이 걱정됩니다.

① 가 – 기본위험
② 나 – 순수위험 중 재산위험
③ 다 – 순수위험 중 배상책임위험
④ 라 – 특정위험

2 위험관리방법 중 위험재무에 해당하지 **않는** 것은?

① 보험회사에 보험료 지불의 대가로 위험을 이전한다.
② 헤징계약을 통해 순수위험뿐만 아니라 투기적 위험을 전가한다.
③ 소화기, 자동스프링클러 장치 등 손실감소 수단을 통 해 화재사고에 대비한다.
④ 자신이 가진 자원을 활용하여 위험을 흡수하고 손실을 보전한다.

3 보험제도는 운영주체, 재원조달방식, 보험목적, 가입대상 등 에 따라 구분할 수 있다. 다음 중 보험제도에 대한 적절한 설명으로만 모두 묶인 것은?

> 가. 민영보험은 주로 적립방식을 통해 재원을 조달한다.
>
> 나. 생명보험은 이득금지원칙에 따라 실제 발생한 손실한 도 내에서 보상한다.
>
> 다. 보험회사가 보험계약자로부터 위험을 직접 인수한 것 을 원수보험이라고 한다.
>
> 라. 손해보험의 보험대상은 재산상의 손실이다.

① 라
② 나, 다
③ 가, 다, 라
④ 가, 나, 다, 라

4 다음에서 설명하는 보험계약의 특성으로 가장 적절한 것은?

> 자동차보험에 가입한 이범수씨는 매년 보험료를 지불하 지만 자동차 사고가 일어나지 않아 보험금을 수령한 경 험이 없다.

① 요행계약
② 쌍무계약
③ 조건부계약
④ 유상계약

5 보험계약 관련법에 대한 설명으로 가장 적절한 것은?

① 약관법에서는 약관의 일부 조항이 무효인 경우 계약은 나머지만으로 유효하게 존속한다고 규정한다.
② 보험업법에서는 생명보험업과 손해보험업, 제3보험업 을 동일한 회사 내에서 겸영하지 못하도록 규정한다.
③ 예금자보호법에 따른 보호 금융상품으로는 퇴직보험, 보증보험, 재보험 등이 있다.
④ 약관의 내용과 개별약정의 내용이 다른 경우 약관의 내용이 우선한다.

6 김영민씨는 본인 소유 건물에 대한 화재보험에 가입하고자 한다. 재무설계사의 조언으로 가장 적절하지 **않은** 것은?

① 보험계약 후 해당 건물에 대한 위험변경 사항의 통지는 반드시 서면을 통해야 합니다.

② 보험계약 후 2개월 이내에 보험료의 전부 또는 제1회 보험료를 납부하지 않은 경우 계약이 해지될 수 있으니 주의해야 합니다.

③ 화재발생 후 손해를 방지하기 위해 필요 또는 유익했던 비용은 보험금액을 초과하더라도 전액 보상되므로 적극적인 노력이 필요합니다.

④ 보험사고가 발생하면 그 즉시 보험회사에 알려야 하며, 통지가 늦어져 손해가 늘어나는 경우 그 증가된 손해에 대해서는 보험회사에서 보상하지 않습니다.

7 다음 정보를 참고하여 계산한 보험료 합산비율은 얼마인가?

- 발생손해액 : 45억원
- 손해사정비용 : 10억원
- 경과보험료 : 100억원
- 사업비율 : 30%

① 75%

② 80%

③ 85%

④ 90%

8 보험유통채널에 대한 설명으로 가장 적절하지 **않은** 것은?

① 보험설계사는 직접판매업자에 해당한다.

② 보험설계사와 보험대리점 간 겸업은 허용되지 않는다.

③ 생명보험회사에 소속된 보험설계사가 1개의 손해보험회사를 위하여 교차모집을 할 수 있다.

④ 보험중개사의 보험계약 체결 중개행위와 관련하여 소비자에게 손해가 발생한 경우 손해배상책임은 보험중개사에게 있다.

9 국민건강보험 직장가입자 A씨의 보수월액이 3,000,000원일 때, A씨가 부담하는 보수월액보험료로 가장 적절한 것은? (단, 국민건강보험 직장가입자 보험료율은 7.09%임)

① 106,350원

② 136,200원

③ 209,700원

④ 212,700원

10 노인장기요양보험에 대한 설명으로 가장 적절한 것은?

① 장기요양인정 신청자격 중 나이요건은 70세 이상이다.

② 치매로 진단되는 경우 장기요양인정 점수와 관계없이 1등급으로 판정된다.

③ 재가급여 중 주·야간보호는 방문당 비용을 적용한다.

④ 인지활동형 방문요양급여는 1∼5등급 치매 수급자에게 제공하는 급여이다.

11 산업재해보상보험의 적용대상자로만 모두 묶인 것은?

가. 직업군인

나. 가구 내 고용활동자

다. 보험설계사

라. 해외파견자

① 나

② 가, 나

③ 다, 라

④ 가, 다, 라

12 다음 중 보험료의 추가 부담 없이 가입할 수 있는 특약으로 가장 적절하지 **않은** 것은?

① 사후정리특약

② 연금전환특약

③ 재해사망특약

④ 선지급서비스특약

13 각 사례에 적합한 정기보험이 적절하게 연결된 것은?

> 가. 매년 지속되는 물가상승으로 인해 보험금의 실질가치가 하락되어 사고발생 시 지급받는 보험금의 가치가 줄어드는 것이 염려됩니다.
>
> 나. 보험가입 이후 혹시 질병이 발생하더라도 보험료가 오르지 않고 계약갱신이 가능한 상품에 가입하고 싶습니다.
>
> 다. 저는 건강관리를 열심히 하고 있는데 건강관리에 소홀한 친구와 보험료가 같은 것이 싫습니다. 이러한 점이 계약갱신 시 반영되었으면 좋겠습니다.
>
> 라. 은행에서 원리금균등분할상환방식으로 대출을 받고 있는데 대출을 모두 상환하기 전에 사망할 경우 남은 가족이 대출잔액으로 고통받을 것이 매우 걱정됩니다.

	가	나	다	라
①	체증 정기보험	갱신 정기보험	재가입 정기보험	체감 정기보험
②	체감 정기보험	갱신 정기보험	재가입 정기보험	체증 정기보험
③	체증 정기보험	재가입 정기보험	갱신 정기보험	체감 정기보험
④	체감 정기보험	재가입 정기보험	갱신 정기보험	체증 정기보험

14 유니버설종신보험, 변액종신보험, 변액유니버설종신보험에 대한 설명으로 가장 적절한 것은?

① 유니버설종신보험과 변액종신보험은 보험료 납입시기와 납입간격을 다르게 할 수 있다.

② 변액종신보험은 투자실적에 따라 계약자적립액뿐만 아니라 사망보험금도 변동한다.

③ 유니버설종신보험은 사망보험금에 대한 인플레이션 헤지 기능이 있다.

④ 유니버설종신보험, 변액종신보험, 변액유니버설종신보험 모두 투자에 대한 책임은 계약자에게 있다.

15 다음 중 이한율씨가 선택할 수 있는 보험상품으로 가장 적절한 것은?

> 이한율씨는 20년 뒤에 퇴직을 예상하고 있으며, 노후를 위한 생활비를 마련하기를 원한다. 높은 수익을 위한 공격적인 투자를 원하지만, 주식시장이 급락하여 원금에 손해가 발생하는 것은 원하지 않는다.

① 변액연금

② 즉시연금

③ 금리확정형 연금

④ 금리연동형 연금

16 다음은 정액보험과 변액보험을 비교한 내용이다. (가)~(라)에 들어갈 내용이 바르게 연결된 것은?

구분	정액보험	변액보험
부리이율	–	(가)
회계계정	(나)	–
투자에 대한 책임	–	(다)
판매자	–	(라)

① 가 – 예정이율

② 나 – 일반계정

③ 다 – 보험회사

④ 라 – 모든 설계사

17 박태민씨(42세)는 본인 사망을 보장하는 종신보험 주계약 1억원, 60세 정기특약 5천만원, 재해사망특약 2천만원에 가입하였다. 박태민씨가 재해를 원인으로 현재시점에 사망하는 경우 지급되는 보험금은?

① 2천만원

② 1억원

③ 1억 2천만원

④ 1억 7천만원

18 다음 중 보험계약자가 선택할 수 있는 제도로 가장 적절한 것은?

> 보험계약자 최성준씨는 종신보험(주계약 : 2억원, 해약환급금 : 500만원)에 가입하여 보험료(월 10만원)를 납입하고 있다. 그러나 갑작스러운 실직으로 보험료 납입이 어려워졌다. 재취직까지 1년 이상 걸릴 것으로 예상하고 있으며, 그동안 보장기간이 줄어들더라도 동일한 보험금을 보장받기를 원하고 있다.

① 보험계약대출 제도

② 감액완납 제도

③ 연장정기보험 제도

④ 감액 제도

19 다음 중 언더라이팅 단계를 순서대로 나열한 것은?

> 가. 보험계약자의 청약서 고지
>
> 나. 생존조사 및 계약적부 확인
>
> 다. 병원진단 및 서류진단 실시
>
> 라. 인수여부 및 인수조건 결정

① 가 - 나 - 다 - 라

② 가 - 다 - 나 - 라

③ 가 - 다 - 라 - 나

④ 가 - 라 - 다 - 나

20 최지호씨의 종신보험 청약일과 보험증권 수령일이 다음과 같을 때, 청약철회가 가능한 날짜의 기한으로 가장 적절한 것은?

> • 최지호씨의 종신보험 청약일 : 2024년 5월 2일
>
> • 최지호씨의 보험증권 수령일 : 2024년 5월 12일

① 2024년 5월 25일

② 2024년 5월 26일

③ 2024년 5월 27일

④ 2024년 5월 28일

21 피보험자의 생년월일이 1999년 2월 3일이고, 보험계약일이 2024년 1월 2일인 경우 피보험자의 실제 만 나이와 보험 나이가 적절하게 연결된 것은?

	실제 만 나이	보험 나이
①	23년	23년
②	23년	24년
③	24년	24년
④	24년	25년

22 다음은 의료비 발생 및 보장구조에 관한 자료이다. 실손의료보험이 보장하는 부분으로 가장 적절한 것은?

국민건강보험		
비급여	급여	
본인부담	건강보험공단부담	법정본인부담
가	나	다

① 가   ② 가, 다

③ 나, 다   ④ 가, 나, 다

23 질병보험에 대한 설명으로 가장 적절하지 **않은** 것은?

① 질병보험은 외래성이 인정되지 않는다.

② 신체 내재적 원인에 의한 신체결함상태에 대해서는 보상하지 않는다.

③ 일반적인 CI보험의 가입 가능연령은 만 15세 이상이다.

④ 갱신형 질병보험의 경우 갱신 후 계약에 대해 대기기간을 두지 않는 경우가 일반적이다.

24 다음은 장기간병보험과 노인장기요양보험을 비교한 내용이다. (가)~(라)에 들어갈 내용이 적절하게 연결된 것은?

구분	장기간병보험	노인장기요양보험
근거법	–	(가)
가입방식	(나)	–
급여대상	(다)	–
급여종류	–	(라)

① 가 – 보험업법

② 나 – 의무 가입방식

③ 다 – 65세 이상 노인 및 65세 미만 노인성질환자

④ 라 – 시설급여, 재가급여, 가족요양비

25 피보험이익에 대한 적절한 설명으로만 모두 묶인 것은?

가. 피보험이익이 없는 손해보험계약은 무효이다.

나. 보험가입금액은 손해보험에서 피보험이익의 평가액이다.

다. 피보험이익은 보험의 목적이 갖는 경제적 가치를 의미한다.

라. 보험의 목적이 소실됨에 따라 손해를 볼 수 있는 사람은 그 보험의 목적에 대해 피보험이익이 있다고 볼 수 있다.

① 가

② 가, 라

③ 나, 다

④ 가, 다, 라

26 화재가 발생하여 재산손해액이 발생하는 경우, 재산손해액에 대한 지급보험금 계산 시 Co-Insurance를 적용하는 물건으로만 모두 묶인 것은?

가. 아파트

나. 주택병용 물건 중 피아노 교습소

다. 오피스텔

라. 공장 구내에 있는 기숙사

① 가

② 가, 나

③ 가, 나, 다

④ 가, 나, 다, 라

27 일반화재보험에 대한 설명으로 가장 적절하지 **않은** 것은?

① 화재가 원인이 되어 생긴 폭발로 인한 손해는 보상한다.

② 보험가입금액이 보험가액보다 큰 경우 보험가액을 한도로 손해액 전액을 보상한다.

③ 보험계약자 또는 피보험자가 손해발생통지의무를 게을리하여 손해가 증가된 경우 그 증가된 손해는 보상하지 않는다.

④ 계약 후 알릴 의무(통지의무) 위반 시 보험회사에 계약해지권이 발생하며, 이 계약해지는 손해가 생긴 후에 이루어진 경우에도 손해를 보상하지 않는다.

28 배상책임보험에 대한 설명으로 가장 적절하지 **않은** 것은?

① 일반손해보험과 달리 보험계약자의 고의에 의한 손해도 보상한다.

② 일반적으로 보험가액의 개념이 존재하지 않는다.

③ 손해사고기준 배상책임보험의 경우 보험기간이 만료되더라도 피해자의 보험금청구권은 소멸되지 않는다.

④ 임의배상책임보험은 피보험자의 자위수단과 피해자의 구제수단으로서의 기능을 하며, 의무배상책임보험은 피해자의 구제를 우선으로 한다.

29 장기손해보험에 대한 적절한 설명으로만 모두 묶인 것은?

> 가. 장기손해보험은 3년 이상이며 저축성보험의 경우 보험기간에 제한이 없다.
>
> 나. 장기손해보험의 보험료는 순보험료와 부가보험료로 구성되며, 저축보험료는 특별계정으로 운용한다.
>
> 다. 장기손해보험은 자동복원제도가 존재하여 지급보험금이 보험가입금액의 80% 미만인 경우 보험가입금액의 감액이 없다.
>
> 라. 장기손해보험은 계약 체결 시점에 보험료를 모두 납입하므로 보험료 납입 연체에 대한 납입최고의 개념이 없다.

① 가, 나
② 나, 다
③ 다, 라
④ 가, 나, 다

30 자동차보험의 보통약관에 대한 설명으로 가장 적절하지 **않은** 것은?

① 대인배상Ⅰ의 사망과 후유장해에 대한 보상한도는 1억 5천만원이다.
② 원칙적으로 대인배상Ⅱ는 대인배상Ⅰ에서 보상한도가 초과되는 경우 무한으로 가입한 경우가 아니라면 그 초과금액을 보험가입 금액 한도로 보상한다.
③ 대인배상Ⅰ은 의무보험이고, 대인배상Ⅱ와 대물배상은 임의보험이다.
④ 대인배상Ⅰ의 경우 1사고당 보상한도에 제한이 없다.

투자설계 (30문항)

31 금융상품에 대한 설명으로 가장 적절하지 **않은** 것은?

① 금융상품은 크게 예금성 상품, 대출성 상품, 투자성 상품, 보장성 상품으로 구성되어 있다.
② 금융상품에서 발생하는 이자소득에 대해 15.4%(지방소득세 포함)의 세율로 원천징수한다.
③ 개인종합자산관리계좌(ISA)의 서민형 및 농어민형은 수익 200만원까지 비과세하며 그 초과금액에 대해서는 9.9%(지방소득세 포함)의 세율로 분리과세된다.
④ 장병내일준비적금은 매월 55만원(은행별 30만원)을 한도로 하는 주요 비과세 금융상품이다.

32 다음 정보를 참고하여 계산한 연간 경제성장률과 2025년 GDP 디플레이터로 가장 적절한 것은?

연도	명목 GDP	실질 GDP
2024년	100억원	120억원
2025년	150억원	140억원

	연간 경제성장률	2025년 GDP 디플레이터
①	14.3%	93.33
②	14.3%	107.14
③	16.7%	93.33
④	16.7%	107.14

33 고용 관련 경제지표에 대한 적절한 설명으로만 모두 묶인 것은?

> 가. 전업주부와 학생은 생산연령인구로 분류된다.
>
> 나. 취업준비자는 경제활동인구로 분류된다.
>
> 다. 고용률은 경제활동인구 대비 취업자의 비율을 의미한다.
>
> 라. 구직단념자는 비경제활동인구로 분류된다.

① 가, 라
② 나, 다
③ 나, 라
④ 다, 라

34 물가에 대한 설명으로 가장 적절한 것은?

① 물가가 상승하면 채권자는 실질적으로 이익을 본다.

② 물가가 일정하면 명목금리와 실질금리는 동일하다.

③ 물가가 상승할 것이 예상되면 자금공급곡선은 우측으로 이동한다.

④ 생산자물가지수 산정 시 원재료, 중간재 및 자본재는 포함하지 않는다.

35 다음은 A국가의 국제수지표의 일부 항목이다. 다음을 참고하여 계산한 경상수지로 가장 적절한 것은?

- 상품수지 : 10억달러
- 서비스수지 : -1억달러
- 본원소득수지 : 2억달러
- 이전소득수지 : -2억달러
- 해외직접투자 : 3억달러
- 기타투자 : -1억달러

① 3억달러 적자

② 5억달러 흑자

③ 9억달러 흑자

④ 11억달러 흑자

36 경기순환주기에 대한 설명으로 가장 적절한 것은?

① 경기순환주기는 경기 저점에서 정점까지의 기간을 나타낸다.

② 불황기에는 이자율이 높아지고 주가가 하락하는 경향이 있다.

③ 호황기에는 물가와 주가가 상승하는 경향이 있다.

④ 불황기에서 회복기로 접어드는 구간을 확장국면, 호황기에서 후퇴기로 접어드는 구간을 수축국면이라고 한다.

37 다음 자료를 토대로 계산한 산술평균수익률과 기하평균수익률로 가장 적절한 것은?

김수진씨는 지난 2년 동안 주식투자를 하였다. 2024년 초 200만원을 투자하여 2024년 말에는 400만원이 되었다. 그런데 다음 해 2025년 경기불황으로 인해 2025년 말에는 다시 200만원이 되었다.

	산술평균수익률	기하평균수익률
①	0%	0%
②	0%	25%
③	25%	0%
④	25%	25%

38 다음 각 주식의 현재가격에 대하여 평가한 내용으로 가장 적절한 것은? (단, 실질무위험이자율은 1%, 예상 물가상승률은 3%로 가정함)

구분	위험보상률	현재가격	1년 후 예상가격	예상 배당금
주식 A	10%	20,000원	20,500원	2,500원
주식 B	8%	15,000원	16,000원	800원
주식 C	15%	50,000원	58,000원	500원
주식 D	5%	7,000원	7,800원	0원

① 주식 A는 고평가 상태이다.

② 주식 B는 적정수준이다.

③ 주식 C는 저평가 상태이다.

④ 주식 D는 고평가 상태이다.

39 공분산과 상관계수에 대한 적절한 설명으로만 모두 묶인 것은?

가. 공분산은 -1에서 +1 사이의 값들로 표현된다.

나. 공분산은 두 자산 간의 움직임의 방향과 정도에 관한 정보를 제공한다.

다. 상관계수는 0의 값에 가까울수록 비교지수에 대한 개별 자산의 움직임이 불확실해진다.

라. 상관계수는 음수인 경우 분산투자 효과가 있으나, 양수인 경우 분산투자 효과가 없다.

① 다

② 라

③ 가, 나

④ 다, 라

40 유영석씨는 주식 A와 B에 각각 50%씩 투자하는 포트폴리오를 구성하고자 한다. 다음의 자료를 해석한 내용으로 가장 적절하지 **않은** 것은?

연도	주식 A의 수익률	주식 B의 수익률
20×1년도	10%	14%
20×2년도	18%	6%
20×3년도	−1%	25%

① 포트폴리오의 수익률은 주식 A의 평균수익률보다 낮다.
② 포트폴리오의 위험은 0이다.
③ 두 자산의 상관계수는 −1이다.
④ 포트폴리오의 평균수익률은 12%이다.

41 김영민씨는 다음과 같이 포트폴리오를 구성하고자 한다. 다음 설명 중 가장 적절한 것은?

보유주식	투자비중	베타계수
A	40%	0.7
B	25%	1.3
C	25%	0.9
D	10%	1.5

① 해당 포트폴리오는 시장보다 민감한 고베타 포트폴리오이다.
② 해당 포트폴리오의 수익률 변동은 시장수익률의 변동과 거의 일치한다.
③ A주식의 체계적 위험보다 현재 포트폴리오의 체계적 위험이 더 작다.
④ 주식시장이 상승할 것이라고 판단되면 D주식의 투자비중을 줄이고 A주식의 투자비중을 늘리는 것이 바람직하다.

42 다음 정보를 참고하여 계산한 무위험자산과 위험자산 포트폴리오로 결합된 자본배분선의 기울기로 가장 적절한 것은?

- 무위험자산의 수익률 : 2%
- 위험자산 포트폴리오의 기대수익률 : 8%
- 위험자산 포트폴리오의 표준편차 : 5%

① 0.8
② 1.0
③ 1.2
④ 1.4

43 주식의 발행에 대한 설명으로 가장 적절하지 **않은** 것은?

① 일반적으로 기업공개는 상장을 전제로 한다.
② 무상증자 시 기업과 주주의 실질재산에 변동이 없다.
③ 주가가 액면가 이상인 상장법인의 주식배당은 배당가능이익의 50% 이내로 제한된다.
④ 유상증자의 경우 기준일 이후 별도로 주금을 납입해야 신주를 발행조건으로 받을 수 있다.

44 다음 자료를 토대로 계산한 주식 A의 위험프리미엄과 요구수익률로 가장 적절한 것은?

- 무위험수익률 : 5%
- 주식시장의 위험프리미엄 : 4%
- 주식 A의 베타 : 1.5

	주식 A의 위험프리미엄	주식 A에 대한 요구수익률
①	6%	11%
②	6%	13%
③	7.5%	11%
④	7.5%	13%

45 상대가치평가모형에 대한 적절한 설명으로만 모두 묶인 것은?

> 가. 주가수익비율(PER)은 지속적으로 이익이 나고 있지만 배당을 하지 않는 기업에서도 적용이 가능한 방법이다.
>
> 나. 주가수익비율(PER)은 저량으로 분석하는 반면, 주가 순자산비율(PBR)은 유량으로 분석한다.
>
> 다. 주가의 변동성이 높아지는 시점에서는 주가순자산비율(PBR)보다 주가수익비율(PER)이 상대적으로 안정적인 결과를 보인다.
>
> 라. 주식시장이 호황임에 따라 대부분 주가가 높은 수준일 경우 PER은 의미있는 투자지표가 될 수 있다.

① 가, 나
② 가, 라
③ 나, 다
④ 다, 라

46 다음 자료를 참고할 때, 기업에 대한 가치평가 내용이 가장 적절한 것은?

구분	A기업	B기업	C기업
현재 주가	10,000원	20,000원	30,000원
EPS	1,200원	4,000원	3,000원
BPS	5,000원	5,000원	40,000원

① 각 기업의 PER을 비교할 경우 A기업이 가장 고평가 되어 있다.
② 각 기업의 PBR을 비교할 경우 C기업이 가장 고평가 되어 있다.
③ 시장의 평균 PER이 6인 경우 A, B기업은 저평가되어 있다.
④ PBR 기준으로 가치평가 시 C기업은 일반적으로 저평가된 것으로 인식된다.

47 채권에 대한 적절한 설명으로만 모두 묶인 것은?

> 가. 하이일드 채권은 해외 신용평가사 등급 중 투기등급의 회사 및 국가가 발행한 채권이다.
>
> 나. 신용위험을 투자자가 직접 감수해야 하며 예금자보호가 되지 않는다.
>
> 다. 채권의 발행은 회사의 자기자본을 증가시키므로, 회사 청산 시 주식에 우선하여 청산받을 권리를 받는다.
>
> 라. 10bp(베이시스 포인트)는 0.01%를 의미한다.

① 가
② 가, 나
③ 가, 나, 다
④ 가, 나, 다, 라

48 액면금액이 10,000원이고, 표면이자율이 5%, 만기 2년인 복리채의 현재가격은? (단, 매매수익률은 4%이며, 원 미만은 절사함)

① 9,810원
② 10,000원
③ 10,193원
④ 11,025원

49 채권수익률 및 표면이자율과 채권가격의 관계에 대한 설명으로 가장 적절하지 **않은** 것은?

① 채권수익률과 채권가격은 역의 관계이다.
② 채권수익률의 변동에 따른 채권가격의 변동폭은 만기가 길어질수록 증가하지만, 그 증가율은 체감한다.
③ 만기가 일정할 때 채권수익률의 3% 하락으로 인한 가격 변동폭은 채권수익률의 3%의 상승으로 인한 가격 변동폭보다 작다.
④ 복리채와 할인채는 채권수익률이 변동하더라도 만기에 수령하는 원리금이 결정되어 있고, 중도 이자수입이 없어 발행 당시의 표면이자율 수준과 관계없이 가격 변동폭이 항상 일정하다.

50 기본적 분석과 기술적 분석에 대한 설명으로 가장 적절하지 **않은** 것은?

① 기본적 분석 시 내재가치 분석은 주로 회계정보를 바탕으로 한다.

② 경제로부터 시작해서 산업, 개별 기업 순으로 분석하는 방식을 하향식(top-down)이라고 한다.

③ 기본적 분석과 기술적 분석은 모두 주가를 예측할 수 있다는 가정으로 시작한다.

④ 기술적 분석은 시장의 변동보다는 시장의 변화요인을 중심으로 분석한다.

51 김민종씨가 8월 1일 오후 4시에 국내 주식형펀드를 가입한 경우 매입기준가격이 결정되는 날은 언제인가?

월	화	수	목	금
8/1	8/2	8/3	8/4	8/5

① 8/2(화)

② 8/3(수)

③ 8/4(목)

④ 8/5(금)

52 자산유동화증권(ABS)에 대한 적절한 설명으로만 모두 묶인 것은?

> 가. 유동화전문회사(SPC)는 ABS를 한 번만 발행할 수 있다.
>
> 나. 자산유동화증권의 신용도는 발행 당시 자산보유자의 신용등급에 의해서 결정된다.
>
> 다. 금융기관의 대출채권을 기초자산으로 발행되는 ABS를 CLO라고 한다.
>
> 라. MBS의 2차 시장은 유동화된 주택저당증권이 기관투자자들에게 매각되고 유통되는 시장을 말한다.

① 가, 다

② 나, 다

③ 다, 라

④ 가, 나, 라

53 상장지수증권(ETN)에 대한 설명으로 가장 적절한 것은?

① 기초자산의 가치 변화에 따른 손익구조가 사전에 약정된 조건부 확정수익 상품이다.

② 거래소에 상장되어 별도의 중도상환 절차 없이 실시간 매매가 가능하다.

③ 별도의 만기가 없고, 보유자산을 신탁재산으로 별도 보관함에 따라 신용위험에 노출되지 않는다.

④ 보유자산의 운용을 통해 기초지수를 추적하는 과정에서 부분 복제 등으로 인한 추적오차가 발생할 수 있다.

54 주식투자전략 중 패시브 전략에 대한 설명으로 가장 적절하지 **않은** 것은?

① 추적오차란 포트폴리오 수익률과 비교지수 수익률 차이의 표준편차이다.

② 추적오차가 작을수록 성과가 우수하다고 평가된다.

③ 총수익지수를 비교지수로 하는 ETF는 ETF 명칭에 'TR'이 추가된다.

④ ETF의 보유 종목에서 발생하는 현금배당을 분배받지 않고 지수에 재투자하기를 원하는 경우 가격지수를 비교지수로 하는 ETF에 투자하면 된다.

55 비교지수 대비 초과수익을 추구하는 채권투자전략으로만 모두 묶인 것은?

> 가. 인덱싱전략
>
> 나. 현금흐름일치전략
>
> 다. 듀레이션전략
>
> 라. 크레딧전략

① 가, 나

② 나, 다

③ 다, 라

④ 나, 다, 라

56 김미선씨는 정선희씨에게 코스피200 선물 5계약을 100pt에 매도하였다. 만일 선물 만기일의 코스피200지수가 매도자와 매수자 모두 120pt이고, 선물거래승수는 1계약당 25만원일 경우 선물매도자와 선물매수자의 손익이 올바르게 연결된 것은? (단, 세금 및 거래비용 등은 없다고 가정함)

	선물매도자	선물매수자
①	−2,500만원	−2,500만원
②	−2,500만원	+2,500만원
③	+2,500만원	−2,500만원
④	+2,500만원	+2,500만원

57 김단희씨는 행사가격이 250pt인 코스피200 풋옵션을 2pt의 프리미엄을 주고 2계약 매수하였다. 해당 계약의 최대이익과 최대손실이 올바르게 연결된 것은? (단, 거래승수는 25만원으로 가정함)

	최대이익	최대손실
①	무제한	50만원
②	무제한	100만원
③	50만원	무제한
④	100만원	무제한

58 10억원 상당의 주식 포트폴리오를 보유한 우민석씨는 향후 주가 하락을 우려하여 KOSPI200지수선물을 매도하고자 한다. 지수선물의 매도가격이 200pt인 경우 100% 헤지를 위한 선물 매도계약 수는 얼마인가? (단, 주식 포트폴리오의 베타는 1이고, 선물의 거래승수는 25만원으로 가정함)

① 10계약

② 15계약

③ 20계약

④ 25계약

59 자산배분전략에 대한 설명으로 가장 적절하지 **않은** 것은?

① 전술적 자산배분전략은 패시브 전략의 일종이다.

② 전략적 자산배분전략은 특정 목표위험 수준에 대응한 자산배분전략이다.

③ 전략적 자산배분전략은 중장기적으로 자산별 투자 비중을 결정하는 과정이다.

④ 전술적 자산배분전략은 전략적 자산배분전략에 의한 자산별 비중보다 과도한 차이가 발생하지 않도록 투자 비중을 조정한다.

60 헤지펀드에 대한 설명으로 가장 적절한 것은?

① 헤지펀드는 투기적 목적으로 공매도, 파생상품의 활용이 가능하다.

② 프라임브로커는 투자자의 투자자금을 받아 헤지펀드에 운용을 지시한다.

③ 글로벌 매크로전략은 금리, 경제정책 등과 같은 요인을 예측하여 포트폴리오를 구성하는 비방향성 전략이다.

④ 차익거래전략은 시장의 비효율성 및 가격 불일치에 기초하여 시장 변동성 중립 포지션을 활용하는 방향성 전략이다.

세금설계 (30문항)

61 국세기본법상 국세부과의 원칙에 해당하는 것으로만 모두 묶인 것은?

> 가. 증여세를 회피하기 위해 제3자를 통하여 우회적으로 거래하는 경우 그 거래 형식에 관계없이 거래 당시의 정황이나 사회통념 등을 고려하여 과세한다.
>
> 나. 행정기관의 장은 해당 납세의무자 또는 그 대리인이 요구하면 결정서를 열람 또는 복사하게 하거나 그 등본 또는 초본이 원본과 일치함을 확인해야 한다.
>
> 다. 어떤 특정한 소득에 대하여 상당한 기간에 걸쳐 비과세로 해석하여 과세하지 않은 관행이 새로운 해석으로 인하여 과세가 된다면 새로운 해석이 있는 날 이후 납세의무가 성립하는 분부터 과세를 해야 한다.
>
> 라. 세무공무원이 재량으로 직무를 수행할 때에는 과세의 형평과 해당 세법의 목적에 비추어 일반적으로 적당하다고 인정되는 한계를 엄수해야 한다.

① 가
② 가, 나
③ 가, 나, 다
④ 가, 나, 다, 라

62 조세구제제도에 대한 설명으로 가장 적절하지 **않은** 것은?

① 이의신청은 국세청 심사청구 및 조세심판원 심판청구를 제기하기 위해서 거쳐야 하는 필요적 전심절차이다.
② 국세청 심사청구, 조세심판원 심판청구, 감사원 심사청구는 서로 중복하여 청구할 수 없다.
③ 행정소송은 행정심판을 반드시 먼저 거쳐야 제기할 수 있다.
④ 행정소송은 심사청구나 심판청구의 결정서를 받은 날로부터 90일 이내에 제기해야 한다.

63 우리나라 소득세 과세원칙으로만 모두 묶인 것은?

> 가. 포괄주의 과세
>
> 나. 기간별 합산과세
>
> 다. 부과과세제도
>
> 라. 개인단위 과세

① 가, 나
② 나, 다
③ 나, 라
④ 다, 라

64 소득세법상 국내 원천소득에 대해서만 소득세를 납세하는 자는?

① 국내에 주소를 두고 있는 일본 국적의 A씨
② 국내에 2년째 거소를 두고 있는 미국 국적의 B씨
③ 한국 국적이고 미국에 거소를 두고 있으며 국내 거소기간이 60일인 C씨
④ 국내에 주소를 두고 있으며 국내 거소기간이 150일인 중국 국적의 D씨

65 다음 중 지방소득세가 과세되지 **않는** 조세는?

① 법인세
② 근로소득세
③ 양도소득세
④ 부가가치세

66 개인사업자 이수근씨의 20×5년 수입금액은 8,000만원이다. 이수근씨가 단순경비율 적용대상자인 경우 20×5년 사업소득금액으로 가장 적절한 것은? (단, 해당 업종의 단순경비율은 75%임)

① 2,000만원
② 4,500만원
③ 6,000만원
④ 7,500만원

67 공동사업의 소득금액계산 특례에 대한 설명으로 가장 적절하지 **않은** 것은?

① 공동사업장을 1거주자로 보아 공동사업장의 소득금액을 계산하고, 그 소득금액을 각 사업자가 약정한 손익분배비율에 따라 분배한다.

② 공동사업자는 자신에게 분배된 소득금액을 다른 종합소득과 합산하여 종합소득세를 신고한다.

③ 조세회피목적 등으로 공동사업을 영위하는 경우에는 특수관계인의 소득금액을 주된 공동사업자의 소득으로 합산하여 과세한다.

④ 공동사업장을 1거주자로 보아 과세하므로, 원칙적으로 각각의 공동사업자는 다른 공동사업자의 세금에 대한 연대납세의무를 부담한다.

68 다음 중 비과세 근로소득이 **아닌** 것은?

① 회사가 근로자를 위해 지급하는 단체순수보장성보험의 월 50만원 보험료

② 식사 등을 제공받지 않는 근로자가 받는 월 10만원의 식사대

③ 6세 이하의 자녀보육 관련 급여로 받은 월 25만원의 금액

④ 발명진흥법상 지급받은 300만원의 직무발명보상금

69 다음 중 기타소득항목과 법정 필요경비율의 연결이 가장 적절하지 **않은** 것은?

① 광업권·산업재산권을 양도하고 받은 대가 : 60%

② 공익법인이 주무관청의 승인을 받아 시상하는 상금 : 80%

③ 위약금과 배상금 중 주택입주 지체상금 : 90%

④ 고용관계 없이 일시적 용역을 제공하고 받은 대가 : 60%

70 다음은 거주자 김홍길씨와 생계를 같이 하는 부양가족의 나이와 소득자료이다. 김홍길씨가 공제받을 수 있는 기본공제액은 얼마인가?

관계	나이	소득	비고
본인	45세	사업소득금액 4,000만원	사업소득자
배우자	44세	총급여 2,000만원	근로소득자
장녀	22세	–	장애인
차녀	15세	–	–
아버지	72세	–	–

① 300만원
② 450만원
③ 600만원
④ 750만원

71 다음 중 사업소득만 있는 거주자가 받을 수 있는 물적공제는?

① 국민연금 등 연금보험료공제
② 주택자금 특별소득공제
③ 신용카드 등 사용금액 소득공제
④ 주택청약종합저축 등에 대한 소득공제

72 종합소득 세액공제에 대한 설명으로 가장 적절한 것은?

① 외국납부세액공제는 이중과세방지를 위한 제도적 장치이며, 공제받지 못한 금액이 있는 경우 향후 5년간 이월공제가 적용된다.

② 거주자의 기본공제대상자에 해당하는 8세 이상의 자녀가 3명인 경우 65만원의 자녀세액공제를 받을 수 있다.

③ 근로소득자가 본인 및 기본공제대상자를 위해 지출한 의료비 중 실손의료보험금으로 보전받은 금액에 대해서는 의료비 특별세액공제를 받을 수 없다.

④ 기부금 특별세액공제는 사업소득만 있는 경우 적용받지 못하므로, 개인사업자인 보험모집인은 기부금 특별세액공제를 받을 수 없다.

73 거주자의 종합소득세 납부세액이 1,200만원인 경우 최대 분납세액과 분납기한으로 가장 적절한 것은?

	최대 분납세액	분납기한
①	200만원	납부기한이 지난 날부터 1개월 이내
②	200만원	납부기한이 지난 날부터 2개월 이내
③	600만원	납부기한이 지난 날부터 1개월 이내
④	600만원	납부기한이 지난 날부터 2개월 이내

74 법인세에 대한 설명으로 가장 적절한 것은?

① 법인세는 열거된 소득에 대해서만 과세하는 열거주의 방식을 택하고 있다.

② 법인세율은 일반적으로 4단계 초과누진세율 구조를 채택하고 있다.

③ 사업연도는 원칙적으로 1월 1일부터 12월 31일까지로 한다.

④ 중소기업이 아닌 내국법인의 납부할 법인세액이 500만원을 초과하는 경우 납부기한이 지난 날부터 1개월 이내에 분납할 수 있다.

75 세금의 납부기한이 빠른 순서대로 나열된 것은?

가. 20×5년 1기 부가가치세 확정신고

나. 20×5년 2기 부가가치세 확정신고

다. 20×5년 귀속 법인세 확정신고
   (각 사업연도 종료일 : 12월 31일)

라. 20×5년 귀속 사업소득세 확정신고

① 가 – 나 – 다 – 라

② 가 – 다 – 나 – 라

③ 다 – 가 – 나 – 라

④ 다 – 가 – 라 – 나

76 부가가치세법상 일반과세자가 공제받지 **못할** 매입세액으로만 모두 묶인 것은?

가. 자기의 사업을 위하여 사용된 재화의 수입에 대한 부가가치세액

나. 기업업무추진비와 이와 유사한 비용의 지출과 관련된 매입세액

다. 세금계산서를 수취하지 않은 매입세액

라. 사업자등록 전 매입세액

① 가, 나, 다

② 가, 나, 라

③ 가, 다, 라

④ 나, 다, 라

77 금융소득의 수입시기에 대한 설명으로 가장 적절한 것은?

① 약정에 의한 이자지급일 전에 받은 비영업대금의 이익은 약정에 따른 이자지급일을 이자소득의 수입시기로 본다.

② 잉여금의 자본전입으로 인한 의제배당소득은 자본전입 결정일을 배당소득의 수입시기로 본다.

③ 기명채권에서 발생한 이자와 할인액은 실제 지급을 받은 날을 이자소득의 수입시기로 본다.

④ 해산으로 인한 의제배당소득은 해산등기일을 배당소득의 수입시기로 본다.

78 종합과세대상에서 제외하고 원천징수로써 납세의무를 종결시키는 금융소득으로만 모두 묶인 것은?

가. 직장공제회 초과반환금

나. ISA 비과세 한도 초과분

다. 비영업대금의 이익

라. 공익신탁법에 따른 공익신탁의 이익

① 가, 나

② 나, 다

③ 나, 라

④ 다, 라

79 다음의 소득자료를 참고하여 계산한 20×5년도 배당가산액은 얼마인가?

구분	금액	비고
국내은행 정기예금이자	1,500만원	–
외국법인 현금배당	2,000만원	국내에서 원천징수하지 않음
국내법인 현금배당	1,000만원	–

① 0원

② 100만원

③ 150만원

④ 200만원

80 비상장법인(중소기업)의 주식을 소액주주가 다음과 같이 양도할 경우 양도소득세 산출세액은 얼마인가?

- 양도가액 : 1,000만원
- 필요경비 : 300만원(취득가액 및 증권거래세 등 양도비 포함)

① 45만원

② 70만원

③ 90만원

④ 140만원

81 다음은 거주자 홍영훈씨의 2025년도 금융자산 관련 소득자료이다. 다음 자료를 해석한 내용으로 가장 적절한 것은? (단, 각 보기는 별개의 사례임)

- 정기예금이자 : 1,500만원
- 채권의 양도차익 : 500만원(보유기간이자 100만원 포함)
- 상장주식의 양도차익 : 1,000만원

※ 홍영훈씨가 보유한 주식은 유가증권시장의 상장주식이며, 소액주주에 해당함

① 채권의 양도차익에 대하여 양도소득세가 과세되며, 보유기간에 대한 이자에 대해서는 이자소득세가 과세된다.

② 상장주식에 대한 증권거래세율은 0.0%이며, 농어촌특별세 0.15%가 별도로 부과된다.

③ 주식 양도소득에 대하여 적용되는 소득세율은 10%이다.

④ 금융소득금액이 2,000만원을 초과하였으므로 금융소득 종합과세대상에 해당한다.

82 다음 중 취득세율(부가세 포함)이 높은 순서대로 나열된 것은? (단, 취득세의 과세표준과 취득시기는 동일하며, 증여는 일반 증여임)

가. 상가건물을 증여로 취득한 경우

나. 상가건물을 매매로 취득한 경우

다. 상가건물을 상속으로 취득한 경우

① 가 > 나 > 다

② 나 > 가 > 다

③ 나 > 다 > 가

④ 다 > 나 > 가

83 권일영씨는 소유하고 있던 주택(과세기준일 공시가격 15억원)을 2025년 6월 7일 표창연씨에게 양도하였다. 이 경우 2025년도 해당 주택에 대한 종합부동산세와 양도소득세의 납세의무자가 적절하게 연결된 것은?

	종합부동산세	양도소득세
①	권일영	권일영
②	표창연	권일영
③	권일영	표창연
④	표창연	표창연

84 20×5년 과세기준일 현재 공시가격이 10억원인 종합합산과세대상 토지에 대한 재산세와 종합부동산세의 법정 납부기한이 적절하게 연결된 것은?

	재산세	종합부동산세
①	7월 16일 ~ 7월 31일	12월 1일 ~ 12월 15일
②	9월 16일 ~ 9월 30일	12월 1일 ~ 12월 15일
③	7월 16일 ~ 7월 31일	11월 1일 ~ 11월 15일
④	9월 16일 ~ 9월 30일	11월 1일 ~ 11월 15일

85 다음 중 양도소득세 과세대상이 **아닌** 것은?

① 토지

② 아파트 당첨권

③ 전세권

④ 사업용 고정자산과 별도로 양도하는 영업권

86 거주자 이윤지씨가 20×5년에 취득한 토지(등기자산)를 다음과 같이 양도한 경우, 이윤지씨의 양도차익은 얼마인가? (단, 자본적지출액과 양도비 등은 발생하지 않음)

구분	실지거래가액	기준시가
양도 시	10억원	5억원
취득 시	확인할 수 없음	2억원

① 5.94억원

② 6억원

③ 6.94억원

④ 8억원

87 거주자 고은정씨가 상가건물을 다음과 같이 양도할 때 양도소득 산출세액은 얼마인가?

- 양도가액 : 15억원

- 취득가액(필요경비 포함) : 10억원

- 보유기간 : 6개월

※ 해당 물건은 등기된 국내 소재 건물이며, 거주자 고은정씨는 당해 과세기간 중 해당 물건 외의 양도한 자산은 없음

① 2억 3,375만원

② 2억 4,875만원

③ 3억 2,725만원

④ 3억 4,825만원

88 거주자 배수지씨가 다음의 주택을 양도한 경우 양도소득세 과세표준은 얼마인가?

- 양도가액 : 14억원

- 취득가액 : 6억원

- 기타필요경비 : 1억원

- 보유기간 : 10년

- 거주기간 : 9년

※ 해당 물건은 등기된 국내 소재 주택으로서 1세대 1주택 비과세 요건을 충족하였고, 거주자 배수지씨는 당해 과세기간 중 해당 물건 외의 양도한 자산은 없음

① 비과세

② 1,750만원

③ 2,150만원

④ 2,400만원

89 김미숙씨(60세)는 수령한 퇴직금 8억원 중 5억원을 IRP 계좌에 이체하였다. 퇴직금 8억원에 대한 퇴직소득세가 1억원이라고 가정할 경우, IRP에 이체되는 5억원에 대한 이연퇴직소득세는 얼마인가?

① 1억원

② 6,250만원

③ 3,750만원

④ 0원

90 IRP에서 정기예금 1년 만기 상품과 혼합형 펀드를 선택하여 운용하고자 한다. 다음 설명 중 가장 적절한 것은?

① 정기예금에서 발생하는 이자소득에 대해서는 비과세한다.

② 혼합형 펀드 내 주식매매차익에 대해서는 과세하지 않으나, 이자 및 배당소득에 대해서는 금융소득으로 과세한다.

③ 운용수익에 대하여 일시금으로 수령하는 경우 15%의 기타소득세가 과세되며, 금액에 관계없이 무조건 분리과세한다.

④ 운용수익에 대하여 연금으로 수령하는 경우 연금소득세가 과세되며, 연금수령액이 연간 1,500만원을 초과하는 경우 무조건 종합과세된다.

▶ 정답 p.18
▶ 모듈2 해설 p.26

금융·자격증 전문 교육기관 해커스금융

fn.Hackers.com

해커스 **AFPK®** 최종 실전모의고사

3회

금융 · 자격증 전문 교육기관 해커스금융

fn.Hackers.com

해커스 **AFPK**® 최종 실전모의고사

3회

시험 유의사항

1) 시험장 내 휴대전화, 무선기, 컴퓨터, 태블릿 PC 등 통신 장비를 휴대할 수 없으며 휴대가 금지된 물품을 휴대하고 있음이 발견되면 부정행위 처리기준에 따라 응시제한 1년 이상으로 징계됨.

2) 답안 작성 시 컴퓨터용 사인펜을 이용하고 예비답안 작성은 반드시 붉은 사인펜만을 이용해야 하며, 붉은 사인펜 이외의 필기도구(연필, 볼펜 등)를 사용하여 예비답안을 작성한 경우 이중 마킹으로 인식되어 채점되지 않음을 유의함.

3) 답안은 매 문항마다 하나의 답만을 골라 그 숫자에 빈틈없이 표기해야 하며, 답안지는 훼손 오염되거나 구겨지지 않도록 주의해야 한다. 특히 답안지 상단의 타이밍 마크를 절대로 훼손해선 안 되며, 마킹을 잘못하거나(칸을 채우지 않거나 벗어나게 마킹한 경우) 또는 답안지 훼손에 의해서 발생되는 문제에 대한 모든 책임은 응시자에 귀속됨.

4) 시험종료 안내는 종료 20분, 10분 전에 방송되며 시험시간 관리의 책임은 전적으로 수험생 본인에게 있으므로 종료 후 답안 작성으로 인하여 부정행위 처리되지 않도록 유의함.

5) 유의사항 위반에 따른 모든 불이익은 응시자가 부담하고 부정행위 및 규정 위반자는 부정행위 세부 처리기준에 준하여 처리됨.

모듈1

- 재무설계 개론 (15문항)
- 재무설계사 직업윤리 (5문항)
- 은퇴설계 (30문항)
- 부동산설계 (25문항)
- 상속설계 (25문항)

문제의 지문이나 보기에서 별다른 제시가 없으면 모든 개인은 세법상 거주자이고 모든 법인은 내국법인이며, 모든 자산, 부채 및 소득은 국내에 있거나 국내에서 발생한 것으로 가정하고, 주식은 국내 제조법인의 주식으로서 우리사주조합원이 보유한 주식이 아니며, 소득세법상 양도소득세 세율이 누진세율(6 ~ 45%)로 적용되는 특정주식 등 기타자산에 해당하지 않는 일반주식이라고 가정함

재무설계 개론 (15문항)

1 재무설계의 이해에 대한 설명으로 적절한 것은?

① 재무설계는 개인이 가지고 있는 재무적 자원만을 적절하게 관리하는 일련의 과정이다.

② 재무설계는 사전예방이 아니라 사후대책마련의 관점에서 접근해야 한다.

③ 재무설계는 고객의 재무목표, 니즈, 우선순위에 따라 관련 영역을 포함하며 반드시 모든 영역을 종합적으로 다룰 필요는 없다.

④ AFPK 자격인증을 위해서는 3E's인 교육(Education), 시험(Examination), 경험(Experience)의 요건을 충족해야 한다.

2 재무설계사에 대한 설명으로 적절하지 **않은** 것은?

① 각 분야의 전문가들이 하는 일의 내용을 이해하고 종합하여 고객의 입장에서 전체 과정이 원활하게 수행될 수 있도록 조율하는 역할을 수행한다.

② 특정한 금융상품을 판매하고 관리하는 세일즈맨과 유사하다.

③ 고객의 행동변화를 촉구하는 행동전문가임과 동시에 고객의 인생 전반에 대한 조언을 하는 상담전문가로서의 역할을 한다.

④ 재무설계 영역별로 수집, 분석, 통합이라는 프로세스적 요소로 구분된 전문능력을 갖춰야 한다.

3 저축 여력의 장단기 배분에 대한 설명으로 가장 적절한 것은?

① 안정자산은 재무관리, 부동산설계와 관련된 영역으로 장기간의 복리효과를 노리는 것이 특징이다.

② 가계비상예비자금은 1년 이내의 단기에 해당하는 운용자산 영역에 해당한다.

③ 투자자산은 자산 증식과 관련된 10년 이상의 장기플랜을 말한다.

④ 저축 여력 장단기 배분이 이뤄지면 자산 항목 간 이동이 불가능하다.

4 다음 거래내용이 고객의 재무상태에 미치는 영향으로 적절한 것은?

본인 사용목적의 노트북 구입에 60만원, 여행비용에 15만원을 충당하기 위해 예금계좌에서 50만원을 인출하고 나머지는 신용카드로 결제하였다.

	자산	부채	순자산
①	+10만원	+15만원	−60만원
②	+10만원	+25만원	−15만원
③	+60만원	+15만원	−50만원
④	+60만원	+25만원	−25만원

5 재무상태표의 작성에 대한 설명으로 적절하지 **않은** 것은?

① 재무상태표는 고객이 보유한 자산과 부채에 대한 정보를 정리한 표로서 일반적으로 자산은 왼쪽, 부채는 오른쪽, 그리고 자산에서 부채를 차감한 순자산은 오른쪽 하단에 작성한다.

② 펀드, 채권, 신탁과 더불어 변액보험 또한 그 성격을 감안했을 때 투자자산으로 분류된다.

③ 고객이 거주 목적으로 사용하고 있는 부동산은 사용자산으로 분류하고, 매매차익이나 임대수익 목적으로 보유하고 있는 부동산은 부동산자산으로 분류한다.

④ 은행의 정기 예·적금은 신속하게 현금으로 전환할 수 있어서 유동성이 크고 위험부담이 낮기에 현금성자산으로 분류하는 것이 바람직하다.

6 재무설계 프로세스 중 1단계 고객과의 관계 정립에 대한 설명으로 적절하지 **않은** 것은?

① 업무수행범위에 대해 상호 합의하여 결정하고 이를 문서화한 업무수행 계약서를 작성한다.

② 고객과 재무설계사 사이의 대화는 대체로 폐쇄형 질문 또는 약점탐구의 형태를 취한다.

③ 고객에게 재무설계가 1단계에서 6단계 프로세스를 준수하여 이루어짐을 알리고 각 단계별 업무수행과정을 인지할 수 있도록 해야 한다.

④ 재무설계사는 이 단계를 통해 고객의 니즈를 충족할 수 있을지에 대해 결정해야 한다.

7 재무설계 프로세스에 대한 설명으로 적절하지 **않은** 것은?

① 재무설계사는 재무설계 제안서를 요약하고 안정자산, 투자자산, 운용자산별 금융상품을 제안할 뿐만 아니라 부동산 및 세무 관련 실행사항에 대해서도 안내한다.

② 재무설계사는 고객의 혼란을 막기 위해 전문적인 용어를 사용해야 하며 제안내용에 대해 타당한 근거를 들어 설명해야 한다.

③ 고객 관련 정보의 수집에는 고객의 재무적 자원, 해야 할 사항들과 기대치들의 다양한 측면에 대한 인터뷰 또는 질문이 포함된다.

④ 모니터링 과정에서 원래의 업무수행범위를 수정하거나 새로운 업무를 추가할 수 있으며, 경우에 따라서는 정보수집 단계로 돌아가 재무설계 프로세스를 다시 진행할 수도 있다.

8 고객 관련 정보 중 정성적 정보로만 모두 묶은 것은?

가. 투자경험 및 위험수용성향
나. 고용에 대한 상황 및 기대
다. 돈 관리의 주체
라. 공적연금, 퇴직연금, 개인연금 등 연금자산 내역
마. 현재 또는 미래의 납세의무
바. 다른 부양가족 여부

① 가, 나, 다
② 가, 다, 라
③ 나, 마, 바
④ 나, 라, 마, 바

9 대출상환방식에 대한 적절한 설명으로만 모두 묶인 것은?

가. 만기일시상환은 만기일까지 이자만 납부하면 되므로 대출금 활용이 용이하다는 장점이 있다.
나. 원리금균등분할상환은 매기간의 이자상환액이 동일한 방식이다.
다. 원금균등분할상환은 매기간의 원금상환액은 동일하나 이자상환액이 줄어드는 방식이다.
라. 원리금균등분할상환은 원금균등분할상환에 비해 이자를 더 적게 내게 된다.

① 나
② 가, 다
③ 나, 라
④ 가, 다, 라

10 다음 사례를 참고했을 때, 총부채원리금상환비율(DSR)에 대한 설명으로 적절한 것은? (단, 각 선지는 독립적임)

연소득이 5,000만원인 하시아씨는 시가 5억원의 주택을 구입하기 위해 주택을 담보로 3억 4,000만원을 대출(만기 20년, 연 5% 월복리)받고자 한다. 신규 대출의 연간 원리금상환액은 2,693만원(이자상환액 1,677만원 포함)이 예상된다. 현재 보유 중인 대출은 신용대출 8,000만원(만기 4년, 연 3% 월복리)이며, 연간 원리금상환액으로 2,125만원(이자상환액 214만원 포함)이 지출되고 있다.

※ 은행의 적정 DSR은 80%이며, 하시아씨는 신용대출 외에 기보유 중인 대출은 없다고 가정함

① 신규대출 시 하시아씨의 DSR은 약 82.4%가 도출된다.
② 신규대출 시 은행은 하시아씨에 대해 소득수준 대비 원리금 상환의 부담이 높은 것으로 해석한다.
③ 하시아씨가 신규대출과 함께 100만원의 소액신용대출을 추가로 받는다면, 하시아씨의 DSR은 약 98.4%가 된다.
④ 하시아씨의 소득이 6,000만원으로 인상된다면, 신규대출 시 하시아씨의 DSR은 은행의 적정 DSR을 하회하게 된다.

11 다음과 같은 2가지 투자방안이 있을 때 (가)안을 선택하는 투자자들의 특징으로 가장 적절하지 **않은** 것은?

> (가) 100% 확률로 10%의 손실이 나는 주식
>
> (나) 80% 확률로 30%의 손실이 나는 주식

① 손실회피 편향이 있는 투자자이다.

② 좋은 일은 과대평가하고 나쁜 일은 과소평가한다.

③ 상승 중인 주식을 일찍 매도해서 더 큰 이익을 얻지 못할 가능성이 크다.

④ 손실에 대한 고통을 이익에 대한 기쁨보다 크게 받아들인다.

12 다음은 이다희씨가 실시한 심리적 편향에 대한 설문조사의 응답결과이다. 이다희씨의 응답에서 파악할 수 있는 심리적 편향을 적절하게 연결한 것은?

응답	심리적 편향
나는 나만의 신뢰할 만한 투자 정보원을 가지고 있다.	(가)
주가가 폭락하면 경기침체가 올 거라고 생각한다.	(나)
집에서 회사까지 가면서 새로운 길을 시도하기보다는 늘 다니던 길로 다닌다.	(다)
나는 나에게 해로운 일이라도 재미만 있다면 그 일을 한다.	(라)

	가	나	다	라
①	자기과신	손실회피	심적회계	자기통제 오류
②	자기통제 오류	손실회피	소유효과	자기과신
③	자기과신	대표성 오류	소유효과	자기통제 오류
④	자기통제 오류	대표성 오류	심적회계	자기과신

13 사전적 금융소비자보호에 해당하는 내용으로 모두 묶인 것은?

> 가. 영업행위규제
>
> 나. 금융분쟁 조정
>
> 다. 미스터리쇼핑
>
> 라. 금융상담 및 민원제기

① 가　　　　　　　② 가, 다

③ 가, 나, 다　　　④ 가, 나, 다, 라

14 6대 판매규제와 그 내용을 적절하게 연결한 것은?

> 가. 우월적 지위를 이용하여 금융소비자 권익을 침해하는 부당요구를 금지한다.
>
> 나. 불확실한 사항에 단정적 판단을 제공하는 행위 등을 금지한다.
>
> 다. 고객정보를 파악하고, 고객이 청약한 상품이 부적합한 경우 그 사실을 고지한다.
>
> 라. 상품 권유 시 또는 소비자 요청 시 상품의 중요사항을 이해할 수 있도록 설명한다.

	가	나	다	라
①	부당권유 행위 금지	불공정영업 행위 금지	적합성원칙	광고규제
②	부당권유 행위 금지	불공정영업 행위 금지	적정성원칙	설명의무
③	불공정영업 행위 금지	부당권유 행위 금지	적합성원칙	광고규제
④	불공정영업 행위 금지	부당권유 행위 금지	적정성원칙	설명의무

15 금융소비자보호법에 대한 설명으로 적절하지 **않은** 것은?

① 금융소비자보호법은 금융상품의 판매채널을 행위주체의 지위 및 행위유형에 따라 금융상품판매업과 금융상품자문업으로 구분하였다.

② 6대 판매규제 행위 중 설명의무, 불공정영업행위 금지, 부당권유 금지 및 광고 규제를 위반하는 경우에만 과징금 부과대상이 된다.

③ 금융회사는 금융상품 계약서류를 일반금융소비자에게 제공해야 하는 의무가 있으나, 전문금융소비자에게는 해당되지 않는다.

④ 6대 판매규제 위반, 내부통제기준 미수립, 계약서류 제공의무 위반 등에 대해 위반사항에 따라 1천만원 이하, 3천만원 이하, 1억원 이하를 한도로 과태료를 부과한다.

재무설계사 직업윤리 (5문항)

16 다음 사례에서 재무설계사가 위반한 윤리원칙에 해당하는 것은?

> 경력 1년 차 재무설계사는 고객에게 신뢰를 주기 위해, 본인의 경력을 속이고 성과를 과장하여 고객에게 최고의 서비스를 제공할 것을 약속하였다.

① 객관성의 원칙　　　　② 성실성의 원칙
③ 전문가 정신의 원칙　　④ 고객우선의 원칙

17 재무설계 자격인증자의 고객의 정보와 자산에 대한 행동규범으로 적절하지 **않은** 것은?

① 자격인증자 자신에 대한 소송에 대응하기 위한 경우에는 고객정보의 비밀을 유지하지 않아도 된다.
② 자격인증자가 고객의 자산을 보관하거나 관리하는 경우 고객별로 명확하게 구분해야 한다.
③ 자격인증자는 어떠한 경우에도 고객으로부터 자금을 차입하거나 고객에게 자금을 빌려주어서는 안 된다.
④ 자격인증자가 임무완수에 필요한 정보를 충분하게 수집하지 못하여 중대한 차질이 있을 경우 이를 고객에게 알려야 한다.

18 재무설계 자격인증자의 한국FPSB에 대한 의무에 관한 행동규범으로 적절하지 **않은** 것은?

① 자격인증자는 계속교육 요건을 포함하여 자격의 유지와 갱신에 관한 제반 규정을 준수하여야 한다.
② 자격인증자는 자격표장이나 재무설계 전문직 또는 자격인증자의 명예 또는 신뢰를 손상시키는 행위를 해서는 아니 된다.
③ 자격인증자가 한국FPSB로부터 자격정지 또는 자격취소의 처분을 받은 경우에는 그 사실을 고객과 소속회사에 알려야 한다.
④ 자격인증자는 윤리 관련 규정의 위반자에 대한 신고의무를 포함하여 한국FPSB에 대한 서약사항을 성실하게 준수하여야 한다.

19 AFPK® 자격표장 사용지침에 대한 설명으로 적절하지 **않은** 것은?

① AFPK® 자격표장을 커뮤니케이션 관련 자료로 사용할 수 있다.
② 인터넷의 개별 웹사이트에 AFPK® 자격표장을 사용할 수 있다.
③ AFPK 자격상표의 로고는 반드시 항상 아트워크 원본으로부터 복제하여야 한다.
④ AFPK® 자격상표를 도메인 이름의 일부로 사용할 경우 태그라인을 표시하여야 한다.

20 재무설계 업무수행 시 유의사항에 대한 적절한 설명으로 모두 묶인 것은?

> 가. 유언장 작성 및 상속과 유산분할에 관한 상담을 받는 경우 변호사에게 위임하거나 자문을 받는 것이 적절하다.
>
> 나. 세무사 자격이 없는 자격인증자가 고객을 위하여 조세에 관한 상담을 포함한 세무대리업무에 해당될 수 있는 행위를 하는 경우에는 무보수라고 할지라도 세무사법에 위반되는 행위로 간주되어 처벌대상이 된다.
>
> 다. 투자자문업 또는 투자일임업을 영위하려는 자는 각각 일정 수 이상의 투자권유자문인력과 투자운용인력을 확보하여야 한다.
>
> 라. 증권의 가치분석이나 투자판단에 도움이 되는 경기동향, 기업실적분석 등의 데이터, 과거와 현재의 유가증권 가격이나 등락률을 알려주는 것은 큰 문제가 되므로 주의하여야 한다.

① 가, 다
② 나, 라
③ 가, 나, 다
④ 가, 나, 다, 라

은퇴설계 (30문항)

21 노령화지수와 노년부양비에 대한 설명으로 가장 적절한 것은?

시기	2010년	2020년	2030년
노령화지수	67.2	129.0	259.6
노년부양비	14.8	21.7	38.2

① 2020년에는 생산연령인구 100명당 65세 이상 고령인 구가 129명이 된다.

② 2020년에 유소년인구가 200명이라면, 고령인구는 43.4명 이 된다.

③ 2020년에서 2030년까지 노령화지수가 약 2배 증가하며, 이는 유소년인구 대비 고령인구가 2배가량 증가한다는 것 을 뜻한다.

④ 2030년에는 총인구 100명이 부양해야 할 고령인구가 38.2명이 된다.

22 다음은 A은행이 고객을 대상으로 개최할 '행복한 노후 준비 를 위한 은퇴설계 콘서트'의 내용 중 일부이다. 준비한 내용 중 수정이 필요한 부분을 모두 고른 것은?

Ⅰ. 은퇴의 정의
   재무설계에서는 은퇴를 고용상태의 직위에서 물러나 그 직위에 관련된 역할수행을 중단하게 되는 상태 의 일회성 사건으로 정의한다.

Ⅱ. 은퇴설계 필요성의 강조 배경
   평균수명의 증가, 출산율 저하, 물가 하락, 연금공백 감소 등

Ⅲ. 은퇴준비 현황
   다른 선진국에 비해 고령화 속도가 빠르게 진행되면 서 은퇴준비에 대한 대응 기간이 짧아 노후준비에 대한 인식이 다소 부족하다.

Ⅳ. 은퇴준비 지원
   2015년 6월 노후준비지원법이 제정되었고, 국민연금 공단에서 노후준비지원센터를 통해 노후준비서비스를 실시하고 있다.

① Ⅰ, Ⅱ

② Ⅰ, Ⅲ

③ Ⅱ, Ⅲ

④ Ⅱ, Ⅳ

23 노후소득보장제도에 대한 설명이 적절하게 연결된 것은?

가. 공적연금

나. 퇴직연금

다. 개인연금

A. 국민들의 소득능력이 상실 혹은 감소된 경우 최소한 의 의식주 생활을 할 수 있도록 마련한 제도이다.

B. 국가가 보장하는 국민연금의 부족한 소득을 보충하는 역할을 한다.

C. 물가상승률로 조정한 연금액을 사망할 때까지 지급 한다.

D. 여유로운 노후생활을 보장하기 위한 것으로 노후소득 보장체계의 상위에 위치해 있다.

E. 부족한 소득대체율을 보충하고 장수위험을 효과적으 로 관리할 수 있는 대안이 된다.

	가	나	다
①	A	B, D	C, E
②	A, C	B	D, E
③	A, C	B, E	D
④	A, E	C	B, D

24 목표은퇴소득에 대한 설명으로 가장 적절하지 **않은** 것은?

① 소득대체율을 계산하는 식에서 은퇴 전 소득은 일반적 으로 은퇴 전 근로기간 평균소득보다는 은퇴 직전 연간 소득을 사용한다.

② 목표소득대체율을 사용하여 목표은퇴소득을 설정한다면 소득기준보다는 소비기준으로 산출한다.

③ 은퇴라이프스타일을 여유 있는 은퇴생활 수준으로 삼 는다면 목표은퇴소득은 유락생활비 수준으로 결정한다.

④ 은퇴 전 소득이 월 300만원이고 은퇴 후 소득이 월 160만원이라고 가정한다면 은퇴 후 소득대체율을 60% 이상 유지할 수 있다.

25 은퇴소득 확보계획에 대한 설명이 적절하게 연결된 것은?

> 가. 은퇴소득원 점검
>
> 나. 소득 대비 지출 점검
>
> 다. 저축여력 점검
>
> 라. 비상예비자금 점검
>
> ---
>
> A. 물가변화에 대처할 수 있도록 매년 조정되도록 하는 것이 바람직하다.
>
> B. 자산과 부채 및 소득과 지출의 구성비를 파악한 후 재무비율 분석을 통해 점검한다.
>
> C. 총소득 대비 총지출로 산출되는 가계수지지표를 통해 파악할 수 있다.
>
> D. 은퇴준비와 동시에 고려할 여력이 안 되는 경우에 은퇴준비 자산 중 일부를 유동성 자산으로 준비한다.

① 가 – A, 나 – C, 다 – B, 라 – D
② 가 – A, 나 – C, 다 – D, 라 – B
③ 가 – C, 나 – B, 다 – A, 라 – D
④ 가 – C, 나 – D, 다 – A, 라 – B

26 일반적인 은퇴설계 실행 절차에 대한 설명으로 가장 적절한 것은?

> | 1단계 : 은퇴설계 정보수집 | |
> |---|---|
> | 2단계 : (| ①) |
> | 3단계 : (| ②) |
> | 4단계 : (| ③) |
> | 5단계 : (| ④) |
> | 6단계 : 은퇴저축(투자) 계획 수립 | |

① 고객의 위험성향 등을 고려하여 자산배분 및 포트폴리오를 구성한다.
② 현재 준비하고 있는 은퇴자산이 목표은퇴소득을 충족할 수 있는지 평가한다.
③ 총은퇴일시금에서 공적연금 수령예상액을 차감한다.
④ 연간 저축액에 비해 저축여력이 부족하다면 목표은퇴소득 수준은 유지하고 가정조건만 수정한다.

27 은퇴설계에 필요한 정보 중 은퇴시기 및 은퇴기간에 대한 설명으로 가장 적절하지 **않은** 것은?

① 은퇴시기에 따라 총은퇴일시금, 부족한 은퇴일시금, 연간 추가저축액이 달라질 수 있다.
② 연간 목표은퇴소득이 동일하더라도 은퇴기간이 길어지면 총은퇴일시금의 규모는 커진다.
③ 최초 가정한 은퇴시기를 기준으로 한 은퇴설계안을 실행할 수 없는 상황이라면 은퇴시기를 조정하여 은퇴설계안을 수정할 수 있다.
④ 조기에 은퇴하는 경우 총은퇴일시금의 규모가 작아지고, 은퇴자산 축적기간은 짧아진다.

28 개인투자자가 스스로 은퇴자산 포트폴리오를 구성하는 경우 주의해야 할 사항으로 가장 적절하지 **않은** 것은?

① 목표수익률은 보수적으로 결정하되 최소한 무위험이자율 이상의 수준으로 결정한다.
② 포트폴리오 수익률이 위험허용수준을 벗어나면 자산을 재배분하고 자산군별 포트폴리오를 조정한다.
③ 자산배분을 바탕으로 주식이나 채권 개별 종목을 선택하여 구성한다.
④ 투자시점에 초점을 맞추어 자산배분을 했다면 일정한 기간 단위별로 리밸런싱을 실행한다.

29 자산배분을 금융회사의 모델포트폴리오로 선택하는 방법에 대한 적절한 설명으로만 모두 묶인 것은?

> 가. 글라이드패스(glide-path)에 따라 주식 등 위험자산의 투자비중을 점차 낮추어 운용하는 자동자산재배분 펀드는 TIF이다.
>
> 나. TIF는 자본수익형 자산 등의 투자비중을 낮추고 인컴 자산 투자비중은 상대적으로 높게 구성하여 안정적으로 운용한다는 장점이 있다.
>
> 다. TDF는 투자기간 중 발생할 수 있는 시장변동성에도 은퇴저축을 지속할 수 있게 한다.
>
> 라. 수익추구형 펀드는 위험자산군의 투자비중이 채권형 자산의 투자비중보다 높다.

① 가, 나
② 가, 다
③ 가, 나, 다
④ 나, 다, 라

30 기초연금제도에 대한 설명으로 가장 적절하지 **않은** 것은?

① 기초연금은 만 65세 이상의 고령자 중 소득인정액이 선정기준액 이하인 사람을 대상으로 지급된다.
② 소득인정액은 월 소득평가액과 재산의 월 소득환산액을 합산하여 산정한다.
③ 국민연금의 유족연금이나 장애연금을 받고 있는 사람은 기준연금액의 20%를 감액하여 지급한다.
④ 기초연금은 기초연금을 신청한 날이 속하는 달부터 수급권을 상실한 날이 속하는 달까지 지급한다.

31 국민연금 가입자 유형 중 지역가입자에 해당하는 자는?

① 공무원연금에 가입되어 있는 현직 공무원 김공무씨(48세)
② 직장에 다니다가 갑작스럽게 퇴사를 하게 된 나어디씨(29세)
③ 직역연금을 수급하고 있는 박직역씨(66세)
④ 국민연금 수급권자의 배우자로서 소득활동에 종사하지 않는 남주부씨(42세)

32 공적연금의 보험료에 대한 설명으로 가장 적절하지 **않은** 것은?

① 국민연금의 임의가입자의 경우 본인이 기준소득월액의 9%에 해당하는 금액을 부담한다.
② 공무원연금은 기여금과 부담금 각각의 부담률로 9%가 적용되고 있다.
③ 사학연금은 기준소득월액에 대해 보험료율 18%를 곱한 금액을 개인, 학교법인, 국가가 1/3씩 동일하게 부담하고 있다.
④ 군인연금의 가입자 기여율은 7%를 적용한다.

33 국민연금 연금액 구성 및 산정에 대한 적절한 설명으로만 모두 묶인 것은?

> 가. A값은 가입자 전체의 연금수급개시 직전 3년간 평균소득월액의 평균액으로서, 균등부분에 해당한다.
>
> 나. 소득대체율은 A값과 B값이 동일하고 가입기간이 40년인 자의 연금급여 수준을 말하며, 1988년 평균소득월액의 70% 수준으로 적용된 이후 점차 감소하고 있다.
>
> 다. 소득활동에 따른 노령연금, 분할연금, 장애일시보상금에는 부양가족연금액을 합산하여 지급한다.
>
> 라. 기본연금액은 물가변동률을 반영하여 그 실질가치가 유지되지만, 부양가족연금액은 물가변동률이 반영되지 않는다.

① 가
② 가, 나
③ 가, 나, 다
④ 가, 나, 다, 라

34 국민연금 노령연금에 대한 설명으로 가장 적절하지 **않은** 것은?

① 노령연금은 가입기간이 10년 이상이라면 수급개시연령 이후부터 평생 동안 매월 지급된다.

② 소득이 있는 업무에 종사하고 있지 않고 가입기간이 10년 이상이라면 '수급개시연령 – 5세'부터 조기노령연금을 지급받을 수 있다.

③ 연금지급의 연기를 희망하는 경우 연금수급개시연령부터 5년의 기간 내에 신청할 수 있다.

④ 연기연금액은 지급연기를 신청한 때의 노령연금액(부양가족연금액 포함)에 대하여 연기된 매 1개월당 0.6%의 금액을 더한 금액이 지급된다.

35 국민연금(노령연금) 수급권자인 이무진씨(62세)의 연금수급개시연령은 65세이다. 최근 예상치 못한 퇴직으로 인해 연금수급개시연령보다 3년(36개월) 앞당겨 조기노령연금을 받고자 할 때, 지급되는 연금액으로 가장 적절한 것은? (단, 이무진씨의 기본연금액은 월 100만원이고, 부양가족연금액 및 물가상승은 고려하지 않음)

① 월 70만원

② 월 76만원

③ 월 82만원

④ 월 88만원

36 국민연금 유족연금에 대한 설명으로 가장 적절한 것은?

① 장애등급 3급 이상의 장애연금을 받던 사람이 사망하면 그 유족에게 유족연금이 지급된다.

② 유족연금의 지급 순위는 민법상의 상속순위를 따르며, 배우자의 경우 사실혼 배우자도 포함한다.

③ 가입기간이 25년인 가입자가 사망하는 경우 유족연금액으로 기본연금액의 70%와 부양가족연금액이 지급된다.

④ 유족연금을 지급받던 중에 유족 본인의 국민연금법상 노령연금 수급권이 발생하여 노령연금을 선택한 경우, '노령연금 전액 + 유족연금액의 30%'가 지급된다.

37 다음의 정보를 고려할 때 공적연금 연계제도와 직역연금에 대한 설명으로 가장 적절하지 **않은** 것은?

[조예진씨의 연금 관련 정보]
• 나이 : 32세
• 공무원연금 가입기간 : 5년
• 공무원 퇴직 후 6개월 간 실직상태에 있었으며, 2025년 현재 A 회사에 취직하여 재직 중임

① 조예진씨가 공무원을 퇴직할 경우, 퇴직수당을 지급받을 수 있다.

② 조예진씨가 공적연금 연계 신청을 할 경우 출산크레딧은 연계대상기간에서 제외된다.

③ 조예진씨가 공무원 퇴직일시금을 수령한 후에 공적연금 연계신청을 희망할 경우, 퇴직일시금을 지급받은 연금관리기관에 반납하여야 신청이 가능하다.

④ 조예진씨가 공무원 퇴직 후 퇴직일시금을 수령하지 않았다면 퇴직일로부터 3년 이내 연계신청이 가능하다.

38 공무원연금 분할연금과 관련한 다음 사례에 대한 설명으로 가장 적절하지 **않은** 것은?

최근 전업주부인 B씨(60세)는 공무원연금 가입자인 A씨(60세)와 합의이혼을 했다. A씨의 공무원연금 가입기간은 총 30년으로 그중 혼인기간은 20년이고, A씨와 B씨의 연금수급개시연령은 모두 65세이다. 향후 A씨가 수령하게 될 공무원 퇴직연금(혼인기간에 해당)은 600만원이다.

① B씨가 A씨보다 먼저 사망하는 경우 분할됐던 연금은 다시 A씨에게로 이전된다.

② 분할연금 수급권 소멸시효는 분할연금을 받을 요건을 모두 충족한 때부터 3년 이내이다.

③ B씨는 연금수급개시연령인 65세에 도달해야만 분할연금의 청구가 가능하다.

④ B씨는 연금수급개시연령에 분할연금으로 300만원을 수령할 수 있다.

39 퇴직급여제도에 대한 설명으로 가장 적절하지 **않은** 것은?

① 새로 성립된 사업의 경우 사용자는 사업 성립 후 1년 이내에 퇴직연금제도를 설정해야 한다.

② 사용자는 하나의 사업장에 DB형 퇴직연금과 DC형 퇴직연금 제도를 동시에 설정할 수 있다.

③ 퇴직급여 총액이 300만원 이하인 경우 근로자 명의의 IRP가 아닌 예금계좌로 지급할 수 있다.

④ 30일분 평균임금이 200만원이고 통상임금 300만원인 근로자가 3년 동안 계속근로했다면 법정퇴직금은 600만원이다.

40 퇴직 시 퇴직급여를 본인 명의의 연금저축계좌로 지급받을 수 있는 자로만 모두 묶인 것은?

> 가. 퇴직급여액이 280만원인 근로자 A씨(35세)
>
> 나. 퇴직연금에 가입하지 않은 근로자 B씨(57세)
>
> 다. DB형 퇴직연금제도에 가입한 근로자 C씨(48세)
>
> 라. DC형 퇴직연금제도에 가입한 근로자 D씨(60세)

① 가, 나
② 가, 라
③ 나, 다
④ 다, 라

41 퇴직연금제도에 대한 설명으로 가장 적절한 것은?

① 퇴직연금 적립금은 사용자의 선택에 따라 사외 또는 사내적립할 수 있다.

② 퇴직급여가 이전된 IRP계좌에서 가입자 희망에 따라 연금 또는 일시금 인출이 가능하지만, 55세 이후 연금 수령요건을 충족하는 경우에는 과세혜택이 있다.

③ 적립금은 원리금보장상품, 실적배당형 상품 등으로 운용하고, 가입자가 운용지시를 하지 않으면 원리금보장 상품으로 운용한다.

④ 원칙적으로 DB형 퇴직연금 가입자는 적립금을 중도인출할 수 없지만, 일정 사유에 해당하면 예외적으로 인출이 가능하다.

42 다음 중 근퇴법상 확정기여형 퇴직연금 적립금의 인출이 가능한 사유로 가장 적절하지 **않은** 것은?

① 가입자가 자녀의 대학등록금 및 결혼자금을 부담하는 경우

② 가입자의 배우자가 질병으로 6개월 이상 요양하는 경우로서 요양비가 가입자 본인 급여총액의 12.5% 이상을 의료비로 부담하는 경우

③ 가입자가 인출신청일 직전 5년 이내에 파산선고를 받은 경우

④ 무주택자인 가입자가 본인 명의로 주택을 구입하는 경우

43 퇴직연금에 대한 설명이 적절하게 연결된 것은?

> 가. 적립금 운용방법은 IRP와 동일하며, 퇴직급여 수준은 적립금 운용 결과에 따라 변동된다.
>
> 나. 사용자는 매년 1회 이상 연간 법정퇴직금 이상을 근로자 명의의 퇴직연금계좌에 납입해야 한다.
>
> 다. 사용자부담금은 적립금 운용결과에 따라 변동될 수 있다.
>
> 라. 근로자는 사용자부담금에 추가하여 기여할 수 없다.

	DB형 퇴직연금	DC형 퇴직연금
①	나, 다	가, 라
②	가, 다	나, 라
③	가	나, 다, 라
④	다, 라	가, 나

44 IRP에 대한 설명으로 가장 적절하지 **않은** 것은?

① 10인 미만 사업장에서 근로자 전원의 동의로 IRP를 설정하고 사용자가 사용자부담금을 납부했다면 퇴직급여제도를 설정한 것으로 본다.

② 적립IRP에 납입한 금액은 일정 한도까지 연금계좌세액공제를 적용받을 수 있다.

③ 퇴직IRP는 사용자가 근로자 퇴직 시 퇴직급여를 이전 지급하는 계좌이다.

④ IRP계좌에서 인출 시 퇴직급여 납입액을 연금수령하면 10년 차까지는 이연퇴직소득세의 60%를 연금소득세로 과세한다.

45 다음의 체크리스트를 바탕으로 각 고객의 연금저축계좌 선택이 적절하게 이루어진 것은?

검토사항	고객		
	A	B	C
납입원금은 보존하기를 원하는가?	Y	Y	−
납입원금의 손실 가능성이 있더라도 고수익을 원하는가?	−	−	Y
사망할 때까지 연금을 지급받기를 원하는가?	−	Y	−
납입금을 자유롭게 적립하기를 원하는가?	Y	−	Y
예금자보호가 되는 연금을 원하는가?	Y	Y	−

	A	B	C
①	연금저축신탁	연금저축보험	연금저축펀드
②	연금저축신탁	연금저축펀드	연금저축보험
③	연금저축보험	연금저축신탁	연금저축펀드
④	연금저축보험	연금저축펀드	연금저축신탁

46 연금저축계좌 세금에 대한 설명 중 (가)~(다)에 들어갈 내용이 적절하게 연결된 것은?

연금저축계좌에 납입한 금액은 (가) 대상이 되며, 이때 가입자의 종합소득금액이 4,500만원 이하라면 공제율은 지방소득세 별도로 (나)이다. 소득세법상 연금수령요건을 충족하는 55세 이상 가입자가 한도 이내 금액으로 종신연금을 수령할 경우 (다)의 연금소득세를 부과한다.

	가	나	다
①	소득공제	15%	3 ~ 5%
②	소득공제	12%	3 ~ 4%
③	세액공제	15%	3 ~ 4%
④	세액공제	12%	3 ~ 5%

47 다음 중 금리연동형 연금보험에 대한 적절한 설명으로만 모두 묶인 것은?

가. 장기간 인플레이션이 진행되어도 구매력 하락위험으로부터 안전하다는 장점이 있다.

나. 적립금 운용에 대한 투자위험은 보험회사가 부담하고 적립금은 공시이율로 부리된다.

다. 연금개시일 이후 연금적립금은 가입자의 선택에 의해 특별계정에서 운용할 수 있다.

라. 적립식 연금보험은 5년 이상 보험료를 납입하고 피보험자 나이 만 45세 이상부터 연금을 수령할 수 있다.

① 가, 나   ② 가, 다
③ 나, 다   ④ 나, 라

48 사업소득만 있는 개인사업자 A씨에게 재무설계사가 추천할 상품으로 가장 적절한 것은?

• 위험회피성향으로 수익형이 아닌 안정형을 원함

• 종신형으로 연금을 수령 받기를 원함

• 납입금에 대한 세액공제 혜택을 받기를 원함

① 금리연동형 연금보험(세제비적격)

② 변액연금보험(세제비적격)

③ 연금저축펀드(세제적격)

④ 생명보험회사의 연금저축보험(세제적격)

49 다음은 A씨(56세)의 연금계좌 가입에 관한 정보(2025년 12월 31일 현재)이다. A씨의 연금계좌에 대한 설명으로 가장 적절한 것은?

구분	가입일	연납입액	투자원금
연금저축보험	2020.1.3.	400만원	24,000만원
연금저축펀드	2020.1.3.	600만원	36,000만원
IRP	2020.1.3.	600만원	36,000만원
합계	–	1,600만원	96,000만원

※ 2025년 A씨의 종합소득금액은 8,000만원임

① 연금저축보험과 연금저축펀드는 서로 다른 금융회사에서 가입했을 것으로 예상된다.

② 2025년에 A씨는 IRP에 추가로 300만원을 더 납입할 수 있었다.

③ 2025년에 납입한 연금계좌 납입액 1,600만원을 IRP에 모두 납입했다면 납입액 전액에 대하여 세액공제를 적용받을 수 있다.

④ 2025년 연말정산 시 A씨가 적용받을 수 있는 연금저축계좌 세액공제율은 12%(지방소득세 별도)이다.

50 다음은 은퇴자금에 대한 주관적·객관적 평가에 따라 은퇴자들을 분류한 내용이다. 각 그룹에 대한 설명으로 가장 적절하지 **않은** 것은?

구분		객관적 평가	
		충분	부족
주관적	충분	(가)	(나)
평가	부족	(다)	(라)

① (가)그룹은 자신이 보유하고 있는 자산이 노후생활을 하는 데 충분할 것으로 생각하며 객관적으로도 충분한 것으로 평가된다.

② (나)그룹은 현재와 같은 생활수준을 유지하여 은퇴자금이 일찍 소진될 가능성이 높다.

③ (다)그룹은 사망 이후 은퇴자금이 남게 되어 상속을 할 수 있으므로 은퇴자의 재무복지를 충분히 실현할 것으로 예상된다.

④ (나), (라)그룹은 객관적으로 은퇴자금이 부족한 상태이기 때문에 은퇴자산을 최대한 효율적으로 관리하고 사용할 수 있도록 체계적인 전략이 요구된다.

부동산설계 (25문항)

51 부동산설계에서 재무설계사에게 요구되는 역량에 대한 설명으로 가장 적절하지 **않은** 것은?

① 부동산시장과 지역경제에 대한 이해능력이 필요하다.

② 부동산가치평가에 대한 기본적인 지식을 가지고 해당 부동산의 가치를 큰 범위에서 평가할 수 있어야 한다.

③ 재무설계사는 부동산설계 시 부동산 자체에 초점을 맞추어 거래에 가장 큰 비중을 두어야 한다.

④ 부동산과 관련된 다양한 전문가와 서로 협업하여 고객이 재무목표를 달성할 수 있도록 도와주어야 한다.

52 다음에서 설명하는 부동산의 개념으로 가장 적절한 것은?

부동산은 재산적 가치가 있는 거래의 대상이 되며, 국가의 경제기반이 되는 공공재 역할도 수행하므로 규제의 대상이 된다.

① 물리적 개념   ② 경제적 개념
③ 법률적 개념   ④ 복합적 개념

53 부동산의 수요와 공급에 대한 정보가 다음과 같을 때, 가격규제 이전의 균형가격과 2025년 가격규제 후 발생한 초과수요를 순서대로 나열한 것은?

- 공급 : $S = 15 + 2Q$
- 수요 : $D = 60 - Q$
- 2025년 정부는 임대료를 35로 제한하였다.

① 15, 10   ② 15, 15
③ 45, 10   ④ 45, 15

54 주택정책에 대한 적절한 설명으로만 모두 묶인 것은?

> 가. 가격규제는 시장이 과열되었을 때 LTV와 DSR 요건을 강화함으로써 주택의 수요를 줄이는 방법이다.
>
> 나. 주택 보유세의 부과는 임대주택의 공급 감소를 유발할 수 있다.
>
> 다. 분양가상한제는 장기적으로 신규주택의 공급을 감소시켜 주택가격을 상승시키는 요인으로 작용할 수 있다.
>
> 라. 주택 보유세가 강화되면 결과적으로 주택가격과 임대료가 하락하게 된다.

① 가, 나　　　　　　　② 가, 라
③ 나, 다　　　　　　　④ 다, 라

55 부동산 경기변동에 대한 설명으로 가장 적절하지 **않은** 것은?

① 경기회복기에는 실수요자가 매우 저렴하게 부동산을 매입할 수 있다.

② 호황기는 투자가 활발하게 이루어지는 국면으로, 부동산 가격은 상승일로에 있고 투자심리가 증가하며 매도인 우위시장이 형성된다.

③ 경기후퇴기는 공급이 수요를 초과하여 부동산 가격은 약보합세를 형성하게 된다.

④ 불황기는 거래가 저조하고 공실률이 상승하며, 가격상승률이 높았던 부동산상품은 큰 폭의 가격하락을 맞을 수 있다.

56 다음 부동산등기에 관한 설명 중 빈칸에 들어갈 내용을 순서대로 나열한 것은?

> • 부동산의 환매기간은 최대 (　　)년이고, 환매기간을 정하지 아니한 때에는 (　　)년으로 한다.
>
> • 다툼이 있는 부동산을 현재 상태로 보전하기 위해 법원에 임시로 보관하는 것을 (　　)(이)라고 한다.

① 3, 3, 가압류　　　　② 5, 5, 가압류
③ 3, 3, 가처분　　　　④ 5, 5, 가처분

57 부동산등기제도에 대한 설명으로 가장 적절하지 **않은** 것은?

① 소유권, 지상권, 지역권, 전세권, 저당권은 모두 등기대상이다.

② 대항력 있는 주택 및 상가의 임차권, 법정지상권, 유치권은 등기부상 표시되지 않는다.

③ 법률규정에 의한 물권변동은 등기를 하지 않아도 처분이 가능하다.

④ 부동산물권변동에서는 공신의 원칙이 인정되지 않는다.

58 부동산 공부에 대한 설명으로 가장 적절하지 **않은** 것은?

① 지목을 지적도 및 임야도에 등록하는 때에는 지목의 부호로 표기해야 하며, 일반적으로 지목의 부호는 지목의 첫 글자로 한다.

② 필지는 소유가 중심이 되어 성립된 법률상 단위로, 하나의 필지에는 용도에 따라 여러 개의 지번과 지목을 부여할 수 있다.

③ 획지는 이용을 상정하여 구획되는 경제적·부동산학적인 개념으로, 인위적·자연적·행정적 조건에 의해 다른 토지와 구별되나 가격 수준이 비슷한 단위 토지이다.

④ 공장용지는 원칙적으로 지적도 및 임야도에 '공'으로 표기하여야 하나, 공원의 '공'과 중복되므로 예외적으로 '장'으로 표기한다.

59 다음 중 분묘기지권의 취득이 인정되는 경우로만 모두 묶인 것은?

> 가. 토지소유자의 승낙을 얻어 그 지상에 분묘를 설치한 경우
>
> 나. 토지소유자의 승낙 없이 2001년 1월 13일 이전에 분묘를 설치하고 20년간 평온·공연하게 점유한 경우
>
> 다. 자기 토지에 분묘 설치 후 토지를 타인에게 처분한 경우
>
> 라. 봉분 없이 평장의 형태를 갖춘 경우

① 가　　　　　　　　　② 가, 나
③ 가, 나, 다　　　　　④ 가, 나, 다, 라

60 다음 주택의 등기사항전부증명서를 참고하여 분석한 내용으로 가장 적절하지 **않은** 것은?

[갑구]

순위 번호	등기목적	접수	비고
3	소유권이전	제45162호 (2020.3.5.)	매매 소유자 : 박영희
3-1	1번등기명의인 표시변경	제73951호 (2020.4.1.)	주소변경(3번 등기의 부기등기)
4	소유권이전 청구권가등기	제101065호 (2024.5.2.)	매매예약 권리자 : 이민수

[을구]

순위 번호	등기목적	접수	비고
1	근저당권설정	제45163호 (2020.3.5.)	채권최고액 : 3억원 근저당권자 : A은행

① 3-1번 등기는 3번 등기의 순위에 의한다.

② 근저당권은 소유권이전청구권가등기보다 권리의 순위가 앞선다.

③ 소유권이전청구권가등기에 본등기를 하는 경우 본등기의 순위는 소유권이전청구권가등기의 순위에 따른다.

④ A은행 근저당권에 담보된 현재 실제 채권액은 3억원임을 알 수 있다.

61 법원경매절차를 순서대로 나열한 것은?

경매개시결정

⇩

가. 매각방법, 매각기일, 매각결정기일 지정
나. 배당요구종기결정
다. 매각실시
라. 매각허부결정

⇩

매각대금의 납부

① 가 - 나 - 다 - 라
② 가 - 나 - 라 - 다
③ 나 - 가 - 다 - 라
④ 나 - 가 - 라 - 다

62 부동산 경매·공매에 대한 설명으로 가장 적절하지 **않은** 것은?

① 첫 경매개시결정기입등기 후에 가압류한 채권자는 배당요구를 하지 않아도 배당을 받을 수 있다.

② 경매의 매수인은 입찰보증금을 제외한 매각대금을 법원에서 발급하는 납부명령서와 함께 은행에 납부해야 한다.

③ 경매는 개인과 개인 또는 개인과 은행 간 채무로 발생하지만 공매는 개인과 국가기관 간 채무관계로 진행된다.

④ 경매와 달리 공매에는 인도명령제도가 존재하지 않으므로 점유자와 합의가 되지 않을 경우 명도소송을 진행해야 한다.

63 부동산 매매에 대한 설명으로 가장 적절하지 **않은** 것은?

① 매수인이 중도금을 지급하기 전이라면 매도인은 계약금 100%를 상환하여 매매 계약을 해제할 수 있다.

② 매매계약에 관한 비용은 당사자 사이에 별도의 특약이 없으면 일반적으로 양 당사자가 균분하여 부담한다.

③ 매수인은 계약에 의한 목적물을 인도받음과 동시에 대금지급의무를 갖는다.

④ 부동산 매매 시 매도인이 소유권을 갖고 있지 않을 경우 매도인이 거래대상물건의 소유권을 확실히 취득하여 매매할 수 있는지 확인해야 한다.

64 김민수씨(35세)는 시세 5억원인 아파트를 구매하려고 한다. 다음의 정보를 참고하여 현재 김민수씨가 보유한 자금과 최대 대출금액을 고려할 때, 이 아파트를 구매하기 위해 추가로 필요한 자금은 얼마인가? (단, 대출은 LTV와 DTI 기준에 따른 금액 중 낮은 금액을 기준으로 최대 대출금액을 산정함)

- 연소득 : 8천만원
- 현재 보유한 자금 : 1억 5천만원
- 기존 대출 연간 원리금 상환액 : 480만원
- 규제비율 : LTV 50%, DTI 40%
- 신규 주택담보대출 연간 원리금 상환액 비율 : 대출금액의 7.5% (예를 들어, 1억원 대출 시 연간 원리금 상환액은 750만원이 된다.)

① 1억원　　　　　　② 2억원
③ 3억원　　　　　　④ 4억원

65 주택임대차보호법에 대한 설명으로 가장 적절한 것은?

① 주택임대차보호법에서 저당권의 설정과 주택인도 및 주민등록이 같은 날 이루어진 경우 임차권이 저당권보다 우선한다.

② 임대차는 그 등기가 없는 경우 임차인이 주택의 인도와 주민등록을 마쳤을지라도 그 다음 날부터 제3자에 대하여 효력이 생기지 않는다.

③ 임차인은 언제든지 임대인에 대하여 계약해지 통고를 할 수 있고 임대인이 그 통고를 받은 날부터 6개월이 경과하면 그 효력이 발생한다.

④ 대항력과 임대차계약서상의 확정일자를 받은 임차인은 경매 또는 공매 시 임차건물의 환가대금에서 후순위권리자나 그 밖의 채권자보다 우선하여 보증금을 변제받을 수 있다.

66 다음의 사례를 참고했을 때, 상가건물임대차보호법에 대한 설명으로 가장 적절한 것은?

> 2025년 1월, A씨는 B씨 소유의 상가건물을 보증금 1억원, 월차임 50만원에 임대하여 대항요건을 갖추고 확정일자를 받았다.
>
> ※ 상가건물에 대한 선순위 권리자는 없다고 가정함

① A씨가 100만원 상당액의 차임을 연체한 경우 임대인 B씨는 임차인 A씨의 계약갱신요구를 거절할 수 있다.

② 임대기간에 대한 별도의 약정이 없는 경우 임대차 기간은 2년으로 본다.

③ A씨는 최초의 임대차 기간을 포함한 전체 임대차 기간이 10년을 초과하지 않는 범위에서만 계약갱신요구권을 행사할 수 있다.

④ 조세 부담 증가 등의 사유로 임대인 B씨는 보증금을 1억 1천만원으로 증액하여 청구할 수 있다.

67 주택청약제도에 대한 설명으로 가장 적절하지 **않은** 것은?

① 주택청약제도는 신규주택을 획득할 수 있고, 분양대금을 여러 회에 걸쳐 납입할 수 있으며 당첨 시 바로 입주할 수 있다는 장점이 있다.

② 주택의 종류에 따라 청약자격, 입주자선정방식, 재당첨 제한 등이 다르게 적용된다.

③ 주택청약종합저축은 국내 거주자인 개인을 가입대상으로 하며, 연령과 자격 제한에 관계없이 누구나 가입가능하다.

④ 특별공급 청약신청자는 일반공급과 마찬가지로 청약할 주택에 해당하는 청약통장을 보유하고 있어야 한다.

68 부동산 중개보수에 대한 설명으로 가장 적절하지 **않은** 것은?

① 중개보수 지급 시기에 대한 약정이 없을 때에는 중개대상물의 거래대금 지급이 완료된 날로 한다.

② 개업공인중개사의 고의 또는 과실로 인하여 중개 의뢰인 간의 거래행위가 해제된 경우에는 소정의 보수를 받지 못한다.

③ 중개에 대한 보수는 중개 의뢰인 쌍방으로부터 각각 받는다.

④ 중개보수 상한요율은 거래금액이 낮을수록 높은 구조이다.

69 다음 토지이용계획에서 확인할 수 있는 내용으로 가장 적절하지 **않은** 것은?

소재지	경기도 김포시 ○○동 ○○번지
지목	대(垈)
「국토의 계획 및 이용에 관한 법률」에 따른 지역·지구 등	도시지역, 제2종 전용주거지역, 고도지구

① 지목상 영구적 건축물 중 주택 및 사무실, 극장 등의 건물을 건축하는 부지에 해당한다.

② 도시지역은 주거지역, 상업지역, 공업지역, 녹지지역으로 구분된다.

③ 단독주택 중심의 양호한 주거환경을 보호하기 위하여 필요한 지역에 해당한다.

④ 쾌적한 환경 조성 및 토지의 효율적 이용을 위하여 건축물 높이의 최고 한도를 규제해야 하는 지구에 해당한다.

70 건폐율과 용적률에 대한 설명으로 가장 적절하지 **않은** 것은?

① 건폐율은 대지 안에 최소한의 공지확보, 건축물의 과밀화 방지 등을 위해 설정된다.

② 용적률은 대지면적에 대한 건축면적의 비율을 말한다.

③ 건폐율의 규제는 일조, 채광, 통풍 등 위생적인 환경을 조성하는 데 목적이 있다.

④ 용도지역 안에서 용적률은 일정 범위 안에서 관할구역의 면적 및 인구규모, 용도지역의 특성을 감안하여 도시계획조례가 정하는 비율을 초과해서는 안 된다.

71 용도지역별 용적률의 최대한도가 큰 순서대로 나열한 것은?

① 상업지역, 주거지역, 공업지역, 녹지지역

② 상업지역, 공업지역, 주거지역, 녹지지역

③ 주거지역, 상업지역, 공업지역, 녹지지역

④ 공업지역, 상업지역, 주거지역, 녹지지역

72 주택재개발·재건축사업의 절차를 순서대로 나열한 것은?

정비기본계획수립

⇩

가. 추진위원회 승인	나. 시공사 선정
다. 사업시행계획인가	라. 조합설립인가
마. 관리처분계획인가	

⇩

이주 및 철거

① 가 – 라 – 나 – 다 – 마

② 가 – 라 – 마 – 나 – 다

③ 나 – 가 – 라 – 다 – 마

④ 나 – 가 – 마 – 다 – 라

73 A도시 재개발 조합의 사업 데이터가 다음과 같을 때, 비례율을 계산한 것은?

- 조합원 분양 수입 : 650,000천원
- 일반분양 수입 : 450,000천원
- 총사업비 : 350,000천원
- 종전자산평가액 : 1,200,000천원

① 20.8%

② 43.2%

③ 62.5%

④ 91.7%

74 주거용 부동산에 대한 설명으로 가장 적절하지 **않은** 것은?

① 아파트는 타 주택보다 거래량이 많고 환금성이 우수하다.

② 오피스텔은 아파트에 비해 전용면적이 넓고 관리비가 높은 편이다.

③ 다세대·연립주택은 임대수익률이 높지만, 관리주체의 부재로 물리적 감가가 빠른 편이다.

④ 다세대·연립주택과 오피스텔 모두 재건축이 현실적으로 어려운 편이다.

75 부동산펀드에 대한 설명으로 가장 적절하지 **않은** 것은?

① 부동산펀드는 자본시장법상 집합투자기구 중의 하나인 부동산집합투자기구에 해당한다.

② 부동산개발사업에 펀드가 대주단으로 참여하여 대출기간 중 이자를 수취하다가 대출만기 시 분양 또는 매각자금으로 대출원금을 상환받는 형태를 PF대출형 부동산펀드라 한다.

③ 공모는 50인 이상의 투자자를 대상으로 공개모집을 진행하며, 정기적으로 공시할 의무는 없다.

④ 사모펀드는 공시의무가 없으며 자산이 500억원을 초과하는 경우 외부회계감사를 받아야 한다.

상속설계 (25문항)

76 상속설계시 재무설계사의 역할과 책임에 대한 설명으로 가장 적절하지 **않은** 것은?

① 재무설계사는 고객이 자신의 재산과 사업체, 무형의 자산을 성공적으로 다음 세대에 전달할 수 있도록 돕는다.

② 상속설계 시 상속인과 가족, 사업체 임직원 등의 이해관계자를 폭넓게 고려해야 한다.

③ 상속설계의 필수적인 내용에 대해 법률적인 조언이 필요하면 변호사의 의견을 거쳐야 한다.

④ 개인 자격으로 단순 자문한 경우에도 잘못된 설계로 인한 문제에 책임을 질 가능성이 높음을 유의해야 한다.

77 상속개시에 대한 적절한 설명으로만 모두 묶인 것은?

> 가. 수해, 화재나 그 밖의 재난으로 인해 사망한 사람이 있는 경우 관공서의 통보에 의해 사망을 추정하는 것을 동시사망의 추정이라고 한다.
>
> 나. 심장 또는 폐의 기능이 회복 불가능한 상태가 되어 불가역적으로 정지된 때 상속이 개시된다.
>
> 다. 동시사망으로 추정되는 2인 이상 상호 간은 상속권이 인정되지 않는다.
>
> 라. 보통실종의 실종기간은 부재자가 마지막으로 발견된 때로부터 1년이다.

① 가, 나　　　　　　② 나, 다
③ 나, 라　　　　　　④ 다, 라

78 다음 사례에서 A의 법정상속인이 되는 자로 모두 묶인 것은?

> A는 자녀인 장남 B, 차남 C와 함께 해외여행을 가다가 비행기 사고로 모두 사망하였다. A의 유족으로 A의 배우자 D, 아버지 E, 어머니 F, 장녀 G가 있고, 장남 B는 결혼하여 배우자 H, 딸 I를 가족으로 두고 있다. 차남 C는 미혼이며 장녀 G는 결혼하여 배우자 J와 함께 살고 있다.

① D, E, F　　　　　　② D, G, H
③ D, G, H, I　　　　　④ D, G, H, I, J

79 상속과 관련된 친족관계에 대한 설명으로 가장 적절하지 **않은** 것은?

① 피상속인에게 직계비속으로 자녀 A, B와 손자녀로 A의 자녀 C가 있는 경우 A, B, C 모두 공동상속인이 된다.

② 친양자는 재판이 확정된 때부터 혼인 중의 자로서의 신분을 취득하며, 친생부모와의 관계는 종료된다.

③ 적모·서자 및 계모자 사이에는 인척관계만 인정된다.

④ 민법은 배우자, 혈족 및 인척을 친족으로 하며 친족 중 인척은 원칙적으로 상속인에 해당하지 않는다.

80 다음 사례에서 A의 상속인으로 배우자 B, 아들 C, 딸 D가 있다면, A의 상속재산에 대한 딸 D의 구체적 상속분은 얼마인가? (단, A에게는 채무가 없고, 기여 등을 이유로 상속재산에서 차감되는 금액이 없음)

> 피상속인 A는 사망 당시 현금 9억원, 시가 3억원 상당의 아파트 X를 보유하고 있었다. A는 배우자 B에게 1억 5,000만원, 아들 C에게 5,000만원을 생전증여하였고, 딸 D에게 아파트 X를 유증하겠다는 자필증서 유언을 남겼다.

① 1억원　　　　　　② 2억원
③ 3억원　　　　　　④ 4억원

81 다음 중 민법상 상속재산에 포함되는 것으로만 모두 묶인 것은?

> 가. 피상속인의 사망 후 발생한 상속주식의 배당금
>
> 나. 피상속인이 자기를 피보험자와 수익자로 지정한 보험금
>
> 다. 위임계약의 당사자 지위
>
> 라. 퇴직연금·유족연금의 청구권
>
> 마. 취소권, 해지권, 상계권 등의 형성권

① 가, 다　　　　　　② 가, 라
③ 나, 라　　　　　　④ 나, 마

82 A씨는 모친 B, 외동딸 C, 사위 D씨를 두고 있다. A씨와 딸 C씨는 출장차 비행기를 타고 프랑스로 향하던 도중 추락사고를 당해 사망하였다. A씨와 딸 C씨는 사망 당시 각각 30억원, 20억원의 상속재산을 보유하고 있었다. 각 상황별 상속인의 상속분으로 적절한 것은?

> 가. 사고 직후 A씨와 딸 C씨가 사망하였으나, 사망의 선후관계를 알 수 없어 동시에 사망한 것으로 추정
>
> 나. 사고 직후 A씨와 딸 C씨가 응급실로 이송되었지만 딸 C씨는 이송 도중 사망하였고, 이후 A씨도 수술 도중에 사망
>
> 다. 사고 직후 A씨는 즉시 사망하였고, 딸 C씨는 응급실로 이송되었지만 수술 도중에 사망

	가		나		다	
	모친 B	사위 D	모친 B	사위 D	모친 B	사위 D
①	8억원	42억원	0원	50억원	20억원	30억원
②	8억원	42억원	20억원	30억원	50억원	0원
③	0원	50억원	0원	50억원	20억원	30억원
④	0원	50억원	20억원	30억원	50억원	0원

83 한정승인에 대한 설명으로 가장 적절한 것은?

① 해외배낭여행 중이던 A가 아버지 사망 사실을 귀국일에 알게 되었다면, 귀국일로부터 3개월 이내에 한정승인을 할 수 있다.

② 한정승인을 하였더라도 고려기간이 경과하지 않았다면 사유와 관계없이 이를 취소할 수 있다.

③ 상속인이 한정승인을 하면 피상속인의 권리·의무를 제한없이 승계한다.

④ 한정승인 시 고의로 재산목록에 기재를 누락하면 상속 포기한 것으로 간주될 수 있다.

84 미성년자 후견에 대한 설명으로 가장 적절하지 **않은** 것은?

① 미성년자에게 친권자가 있는 경우 미성년후견인은 피후견인의 신분 및 재산보호를 위한 사무를 처리한다.

② 미성년자에게 친권자가 없거나 친권자가 법률행위를 할 수 없는 경우 미성년후견인을 두어야 하며, 미성년후견인은 1명만 둘 수 있다.

③ 미성년후견인은 재산조사 및 목록 작성, 후견인과 피후견인 사이에 존재하는 채권·채무의 제시 등의 사무를 수행해야 한다.

④ 후견감독인은 후견인의 사무를 감독할 수 있으며 후견인이 없는 경우 가정법원에 후견인의 선임을 청구할 수 있다.

85 유언의 자유와 그 제한에 대한 설명으로 가장 적절하지 **않은** 것은?

① 민법에서 정한 유언방식은 자필증서, 녹음, 공정증서, 비밀증서, 구수증서에 의한 유언뿐이다.

② 특별법으로 정하고 있는 유언사항에는 신탁의 설정과 유족보상수급권자의 지정이 있다.

③ 유언의 자유는 헌법상 기본권인 재산권 및 행복추구권으로 보장된다.

④ 유언은 단독행위이므로 법정상속이 유언에 의한 상속에 우선한다.

86 A는 공정증서유언을 하고자 유언의 증인을 두려고 한다. 다음 중 A의 증인이 될 수 **없는** 자로만 모두 묶인 것은?

> 가. 유언집행자
>
> 나. 유언으로 이익을 받을 자
>
> 다. 피성년후견인
>
> 라. 서명을 할 수 없는 자

① 가, 나　　　　　　② 나, 다
③ 가, 다, 라　　　　④ 나, 다, 라

87 효력 있는 유언으로 가장 적절하지 **않은** 것은? (단, 증인 요건 외에 다른 요건은 모두 만족한다고 가정함)

① 증인이 없는 자필증서유언

② 담당변호사를 포함한 2인의 증인이 참여한 비밀증서유언

③ 공증인과 증인 1인이 참여한 공정증서유언

④ 주치의를 포함하여 3인의 증인이 참여한 구수증서유언

88 유언집행자에 대한 설명으로 가장 적절하지 **않은** 것은?

① 유언집행자의 보수는 상속재산 중에서 지급된다.

② 파산선고를 받은 자는 유언집행자가 될 수 있으나 제한능력자는 유언집행자가 될 수 없다.

③ 유언집행자가 여러 명인 경우에는 임무를 집행함에 있어서 그 과반수의 찬성으로 결정한다.

④ 유언자가 유언으로 유언집행자의 보수를 정하지 않은 경우, 법원은 상속재산의 상황과 기타 사정을 참작하여 보수를 정할 수 있다.

89 다음 사례에서 유류분에 대한 설명으로 가장 적절하지 **않은** 것은?

> 피상속인 A는 자녀 B, C와 동생 D를 유족으로 두고 사망하였고, 상속개시 6개월 전에 내연의 처 E에게 전 재산의 절반을 증여하였다.

① B와 C의 유류분은 동일하다.

② A와 E 모두가 유류분 침해에 대한 사실을 알지 못했다면 상속개시 6개월 전 A가 E에게 증여한 재산은 유류분 산정 기초재산에 포함되지 않는다.

③ A가 유언으로 동생 D에게 일부 재산을 유증하였다면, B, C는 D에게 먼저 유류분 반환을 청구하고 부족분에 한하여 E에게 반환을 청구할 수 있다.

④ A가 생전에 B에게 증여한 재산이 있다면, 해당 재산은 기간에 관계없이 유류분 산정 기초재산에 포함된다.

90 피상속인 A는 상속재산으로 금전 8,000만원과 1억원 상당의 아파트가 있고, 채무는 2,000만원이 있다. A의 상속인은 배우자 B와 자녀 C이며, A는 친구 D에게 1억원 상당의 아파트를 유증하였다. 자녀 C는 친구 D에게 얼마의 유류분을 반환청구할 수 있는가?

① 360만원

② 600만원

③ 800만원

④ 1,200만원

91 상속세와 증여세의 관계에 대한 설명으로 가장 적절하지 **않은** 것은?

① 우리나라 상속세는 피상속인의 상속재산 전체를 기준으로 상속세를 산출하는 과세방식으로 유산세 과세방식에 해당한다.

② 상속세와 증여세는 국세기본법에 따라 국세부과의 제척기간, 국세징수권의 소멸시효, 가산세에 관한 규정을 동일하게 적용하고 있다.

③ 상속세의 관할세무서는 상속인의 주소지이며, 증여세의 관할세무서는 증여자의 주소지이다.

④ 상속세는 증여세보다 상대적으로 공제제도가 다양하다.

92 거주자 A는 20×5년 7월 4일 사망했다. 다음과 같은 A의 재산처분내역을 토대로 계산한 추정상속재산가액으로 적절한 것은?

처분·인출 내역	처분일	처분일 평가액	용도입증액
예금	20×3년 9월 1일	4억원	2억원
토지	20×4년 8월 15일	3억원	2억원
유가증권	20×5년 2월 7일	1억원	0원

① 2억 4천만원
② 2억 6천만원
③ 3억 2천만원
④ 4억원

93 다음 자료에서 장례비용과 봉안시설비용으로 최대한 공제받을 수 있는 금액으로 적절한 것은?

- 사망한 피상속인은 거주자이다.
- 일반 장례비용 : 1,200만원(증빙서류에 의해 입증됨)
- 봉안시설 사용비용 : 500만원(증빙서류 없음)

① 500만원
② 1,000만원
③ 1,200만원
④ 1,700만원

94 증여세에 대한 설명으로 가장 적절한 것은?

① 증여에 대해 상증법에서는 열거주의 개념을 도입하고 있다.
② 증여재산이 금전인 경우 조세 회피를 방지하기 위해 반환시기 별로 증여세 과세 여부를 달리하고 있다.
③ 증여세는 수증자가 납부할 의무가 있으며 증여자는 납부할 증여세에 대하여 연대납세의무를 지지 않는다.
④ 수증자가 거주자인 경우에는 증여세가 부과되는 국내외의 모든 재산에 대해 증여세를 납부할 의무가 있다.

95 아래 자료는 거주자 A가 증여받은 내역이다. 2025년 4월 10일 어머니에게 받은 증여에 따른 증여세 계산 시 가산되는 기증여재산가액은 얼마인가?

구분	증여일	증여재산	증여재산 평가가액
아버지	2015년 2월 9일	현금	500만원
할아버지	2017년 9월 15일	아파트	2억원
아버지	2023년 11월 19일	주식	2,000만원
어머니	2025년 4월 10일	토지	1억원

① 500만원
② 2,000만원
③ 2,500만원
④ 2억 2,000만원

96 다음 증여추정 사례에 대한 설명으로 가장 적절하지 **않은** 것은? (단, 각 선지는 독립적임)

갑은 특수관계인 을에게 토지를 양도하였다. 그 거래 후 을은 갑의 배우자 병에게 양도받은 토지를 재양도하였다.

① 을이 병에게 3년 이내에 토지를 다시 양도하였다면, 갑이 병에게 토지를 증여한 것으로 추정한다.
② 갑이 병에게 토지를 증여한 것으로 추정될 때 증여재산가액은 을이 병에게 양도한 당시의 가액으로 한다.
③ 특수관계인 을을 거치지 않고 갑이 병에게 바로 양도하였더라도 갑이 병에게 토지를 증여한 것으로 추정한다.
④ 당초 양도자인 갑과 양수인인 을이 부담한 소득세 결정세액의 합계액이 병이 증여받은 것으로 증여추정 시 부담하는 증여세액보다 작은 경우 증여세를 부과하지 않는다.

97 다음 사례를 토대로 계산한 임대상가 평가가액으로 적절한 것은?

> - 임대상가의 매매사실 등 상증법상 시가로 볼 가액이 없다.
> - 임대보증금 : 3억원
> - 월 임대료 : 1,000만원
> - 부동산의 기준시가 : 12억원

① 5억원
② 12억원
③ 13억원
④ 15억원

98 상속세 및 증여세법상 시가와 보충적 평가방법에 대한 설명으로 가장 적절하지 **않은** 것은?

① 상속재산 또는 증여재산 평가는 원칙적으로 평가기준일 현재의 시가로 평가하고 시가를 산정하기 어려운 경우 보충적 평가방법에 따라 재산을 평가한다.
② 상속세는 상속개시일 전후 6개월 사이에 둘 이상의 감정평가업자의 감정이 있는 경우 해당 감정가액 평균액을 시가로 본다.
③ 부동산을 취득할 수 있는 권리의 보충적 평가액은 평가기준일까지 납입한 금액과 평가기준일 현재의 프리미엄에 상당하는 금액을 합한 금액으로 평가한다.
④ 증권시장에 상장된 법인의 주식은 평가기준일에 공표된 거래소 최종 시세가액으로 평가한다.

99 가업승계 증여세 과세특례 및 창업자금 증여세 과세특례에 대한 설명 중 (가)~(다)에 들어갈 내용을 바르게 연결한 것은?

> - 가업승계 증여세 과세특례의 경우 증여세 과세가액(600억원 한도)에서 (가)을 공제한다.
> - 창업자금 증여세 과세특례의 특례세율은 (나)를 적용한다.
> - 가업승계 증여세 과세특례와 창업자금 증여세 과세특례 모두 적용요건으로 (다) 이상의 부모가 증여하는 재산이어야 한다.

	가	나	다
①	5억원	5%	65세
②	5억원	10%	60세
③	10억원	10%	60세
④	10억원	5%	65세

100 상속·증여세 절세전략에 대한 설명으로 가장 적절하지 **않은** 것은?

① 사전증여를 이미 많이 했거나 증여재산가액이 커서 높은 증여세율이 적용되는 경우는 부담부증여보다 단순증여를 할 때 세부담이 줄어드는 경우가 많다.
② 조부모가 손주에게 세대를 생략해서 증여하면 두 번에 걸쳐 내야 할 상속세가 한 번으로 줄어들기에, 세대생략 할증세액을 고려하더라도 효과적일 수 있다.
③ 장애인을 수익자로 하는 보험계약에서 받는 보험금 중 연 4천만원까지는 비과세한다.
④ 상속세의 납부재원을 마련하기 위해 물납·연부연납을 활용하거나 생명보험에 가입할 수 있다.

▶ 정답 p.32
▶ 모듈1 해설 p.33

금융 · 자격증 전문 교육기관 해커스금융

fn.Hackers.com

수험번호	
성 명	

🕐 제한시간 100분 / 90문항

해커스 **AFPK**® 최종 실전모의고사

3회

시험 유의사항

1) 시험장 내 휴대전화, 무선기, 컴퓨터, 태블릿 PC 등 통신 장비를 휴대할 수 없으며 휴대가 금지된 물품을 휴대하고 있음이 발견되면 부정행위 처리기준에 따라 응시제한 1년 이상으로 징계됨.

2) 답안 작성 시 컴퓨터용 사인펜을 이용하고 예비답안 작성은 반드시 붉은 사인펜만을 이용해야 하며, 붉은 사인펜 이외의 필기도구(연필, 볼펜 등)를 사용하여 예비답안을 작성한 경우 이중 마킹으로 인식되어 채점되지 않음을 유의함.

3) 답안은 매 문항마다 하나의 답만을 골라 그 숫자에 빈틈없이 표기해야 하며, 답안지는 훼손 오염되거나 구겨지지 않도록 주의해야 한다. 특히 답안지 상단의 타이밍 마크를 절대로 훼손해선 안 되며, 마킹을 잘못하거나(칸을 채우지 않거나 벗어나게 마킹한 경우) 또는 답안지 훼손에 의해서 발생되는 문제에 대한 모든 책임은 응시자에 귀속됨.

4) 시험종료 안내는 종료 20분, 10분 전에 방송되며 시험시간 관리의 책임은 전적으로 수험생 본인에게 있으므로 종료 후 답안 작성으로 인하여 부정행위 처리되지 않도록 유의함.

5) 유의사항 위반에 따른 모든 불이익은 응시자가 부담하고 부정행위 및 규정 위반자는 부정행위 세부 처리기준에 준하여 처리됨.

모듈2

• 위험관리와 보험설계 (30문항)

• 투자설계 (30문항)

• 세금설계 (30문항)

문제의 지문이나 보기에서 별다른 제시가 없으면 모든 개인은 세법상 거주자이고 모든 법인은 내국법인이며, 모든 자산, 부채 및 소득은 국내에 있거나 국내에서 발생한 것으로 가정하고, 주식은 국내 제조법인의 주식으로서 우리사주조합원이 보유한 주식이 아니며, 소득세법상 양도소득세 세율이 누진세율(6 ～ 45%)로 적용되는 특정주식 등 기타자산에 해당하지 않는 일반주식이라고 가정함

위험관리와 보험설계 (30문항)

1 재무설계사가 수행한 위험관리 프로세스가 순서대로 나열된 것은?

> 가. 조기사망이라는 치명적인 위험에 대비하여 보험으로 위험을 이전함과 동시에 평소 금연, 운동 등의 꾸준한 건강관리를 하시는 것이 좋을 것 같습니다.
>
> 나. 고객님의 말씀을 정리해보면 본인의 조기사망에 대비하여 막내 독립 시까지 가족들의 생활자금을 보장하고 싶다는 것이네요.
>
> 다. 현재 고객님의 가계 현금흐름과 가입된 보험의 보장내역을 보면, 고객님께서 갑작스럽게 사망할 경우 가계가 파산까지도 갈 수 있는 손실에 직면하게 됩니다.
>
> 라. 막내 독립 시까지 5억원의 사망보험금을 보장하는 정기보험상품에 가입하시는 것이 좋겠습니다.
>
> 마. 그럼 내년에 조기사망 위험이 제대로 보장되고 있는지 평가하고 다시 검토해보도록 하겠습니다.

① 나 – 가 – 라 – 다 – 마
② 나 – 다 – 가 – 라 – 마
③ 나 – 다 – 라 – 가 – 마
④ 나 – 라 – 가 – 다 – 마

2 다음에서 설명하는 보험의 특성으로 가장 적절한 것은?

> 스카이다이빙, 글라이더 조종 등 위험행위를 하여 상해사고가 발생한 경우 상해보험에서 보험금을 지급하지 않는다.

① 다수의 동질성
② 우연성
③ 측정 가능성
④ 보험회사가 감당 가능한 손실

3 A법인은 공장 화재를 대비하기 위하여 화재보험(보험가입금액 5억원)에 가입하고자 한다. 다음 설명 중 가장 적절한 것은?

① 화재보험의 보험목적은 A법인이다.
② A법인은 피보험자로 화재 발생 시 보험금을 수령할 수 있다.
③ 일반적으로 화재보험은 보험가입 시 보험가액을 사전에 합의하는 기평가보험 방식이다.
④ 공장의 보험가액이 4억원인 경우 일부보험으로 비례보상한다.

4 다음 사례에 부합하는 보험계약의 기본원칙으로 가장 적절한 것은?

> 김희영씨가 건물을 건축하기 위해 은행으로부터 1억원의 대출을 받고, 이 신축건물에 대하여 은행은 근저당권을 설정하였다. 이 경우 은행은 신축건물을 보험목적물로 하는 보험에 가입할 수 있다.

① 손실보상원칙
② 최대선의원칙
③ 보험자대위원칙
④ 피보험이익원칙

5 홍은혜씨(32세)는 남편 이민혁씨(34세)를 피보험자로 하는 정기보험에 가입하였다. 다음 설명 중 가장 적절한 것은? (단, 홍은혜씨 부부에게는 자녀 이민정(2세)이 있다고 가정함)

① 보험계약 체결 시 이민혁씨의 서면동의가 없었다면 해당 보험계약은 취소 처리된다.
② 보험계약자인 홍은혜씨가 계약 체결 시 청약서에 자필서명을 하지 않은 경우 해당 보험계약은 무효이다.
③ 홍은혜씨가 보험수익자를 지정하지 않고 사망한 경우 보험수익자는 자녀 이민정으로 지정된다.
④ 홍은혜씨가 남편의 직업변경 사실을 보험회사에 알리지 않은 경우 보험회사는 계약해지권을 행사할 수 있다.

6 보험회사가 계약해지권을 행사할 수 있는 경우로만 모두 묶인 것은?

> 가. 계속보험료 미납
>
> 나. 손해방지의무 위반
>
> 다. 위험변경·증가 통지의무 위반
>
> 라. 보험사고 발생 통지의무 위반

① 가, 다   ② 나, 다

③ 나, 라   ④ 다, 라

7 다음은 청약의 승낙과 철회에 대한 설명이다. (가)~(다)에 들어갈 내용이 적절하게 연결된 것은?

> • 모집채널이 보험계약자로부터 보험계약의 청약과 함께 보험료 상당액의 전부 또는 일부를 지급받은 때에는 (가) 이내에 승낙 여부를 통지해야 한다.
>
> • 보험계약자는 보험증권을 받은 날부터 (나) 이내에 청약을 철회할 수 있으며, 청약한 날부터 (다)이 초과된 계약은 청약을 철회할 수 없다.

	가	나	다
①	30일	90일	30일
②	3개월	90일	3개월
③	30일	15일	30일
④	3개월	15일	3개월

8 다음 중 보험계약에 유효하게 적용되는 행위로만 모두 묶인 것은?

> 가. 최기현씨는 보험중개업자와 직접 보험계약을 체결하였다.
>
> 나. 김민석씨는 보험계약 시 보험설계사에게 과거 병력을 구두로 고지하였다.
>
> 다. 김진호씨는 보험계약 체결 후 보험대리점에 초회보험료를 지급하였다.
>
> 라. 민수훈씨는 금융기관대리점에 3년 전 암 수술을 받은 사실을 고지하였다.

① 가

② 나, 라

③ 다, 라

④ 나, 다, 라

9 국민건강보험에 대한 설명으로 가장 적절한 것은?

① 보장의 범위, 질병위험의 정도, 계약의 내용 등에 따라 보험료를 차등 부과한다.

② 사업장의 근로자는 직장가입자이며, 직장가입자의 피부양자는 지역가입자이다.

③ 직장가입자의 보수외소득이 연간 2,000만원 이하인 경우 보수 외 소득월액보험료를 부과하지 않는다.

④ 보험급여 중 장애인 보조기기는 현물급여에 해당한다.

10 국민기초생활보장법에 따른 의료급여 수급자인 김영진씨(만 65세)가 노인장기요양보험제도를 이용하고자 한다. 다음 설명 중 가장 적절한 것은?

① 의료급여 수급자인 김영진씨는 노인장기요양보험의 가입자가 된다.

② 김영진씨가 재가급여를 이용하는 경우 장기요양급여비용의 15%를 본인이 부담해야 한다.

③ 김영진씨가 가족요양비를 수급하는 경우 노인요양시설에 입소할 수 없다.

④ 김영진씨가 단기보호를 신청하는 경우 월 최대 15일까지 이용이 가능하다.

11 산업재해보상보험의 보험급여에 대한 설명으로 가장 적절하지 **않은** 것은?

① 급여 지급 시 적용하는 평균임금은 일급단위로 적용된다.

② 휴업급여는 1일 평균임금의 70%를 지급한다.

③ 유족급여는 일시금 지급이 원칙이다.

④ 장례비는 평균임금의 120일분을 지급한다.

12 정기보험에 대한 설명으로 가장 적절한 것은?

① 보험기간 만료 시까지 사망하지 않으면 납입한 보험료를 환급하고 보험계약이 종료된다.

② 평준보험료 방식의 경우 계약자적립액은 기간 경과에 따라 증가한 후 감소하여 0으로 수렴하게 된다.

③ 종신보험보다 보험료 1원당 가입금액이 낮다.

④ 일시적으로 금전이 필요한 경우 해약환급금 범위 내에서 보험계약대출이 가능하다.

13 김길동씨(41세, 회사원)는 부인 유혜정씨(38세, 가정주부)와 딸 김은정양(3세)을 두고 있다. 김길동씨는 생명보험 가입 상담을 위해 재무설계사를 찾아왔다. 재무설계사가 김길동씨에게 조언한 내용으로 가장 적절하지 **않은** 것은?

[재무정보]

• 자산 : 부동산 3억원, 금융자산 2천만원

• 부채 : 주택담보대출(1억원, 25년, 원리금균등분할상환)

[생명보험니즈]

• 본인(김길동) 사망 시 주택담보대출상환, 17년 후 자녀 대학등록금 5천만원을 보장받기를 원함

• 보험료 납입에 경제적인 부담이 있어 가능한 한 저렴한 보험료로 보장받기를 원함

• 술과 담배를 하지 않으며, 평소 건강관리를 철저히 하고 있음

① 지금은 경제력이 부족하지만 향후 소득이 높아질 것이 예상되는 경우 가입 초기에는 낮은 보험료를 부담하다가 이후 보험료 수준을 높이는 수정종신보험에 가입하는 것이 유리합니다.

② 자녀의 대학등록금은 교육비 상승에 따라 증가될 가능성이 있으므로 체증정기보험에 가입하는 것이 유리합니다.

③ 주택담보대출은 시간의 흐름에 따라 대출잔액이 줄어들기 때문에 체감정기보험에 가입하는 것이 유리합니다.

④ 건강에 자신이 있으므로 적격피보험체 여부를 증명하여 보험회사의 기준을 통과하면 예정된 보험료보다 더 낮은 보험료로 계약을 갱신할 수 있는 갱신정기보험에 가입하는 것이 유리합니다.

14 다음은 변동보험금 계산방법에 대한 설명이다. (가)~(다)에 들어갈 내용이 적절하게 연결된 것은?

• 사망보험금 증가규모가 가장 빠른 계산방법은 (가)이다.

• 만기 또는 해약 시 수익률이 가장 높은 방법은 (나)이다.

• 일시납보험 추가가입방법을 적용하는 보험상품은 (다)이다.

	가	나	다
①	가산지급방법	계약자적립액 비례방법	변액유니버셜 보험(보장형)
②	계약자적립액 비례방법	일시납보험 추가가입방법	변액유니버셜 보험(적립형)
③	가산지급방법	일시납보험 추가가입방법	변액연금보험
④	계약자적립액 비례방법	가산지급방법	변액종신보험

15 개인연금 상품에 대한 설명으로 가장 적절한 것은?

① 연금저축은 보험료 납입단계에서 과세하고 운용단계 및 연금수령단계에서 비과세한다.

② 연금보험은 적립형으로만 상품을 설계할 수 있다.

③ 손해보험사에서는 연금보험을 변액연금 형태로 운용할 수 있다.

④ 생명보험사 연금저축은 종신형으로 상품을 설계할 수 있다.

16 계약유지를 위한 제도를 비교한 내용으로 가장 적절하지 **않은** 것은?

	구분	보험료	보험금	보험기간
①	감액완납	감액	감액	단축
②	연장정기보험	미납	동일	단축
③	보험계약대출	동일	동일	동일
④	보험료 자동대출납입	미납	동일	동일

17 다음 내용과 관련된 언더라이팅의 기본원칙으로 가장 적절한 것은?

> 정상적 인수범위에 속하는 표준체보다 위험이 매우 높은 경우는 거절체로 분류하여 해당 집단에 대해서는 보험가입을 거절한다.

① 분산가능위험 원칙
② 동질위험의 원칙
③ 형평성 유지 원칙
④ 보험계속성 원칙

18 다음은 보험계약 성립에 대한 설명이다. (가)~(다)에 들어갈 내용이 적절하게 연결된 것은?

> • 보험회사는 청약을 받은 후에 제1회 보험료를 받은 경우 (가)로부터 (나) 이내에 승낙 또는 거절내용을 통지해야 한다.
> • 일부보장을 제외하는 조건으로 승낙한 경우라 하더라도 (가)로부터 (다)이 지나는 동안 보장이 제외되는 질병으로 추가 진단 또는 치료 사실이 없으면, (다)이 지난 이후에는 보장을 받을 수 있다.

	가	나	다
①	청약일	30일	5년
②	보험증권 교부일	15일	3년
③	보험증권 교부일	30일	3년
④	청약일	15일	5년

19 김수진씨는 자녀 최경민(2009년 12월 2일 출생)을 피보험자로 하는 종신보험에 가입하였다. 다음 설명 중 가장 적절한 것은? (단, 각 보기는 별개의 사례임)

① 보험계약 체결시점에 최경민의 나이가 만 13세였으나, 만 16세에 사망한 경우 사망보험금이 지급된다.
② 김수진씨는 최경민씨의 법정대리인이므로 최경민의 동의 없이 가입한 보험계약은 유효하다.
③ 김수진씨가 보험계약 체결 시 청약서에 자필서명을 하지 않은 경우 해당 종신보험은 무효가 된다.
④ 보험계약일이 2024년 7월 15일인 경우 해당 보험계약은 무효이다.

20 보험계약의 해지 및 해약환급금에 대한 적절한 설명으로만 모두 묶인 것은?

> 가. 사망보험계약에서 서면동의를 한 피보험자는 언제든지 서면동의를 철회할 수 있다.
> 나. 보험계약자는 연금보험 계약이 소멸하기 전에 언제든지 계약을 해지할 수 있다.
> 다. 보험계약이 금소법상 판매규제에 위반되는 경우 금융소비자는 위법 사실을 안 날로부터 3년 이내에 계약해지를 요구할 수 있다.
> 라. 보험계약자가 보험금 청구 서류에 고의로 사실과 다른 것을 기재한 경우 보험회사는 그 사실을 안 날로부터 3개월 이내에 계약을 해지할 수 있다.

① 가
② 가, 나
③ 나, 다
④ 가, 다, 라

21 다음 중 소멸시효 기간이 3년이 **아닌** 것은?

① 보험료 반환청구권
② 해약환급금청구권
③ 보험료청구권
④ 계약자적립액 반환청구권

22 다음 중 교통상해보험에서 보상하는 손해로만 모두 묶인 것은?

> 가. 교통수단을 점검하던 중에 발생한 사고
> 나. 교통수단에 탑승하지 않고 있는 동안 운행 중인 교통수단과 충돌하여 발생한 사고
> 다. 교통수단에서 하역작업을 하는 동안에 발생한 사고
> 라. 운행 중인 자동차에 운전하고 있지 않은 상태로 탑승하던 중 발생한 사고

① 나
② 가, 다
③ 나, 라
④ 다, 라

23 실손의료보험에 대한 적절한 설명으로만 모두 묶인 것은?

> 가. 다수계약을 체결한 경우 중복계약과 관계없이 보험금을 중복하여 지급한다.
> 나. 국민건강보험의 법정비급여 항목은 보상하지 않는다.
> 다. 4세대 실손의료보험이 출시되면서 급여항목의 보장범위를 확대하였다.
> 라. 4세대 실손의료보험은 자기부담금을 상향조정하였으나 기존 실손보험보다 가입 시 보험료 부담을 줄였다.

① 나
② 다
③ 가, 라
④ 다, 라

24 다음의 경험통계자료를 바탕으로 미래손해보험회사의 자동차보험료율을 산출한 것으로 가장 적절한 것은?

> • 피보험차량 대수 : 20만대
> • 발생손해액 : 80억원
> • 사업비 : 35억원
> • 이윤 : 5%

① 42,105원
② 56,525원
③ 60,526원
④ 65,312원

25 본인 소유주택에서 가족과 함께 거주 중인 박민영씨는 주택화재보험에 가입하고자 한다. 다음 설명 중 가장 적절한 것은?

① 폭발 및 파열에 의한 손해는 담보하지 않는다.
② 박민영씨를 제외한 가족의 소유물은 보험의 목적에서 제외된다.
③ 통화, 유가증권 등과 같은 명기물건은 보험증권에 기재하여야 보험의 목적이 된다.
④ 화재 발생 시 화재 진압을 위한 침수손에 대해서는 보상하지 않는다.

26 공장건물의 화재로 인하여 공장물건에 8,000만원, 재고자산에 1,000만원의 재산손해가 발생하였다. 일반화재보험의 보험가입금액이 1억원, 사고발생 당시 공장건물의 보험가액이 1.5억원인 경우 보험회사에서 지급되는 보험금은 얼마인가?

① 1,000만원
② 6,000만원
③ 8,000만원
④ 9,000만원

27 배상책임보험에서 보상하는 손해에 대한 설명으로 가장 적절하지 **않은** 것은?

① 배상책임보험에서는 법률상 손해배상금과 비용손해를 보상한다.
② 상해사고의 경우 치료비, 휴업손해, 장해보상, 위자료 등의 민사상 손해배상금 일체를 보상한다.
③ 손해방지비용은 원칙적으로 보상한도액에 관계없이 전액 보상한다.
④ 피보험자의 협력비용은 보험증권상의 보상한도액까지 보상한다.

28 자동차손해배상보장법에 대한 내용이 적절하게 연결되지 **않은** 것은?

① 가입방식 – 의무 가입방식

② 입증책임 – 가해자(운행자)

③ 책임형태 – 조건부무과실책임주의

④ 배상책임의 주체 – 운전자

29 자동차 용도에 따른 자동차보험의 가입대상이 적절하게 연결되지 **않은** 것은?

① 업무용 자동차보험 : 개인택시

② 개인용 자동차보험 : 개인소유 6인승 자가용 승용차

③ 이륜 자동차보험 : 가정용 오토바이

④ 영업용 자동차보험 : 개인용달

30 운전자보험에 대한 설명으로 가장 적절하지 **않은** 것은?

① 운전자보험은 민사상 책임 및 행정상의 책임을 보상한다.

② 자동차보험에 특약형태로 가입하거나 장기보험으로 상해담보와 함께 가입할 수 있다.

③ 음주, 무면허운전 및 뺑소니사고에 대해서는 보험금을 지급하지 않는다.

④ 보험기간 중에 발생한 사고의 벌금 확정판결이 보험기간 종료 후에 이루어진 벌금액에 대해서는 보상한다.

투자설계 (30문항)

31 자본시장법상 증권에 대한 적절한 설명으로만 모두 묶인 것은?

> 가. 원금을 초과하여 손실할 가능성이 없는 금융상품이다.
>
> 나. 뮤추얼펀드 및 변액보험은 수익증권에 포함된다.
>
> 다. 파생결합증권은 원본 초과 손실 가능성이 있는 증권이다.
>
> 라. 조건부자본증권은 파생결합증권으로 분류한다.

① 가

② 가, 나

③ 가, 나, 다

④ 가, 나, 다, 라

32 경제활동인구가 2,000만명이고, 비경제활동인구가 500만명, 취업자 수가 1,200만명이라고 가정할 경우 고용률은 얼마인가?

① 24%　　　　　　② 36%

③ 48%　　　　　　④ 60%

33 자연적 실업에 해당하는 사례로만 모두 묶인 것은?

> 가. 수십년 동안 손으로 설계도를 그려온 건축 설계사가 새로운 컴퓨터 설계 기술을 익히지 못해 직장을 잃게 되었다.
>
> 나. 세계 경제가 침체됨에 따라 불가피하게 명예퇴직자들이 대거 발생하였다.
>
> 다. 기존에 다니던 직장을 그만두고 실업기간이 길어지더라도 더 높은 임금을 기대하며 구직행위를 한다.
>
> 라. 일정 관리를 스마트폰으로 하게 되면서 다이어리 판매량이 급감함에 따라 다이어리 제조 기업에서 대량의 실업이 발생하였다.

① 가

② 나, 라

③ 가, 다, 라

④ 나, 다, 라

34 물가지수에 대한 설명으로 가장 적절하지 **않은** 것은?

① GDP 디플레이터는 대표적인 물가지수이다.

② 근원물가지수는 생산자물가지수 중 하나이다.

③ 생산자물가지수는 소비자물가지수보다 변동성이 심하다.

④ 계절적 요인이나 일시적인 공급충격 등은 물가상승의 지속성을 파악하기 어렵게 만든다.

35 다음 정보를 참고하여 계산한 해당 국가의 금융계정 추정 금액으로 가장 적절한 것은?

> 상품수지가 크게 개선되어 경상수지가 100억달러의 흑자를 기록하였다. 또한, 자본수지는 1억달러 적자를 기록하였지만 해외직접투자 및 해외 주식 및 채권 투자가 23억달러 증가하였다. 해당 국제수지표상 오차 및 누락된 금액은 -1억달러이다.

① 23억달러

② 52억달러

③ 76억달러

④ 98억달러

36 경제심리지표에 대한 설명으로 가장 적절하지 **않은** 것은?

① 100개 기업 중 향후 경기에 대한 긍정 응답 60개, 부정 응답 40개인 경우 BSI의 값은 60이다.

② BSI는 3점 척도로 지수를 산출하지만, CSI는 5점 척도로 지수를 산출한다.

③ ESI는 한국은행이 발표하는 가계와 기업의 경제상황을 종합적으로 평가하는 지수이다.

④ BSI(기업경기실사지수), CSI(소비자동향지수), ESI(경제심리지수)는 모두 100을 넘으면 경기에 대한 심리가 낙관적이라고 평가한다.

37 김정환씨는 주식 A, B에 투자하고자 한다. 다음 설명 중 가장 적절하지 **않은** 것은?

경제환경	확률	기대수익률	
		주식 A	주식 B
호황	50%	20%	30%
보통	30%	10%	12%
불황	20%	-10%	-13%

① 주식 A의 기대수익률은 11%이다.

② 주식 B의 기대수익률은 16%이다.

③ 주식 A와 B에 각각 50%씩 투자하는 경우 포트폴리오의 기대수익률은 13.5%이다.

④ 주식 A와 B의 상관계수가 0이고, 두 자산에 각각 50%씩 투자하는 경우 해당 포트폴리오의 위험은 감소하지 않는다.

38 다음은 한예진씨의 자산과 관련된 자료이다. 해당 자료를 토대로 계산한 가중평균수익률로 가장 적절한 것은?

투자대상	기초투자금액	기말평가금액
예·적금	2억원	2억 5천만원
주식펀드	2억원	2억 1천만원
MMF	1억원	9천만원

① 8%

② 10%

③ 12%

④ 14%

39 다음의 자료를 참고하여 계산한 두 자산의 상관계수로 가장 적절한 것은?

구분	평균수익률	표준편차	공분산
주식 A	9%	30%	2%
주식 B	3%	10%	

① 약 0.67

② 약 0.76

③ 약 0.82

④ 약 0.93

40 주식시장이 4% 상승하는 동안 주식 A가 8% 상승하였다. 다음 중 주가 상승에 대한 성과분석으로 가장 적절한 것은? (단, 주식 A의 베타계수는 1.5로 가정함)

① 주식 A는 체계적 위험의 영향으로 4% 상승하였다.

② 주식 A는 비체계적 위험의 영향을 받지 않았다.

③ 주식 A는 비체계적 위험의 영향으로 2% 상승하였다.

④ 주식 A는 체계적 위험의 영향으로 8% 상승하였다.

41 투자자별 기대수익과 효용에 대한 설명으로 가장 적절하지 **않은** 것은?

① 위험회피적 투자자는 공정한 게임에 참여하지 않는다.

② 위험중립적 투자자는 전적으로 기대수익률에 의해서만 투자안을 판단한다.

③ 위험중립적 투자자는 투자위험 수준에 별도의 패널티를 부여하여 기대수익률을 산정한다.

④ 위험선호적 투자자는 공정게임을 즐기는 투자자이다.

42 자본시장선과 증권시장선에 대한 설명으로 가장 적절한 것은?

① 자본시장선은 기대수익률과 표준편차의 관계를 나타낸다.

② 증권시장선에는 개별 자산과 비효율적인 포트폴리오는 존재하지 않는다.

③ 증권시장선은 총위험이 높아질수록 기대수익률이 높아진다.

④ 자본시장선상의 시장포트폴리오 M은 변동성 보상비율이 가장 작은 포트폴리오이다.

43 다음 자료를 토대로 계산한 올해의 배당성향, 배당수익률, 배당률이 적절하게 연결된 것은?

- 액면금액 : 4,000원
- 올해 현재 주가 : 5,000원
- 올해 주당배당금 : 500원
- 올해 주당순이익 : 2,000원

	배당성향	배당수익률	배당률
①	20%	10%	13%
②	20%	15%	13%
③	25%	10%	12.5%
④	25%	15%	12.5%

44 다음 자료를 토대로 계산한 정률성장 배당할인모형에 의한 주식의 현재가치는? (단, 시장수익률은 14%로 가정함)

- 액면금액 : 20,000원
- 전년도 배당률 : 5%
- 배당성장률 : 10%
- 무위험이자율(R_f) : 4%
- 베타계수 : 0.8

① 40,000원　　　　② 45,000원

③ 50,000원　　　　④ 55,000원

45 동종 산업 내 경쟁업체의 평균 PER을 이용하여 계산한 1년 후 기업 H의 주가로 가장 적절한 것은?

기업 H의 주당순이익은 3,000원이고 매년 15%의 성장이 예상되며 동종 산업 내 경쟁업체의 평균 PER은 4배, 기업 H의 과거 5년간 평균 PER은 5배, 시장 전체의 PER은 6.6배이다.

① 12,500원　　　　② 13,800원

③ 17,250원　　　　④ 22,770원

46 주식스타일에 대한 설명으로 가장 적절한 것은?

① 워렌버핏은 대표적인 성장 스타일 투자자이다.

② 고배당수익률 투자는 대표적인 성장 스타일 전략에 해당한다.

③ 가치 스타일은 기업의 수익이 평균으로 회귀하는 경향에 주목한다.

④ 가치 스타일의 주식은 기업의 이익이 예상을 상회했는지 여부가 매우 중요하다.

47 채권에 대한 설명으로 가장 적절하지 **않은** 것은?

① 우리나라의 이표채는 보통 3개월 단위로 이자를 지급한다.

② 할인채는 대부분 1년 미만의 만기를 갖는다.

③ 담보채권은 선순위 채권으로, 무담보채권은 후순위 채권으로 구분된다.

④ Bonds는 미국의 장기채권으로 만기가 10년 이상이다.

48 채권수익률에 대한 적절한 설명으로만 모두 묶인 것은? (단, 이자소득세 세율은 15.4%로 가정함)

가. 표면금리가 높은 채권일수록 채권가격은 높아진다.

나. 매매수익률은 만기수익률, 금액가중수익률, 내재수익률이라고 한다.

다. 세후 연평균 수익률 3%인 채권보다 연 3.5% 이율의 정기예금에 가입하는 것이 유리하다.

라. 채권수익률 상승에 따른 채권가격의 하락 폭은 채권수익률 하락에 따른 채권가격의 상승 폭보다 크다.

① 가

② 가, 나

③ 가, 나, 다

④ 가, 나, 다, 라

49 현재 원달러 현물환율이 1,100원이고, 1년 만기 한국금리가 3%, 미국금리가 2%인 경우 이자율평형이론에 따라 계산한 이론적 선물환율은? (단, 원 미만은 절사함)

① 1,110원　　　　② 1,155원

③ 1,172원　　　　④ 1,205원

50 기본적 분석의 상향식 접근방식의 순서로 가장 적절한 것은?

① 산업분석 ⇨ 기업분석 ⇨ 경제분석

② 산업분석 ⇨ 경제분석 ⇨ 기업분석

③ 기업분석 ⇨ 산업분석 ⇨ 경제분석

④ 기업분석 ⇨ 경제분석 ⇨ 산업분석

51 펀드의 기준가격에 대한 설명으로 가장 적절하지 **않은** 것은?

① 기준가격이 1,200원이라고 할 때 1,200원은 1좌당 기준가격이다.

② 공모펀드의 기준가격은 매일 계산되어 다음 날 아침에 고시된다.

③ 펀드수익률은 기준가격 변동률과 동일하다.

④ 기준가격 수익률은 시간가중수익률과 동일한 수익률 측정방법이다.

52 ETF에 대한 적절한 설명으로만 모두 묶인 것은?

가. ETF는 주식시장에서 횟수에 제한 없이 실시간으로 매매할 수 있다.

나. ETF의 법적 형태는 펀드이며, 추가설정과 환매가 가능한 개방형 공모펀드이다.

다. ETF의 기준가격이 시장가격보다 큰 경우 괴리율은 음수로 나타난다.

라. ETF를 기준가격보다 낮게 매수하는 사람은 괴리율로 인해 손실을 볼 수 있다.

① 가

② 가, 나

③ 가, 나, 다

④ 가, 나, 다, 라

53 다음 각 보기의 ELS 손익구조와 그 유형이 적절하게 연결된 것은?

가. 만기 시점에서의 최종 기준가격에 따라 수익률이 상승하거나 하락하는 구조이며, 최대 수익률은 일정 수준으로 고정된다.

나. 기준가격이 일정 구간 내에서 상승(하락)하면 수익률도 상승하는 구조로, 만기까지 한 번이라도 상한(하한)을 벗어난 경우 수익률은 고정된다.

다. 사전에 정한 산식으로 계산된 기초자산의 월별(분기별) 수익률의 누적 값에 따라 수익률이 비례적으로 결정된다.

라. 만기 시점에 최종 기준가격이 일정 구간에 도달해 있는지의 여부에 따라 수익률이 둘 중 하나로 결정된다.

	가	나	다	라
①	디지털	베리어	클리켓	유러피안
②	디지털	클리켓	베리어	유러피안
③	유러피안	클리켓	베리어	디지털
④	유러피안	베리어	클리켓	디지털

54 섹터로테이션 전략은 경기가 확장국면에 진입할 것이 예상되면 경기순환주에 주로 투자하는 전략이다. 다음 중 일반적으로 경기순환주로 분류되는 업종으로만 모두 묶인 것은?

가. 자동차산업

나. 가스 및 전력업

다. 건설업

라. 제약업

① 가, 나
② 가, 다
③ 나, 라
④ 다, 라

55 선물거래에 대한 설명으로 가장 적절하지 **않은** 것은?

① 선물거래는 손익을 매일 정산한다.
② 청산기관을 통해 거래상대방의 채무불이행 위험을 최소화할 수 있다.
③ 계약 당사자의 책임하에서 만기 시점에 실물 인도와 대금 결제가 이루어진다.
④ 계약조건이 정형화되어 있다.

56 투자자 A씨는 1계약당 270pt에 선물 5계약을 매수했는데 만기 시 선물가격이 265pt로 하락하였다. 이때 투자자 A씨의 선물거래 손익으로 가장 적절한 것은? (단, 거래승수는 25만원으로 가정함)

① 125만원 이익
② 125만원 손해
③ 625만원 이익
④ 625만원 손해

57 현재 코스피200지수가 225pt일 경우, 다음 중 가장 이익이 큰 포지션은? (단, 계약 수는 1계약이고, 거래승수는 25만원으로 가정함)

① 행사가격 220pt이고, 프리미엄 2pt인 콜옵션 매수포지션
② 행사가격 230pt이고, 프리미엄 2pt인 풋옵션 매수포지션
③ 행사가격 230pt이고, 프리미엄 4pt인 콜옵션 매도포지션
④ 행사가격 230pt이고, 프리미엄 2pt인 풋옵션 매도포지션

58 다음의 헤지거래를 통하여 발생한 선물거래의 만기 시 손익으로 가장 적절한 것은?

선물 헤지시점	• 주식 포트폴리오 10억원 보유 • 주식 포트폴리오의 베타 : 1 • 주가지수 선물가격 : 250pt
만기 시점	• 선물 전량 청산하여 100% 헤지 해소 • 주가지수 현물가격 : 270pt • 거래승수 : 25만원

① 80,000,000원 이익

② 80,000,000원 손실

③ 160,000,000원 이익

④ 160,000,000원 손실

59 투자전략 조정 기법에 대한 적절한 설명으로만 모두 묶인 것은?

　가. 리밸런싱은 전략적 자산배분전략 대비 초과성과를 달성하기 위해 투자 비중을 조정하는 기법이다.

　나. 리밸런싱을 실행하면 저점매수·고점매도 전략이 자동으로 실행된다.

　다. 마켓타이밍은 전술적 자산배분전략과 같이 수익률 제고를 위해 실행된다.

　라. 마켓타이밍은 전략적 자산배분전략에 의한 자산별 비중과의 차이를 최소화하기 위해 투자 비중의 변화폭을 제한한다.

① 가, 다

② 나, 다

③ 다, 라

④ 가, 다, 라

60 부동산 간접투자상품에 대한 설명으로 가장 적절하지 **않은** 것은?

① 부동산 간접투자는 물건 확보 경쟁 및 거래의 복잡성으로 인해 대부분 사모형태로 투자가 된다.

② 공모펀드보다 사모펀드의 유동성이 상대적으로 높다.

③ 일반적으로 부동산 상승기에는 고수익 창출이 가능한 Equity(자본)투자에 집중되는 경향이 있다.

④ 개발형 부동산 펀드는 펀드기간이 장기이고 대부분의 수익은 사업 청산 시에 발생한다.

세금설계 (30문항)

61 다음 사례에 부합하는 국세부과의 원칙으로 가장 적절한 것은?

　개인종합자산관리계좌(ISA)는 3년의 의무가입기간 내에 계약을 해지하는 경우 과세특례를 적용받은 소득세에 상당하는 세액을 추징한다.

① 실질과세의 원칙

② 신의성실의 원칙

③ 근거과세의 원칙

④ 조세감면의 사후관리

62 류진희씨는 본인의 재산권을 보호하기 위하여 조세구제제도를 활용하고자 한다. 다음 설명 중 가장 적절한 것은?

① 과세예고통지의 내용이 부당하다고 판단되는 경우 과세예고통지를 받은 날로부터 90일 이내에 해당 세무서장 또는 지방국세청장에게 과세전적부심사를 청구할 수 있다.

② 조세불복절차는 과세당국의 처분의 위법 또는 부당함에 대해 불복하는 제도이므로, 필요한 처분을 받지 못한 경우는 조세불복을 청구할 수 없다.

③ 이의신청을 하고자 하는 경우 관할 세무서나 지방국세청에 신청해야 하며, 임의절차이므로 류진희씨가 감사원 심사청구를 진행하기 전에 선택적으로 활용할 수 있다.

④ 류진희씨의 종합소득금액이 5천만원 이하, 소유재산가액이 5억원 이하인 경우, 과세전적부심사 청구 시 그 청구세액이 5천만원 이하인 경우에 국선대리인을 지원받을 수 있다.

63 소득세 과세원칙에 대한 설명으로 가장 적절하지 **않은** 것은?

① 소득세는 원칙적으로 규정된 소득 이외의 모든 소득에 대하여 과세한다.

② 소득세의 과세단위는 가계나 세대 또는 부부가 아닌 개인이다.

③ 소득세는 담세력의 차이에 따라 과세할 수 있도록 인적공제제도를 두고 있다.

④ 소득세법상 소득의 범위에는 포함되지만 공익상, 정책상 또는 과세기술상의 이유로 국가가 법에 의하여 과세권을 포기한 소득을 비과세소득이라고 한다.

64 소득세 납세의무에 대한 설명으로 가장 적절한 것은?

① 거주자란 국내에 주소를 두거나 1년 이상 거소를 둔 개인을 말하며, 소득세법에서 규정하는 국내외 모든 원천소득에 대하여 과세한다.

② 거주자가 국외이전으로 비거주자가 되는 경우에는 1월 1일부터 출국한 날까지가 과세기간이 된다.

③ 거주자가 중국에 소재한 부동산을 양도하여 발생한 양도차익에 대해 중국의 세법에 따라 납세를 했다면 우리나라에서는 소득세를 납부할 의무가 없다.

④ 거주자인 사업자가 폐업을 하는 경우에는 1월 1일부터 폐업한 날까지가 과세기간이 된다.

65 소득세의 소득금액 산출방법이 가장 적절하지 **않은** 것은?

① 이자소득금액 = 총수입금액

② 사업소득금액 = 총수입금액 – 필요경비

③ 연금소득금액 = 연금액 + Gross-up

④ 근로소득금액 = 급여액 – 근로소득공제

66 장부작성(기장)에 의한 방법으로 사업소득을 신고하는 경우에 대한 설명으로 가장 적절하지 **않은** 것은?

① 간편장부대상자의 경우에는 기장에 의한 방법으로 사업소득금액을 계산하지 않더라도 무기장가산세를 적용받지 않는다.

② 기준경비율 적용대상자가 단순경비율을 적용해 사업소득금액을 계산했다면 단순경비율에 의해 계산된 사업소득금액에 일정 배율을 곱한 금액이 기준경비율 적용대상자의 사업소득금액이 된다.

③ 사업자가 추계에 의한 방법으로 소득세를 신고하면 해당 과세기간 소득금액 계산 시 이월결손금을 공제받을 수 없다.

④ 복식부기의무자가 기장을 하지 않고 추계로 신고한 경우에는 신고를 하지 않은 것으로 보아 산출세액의 20%와 수입금액의 0.07% 중 큰 금액의 무신고가산세를 부담해야 한다.

67 부동산임대사업자 과세방법에 대한 설명으로 가장 적절한 것은?

① 임차인 필요경비의 납입 대행을 위하여 받은 공공요금은 총수입금액에 산입한다.

② 주택의 간주임대료는 2주택 이상이면서 보증금의 합계액이 3억원을 초과하는 경우에 총수입금액에 산입한다.

③ 주택임대소득에 대해서는 2019년 이후부터는 수입금액에 상관없이 모두 과세한다.

④ 실지거래가액 12억원을 초과하는 주택을 임대하는 경우 주택임대소득 과세대상이다.

68 20×5년 4월 5일, 안성민씨는 국내 공사현장에서 일용직 근무로 일당 18만원을 받았고, 근무지로 이동하기 위하여 교통비 1만원을 지출하였다. 다음 설명 중 가장 적절한 것은?

① 일용근로자인 안성민씨의 근로소득은 무조건 종합과세 대상이다.

② 안성민씨는 일용근로자이므로 근로소득공제를 적용받을 수 없다.

③ 20×5년 4월 5일 근무로 받은 일당에 대해서는 소액부징수규정에 따라 원천징수를 하지 않아도 된다.

④ 일용근로자인 안성민씨는 반드시 종합소득세 신고를 해야 한다.

69 김일섭씨는 문예창작품에 대한 대가로 200만원을 지급받았다. 문예창작에 필요한 경비가 100만원인 경우, 해당 소득에 대한 기타소득금액은 얼마인가? (단, 필요경비 100만원에 대한 증빙서류가 있음)

① 80만원

② 100만원

③ 120만원

④ 200만원

70 다음 자료는 거주자 김미진씨(여성)와 생계를 같이 하는 부양가족의 현황이다. 김미진씨가 세금을 최소화하기 위해 적용받을 수 있는 인적공제액으로 가장 적절한 것은?

구분	나이	소득금액	비고
본인	40세	총급여액 6,000만원	–
부친	71세	–	장애인
모친	67세	이자소득금액 200만원	–
자녀	9세	–	–

※ 김미진은 배우자가 없음

① 600만원
② 800만원
③ 1,000만원
④ 1,050만원

71 다음 자료를 근거로 계산한 종합소득 산출세액은 얼마인가?

- 사업소득금액 : 4,000만원
- 기타소득금액 : 1,000만원
- 이자소득금액 : 500만원
- 양도소득금액(부동산) : 2,000만원
- 종합소득공제 : 1,000만원
- 종합소득 기본세율

과세표준	세율	누진공제방식
1,400만원 초과 5,000만원 이하	84만원 + 1,400만원 초과액의 15%	15% – 126만원
5,000만원 초과 8,800만원 이하	624만원 + 5,000만원 초과액의 24%	24% – 576만원

① 474만원
② 600만원
③ 864만원
④ 1,440만원

72 종합소득 세액공제와 관련하여 다음 (가)~(라)에 들어갈 내용이 올바르게 연결된 것은?

- 거주자의 기본공제대상자에 해당하는 8세 이상의 자녀가 2명일 경우 (가)을 공제하며, 과세기간에 셋째를 출산하거나 입양하는 경우 산출세액에서 (나)을 공제받을 수 있다.
- 근로소득이 있는 거주자는 본인 및 기본공제대상자가 지출한 일반보장성보험료에 대해 (다)의 보험료세액공제를 받을 수 있고, 교육비로 지출한 금액에 대해 (라)의 교육비세액공제를 받을 수 있다.

	가	나	다	라
①	35만원	50만원	15%	15%
②	35만원	70만원	15%	12%
③	55만원	50만원	12%	15%
④	55만원	70만원	12%	15%

73 지방소득세에 대한 설명으로 가장 적절하지 **않은** 것은?

① 지방소득세는 세무공무원이 납부고지서를 해당 납세자에게 발급하여 징수하는 보통징수에 의한다.
② 법인지방소득세는 각 사업연도의 종료일이 속하는 달의 말일부터 4개월 이내에 신고납부해야 한다.
③ 지방소득세의 납세의무자는 소득세나 법인세의 납세의무자이다.
④ 소득세 원천징수의무자가 소득세를 원천징수하는 경우에는 원천징수하는 소득세의 10%에 해당하는 금액을 개인지방소득세로 납부한다.

74 거주자 이현영씨는 대주주로서 A법인을 30년간 경영하던 중 올해 퇴직하였다. 다음 중 A법인으로부터 수령할 수 있는 이현영씨의 소득으로 가장 적절하지 **않은** 것은?

① A법인 퇴직 전까지의 근로소득
② A법인으로부터 수령하는 퇴직금에 대한 퇴직소득
③ A법인의 수익에서 얻게 되는 사업소득
④ A법인의 주식을 양도함으로써 얻는 양도소득

75 세금계산서에 대한 설명으로 가장 적절한 것은?

① 간이과세자는 세금계산서를 발급할 수 없고, 영수증만 발급할 수 있다.

② 법인사업자는 전자세금계산서 발급 대상에 해당하지 않는다.

③ 세금계산서가 다른 사업자 명의로 잘못 발급되더라도 실제 거래를 하였다면 매입세액을 공제받을 수 있다.

④ 부가가치세 증빙서류 중 하나인 영수증에는 신용카드 매출전표나 현금영수증 등이 포함된다.

76 영세율과 면세에 대한 설명으로 가장 적절하지 **않은** 것은?

① 면세사업자는 영세율을 적용받을 수 없다.

② 영세율 제도는 부가가치세 부담을 완전히 면제하는 제도이다.

③ 토지는 대표적인 영세율 항목에 해당한다.

④ 면세제도는 매입세액이 공제되지 않는 불완전면세제도이다.

77 ㈜A법인(12월 31일 결산법인)은 20×5년 사업연도의 정기주주총회를 통해 잉여금을 처분하면서 현금배당을 결의하였다. 이때 ㈜A법인의 기명주주가 받은 배당소득의 소득세법상 수입시기로 가장 적절한 것은?

현금배당을 결의한 날	20×6년 3월 13일
현금배당을 지급하기로 한 약정일	20×6년 3월 23일
실제 현금배당을 지급한 날	20×6년 3월 25일

※ ㈜A법인으로부터 받은 배당소득에 대하여 14%의 원천징수는 적법하게 이루어졌음

① 20×5년 12월 31일

② 20×6년 3월 13일

③ 20×6년 3월 23일

④ 20×6년 3월 25일

78 개인종합자산관리계좌(ISA)에 대한 설명으로 가장 적절하지 **않은** 것은?

① ISA 계좌에서 발생한 금융소득은 금융소득 종합과세 대상에서 제외한다.

② ISA 계좌에서 발생한 금융소득은 200만원 또는 400만원까지 비과세하고 초과분에 대해서는 9%로 분리과세한다.

③ ISA 계좌의 의무가입기간은 3년이며, 계약기간 연장이 가능하고 계좌 만료 후 재가입이 가능하다.

④ ISA 계좌는 의무가입기간 중 납입원금 범위 내에서 중도인출을 할 경우 과세특례를 적용받은 감면세액을 추징한다.

79 다음의 소득자료를 참고하여 계산한 20×5년 종합소득 산출세액은 얼마인가?

- 국내 정기예금이자 : 500만원
- 내국법인 현금배당 : 1,000만원
- 외국법인 현금배당 : 1,000만원
- 사업소득금액 : 3,000만원
- 종합소득공제 : 1,000만원
- 종합소득 기본세율

과세표준	세율	누진공제방식
1,400만원 이하	6%	6%
1,400만원 초과 5,000만원 이하	84만원＋1,400만원 초과액의 15%	15% − 126만원
5,000만원 초과 8,800만원 이하	624만원＋5,000만원 초과액의 24%	24% − 576만원

① 524만원

② 536.5만원

③ 542만원

④ 575만원

80 박민지씨의 A법인(비상장법인)에 대한 주식 보유 현황은 다음과 같다. A법인이 보유한 부동산 등에 대한 박민지씨의 간주취득세가 과세되는 시점과 취득으로 간주되는 지분비율을 순서대로 나열한 것은?

구분	발행주식총수	보유주식 수
2023년 2월 15일 법인 설립	10,000주	1,000주
2024년 5월 2일 2,000주 취득	10,000주	3,000주
2025년 7월 24일 3,000주 취득	10,000주	6,000주

① 2023년 2월 15일, 10%
② 2024년 5월 2일, 30%
③ 2025년 7월 24일, 30%
④ 2025년 7월 24일, 60%

81 종신형 연금보험계약의 비과세 요건으로 가장 적절하지 **않은** 것은?

① 사망 시 보험계약 및 연금재원이 소멸할 것
② 최초 연금개시 후 중도해지를 할 수 없을 것
③ 계약자와 피보험자 및 수익자가 동일한 계약일 것
④ 65세 이후부터 사망 시까지 보험금·수익 등을 연금으로 수령할 것

82 김지윤씨가 주택을 유상거래로 7억원에 취득하였을 경우, 주택에 대한 취득세는 얼마인가? (단, 김지윤씨는 1세대 1주택자이며 감면 및 중과세율은 적용하지 않음)

① 11,666,667원
② 16,333,333원
③ 21,000,000원
④ 28,000,000원

83 재산세에 대한 설명으로 가장 적절하지 **않은** 것은?

① 재산세의 과세기준일은 종합부동산세와 동일하게 매년 6월 1일로 한다.
② 토지의 재산세 납기는 매년 9월 16일부터 9월 30일까지이다.
③ 재산세는 주택 및 일반 건축물에 대하여 인별로 합산하여 과세한다.
④ 상가 또는 업무용 건물의 부속토지는 별도합산과세대상 토지에 해당한다.

84 종합부동산세에 대한 설명으로 가장 적절하지 **않은** 것은?

① 아버지가 아들에게 20×5년 4월 5일 현재 공시지가 9억원인 부동산을 증여하였다면 20×5년 해당 부동산에 대한 종합부동산세 납세대상자는 아들이다.
② 종합부동산세는 주택, 종합합산과세대상 토지, 별도합산과세대상 토지로 구분하여 과세한다.
③ 종합부동산세는 관할 세무서장이 부과징수하지 않고 납세자가 납부해야 할 종합부동산세의 세액을 당해 연도 12월 1일부터 12월 15일까지 신고·납부해야 한다.
④ 종합부동산세는 급격한 보유세 부담의 방지를 위하여 세부담 상한제를 두고 있으나 법인 소유 주택은 세부담 상한을 적용하지 않는다.

85 다음 부동산 매매계약 관련 자료의 소득세법상 양도시기로 가장 적절한 것은?

- 계약일 : 7월 7일
- 계약상 잔금지급일 : 8월 6일
- 인도일 : 8월 5일
- 실제 잔금지급일 : 8월 3일
- 소유권이전등기 접수일 : 8월 4일

① 8월 3일
② 8월 4일
③ 8월 5일
④ 8월 6일

86 양도소득세 기본공제에 대한 설명으로 가장 적절하지 **않은** 것은?

① 미등기자산에 대해서는 기본공제를 적용하지 않는다.
② 보유기간이 1년 미만인 양도자산에 대해서는 기본공제를 적용하지 않는다.
③ 부동산의 양도소득 기본공제는 주식 등에 대한 양도소득과 별개로 연 250만원을 공제한다.
④ 양도소득 기본공제는 감면소득이 있는 경우에는 그 감면소득 외의 양도소득금액에서 먼저 공제한다.

87 2025년 4월 거주자 이기영씨는 보유 중이던 상가건물을 양도하였다. 다음의 자료를 토대로 계산한 양도소득 과세표준은 얼마인가?

- 양도가액 : 19억원
- 취득일 : 2012년 1월
- 취득가액 : 10억원(취득 시 부대비용 포함)

※ 이기영씨는 2025년도 중 다른 양도소득세 과세대상을 양도한 적이 없음

① 과세하지 않음
② 6억 2,750만원
③ 6억 6,350만원
④ 9억원

88 부동산자산 관련 부가가치세에 대한 적절한 설명으로만 모두 묶인 것은?

가. 부가가치세 일반과세자가 건물을 분양할 경우 매수자로부터 건축물 부분에 해당하는 공급가격에 대하여 10%의 부가가치세를 징수하게 된다.

나. 사업장별로 사업용 자산을 비롯한 인적시설 및 권리·의무 등을 포괄적으로 승계하여 양도하는 경우 부가가치세가 과세되지 않는다.

다. 주택을 임대하는 경우 원칙적으로 토지와 건물분 모두에 대하여 면세가 적용되지만, 예외적으로 국민주택규모 이하의 주택은 토지와 건물분 모두 면세가 적용되지 않는다.

라. 일반과세자가 부동산을 양도하는 경우 토지와 건물분에 해당하는 공급가액에 대하여 10%의 부가가치세를 거래징수하여 매출부가가치세로서 신고납부하여야 한다.

① 가
② 가, 나
③ 나, 라
④ 나, 다, 라

89 거주자 이규진씨(종합소득금액 4천만원)가 20×5년 한 해 동안 연금저축계좌에 납입한 금액이 500만원, 개인형 퇴직연금계좌에 납입한 금액이 300만원인 경우 연금계좌세액공제액은 얼마인가?

① 90만원
② 96만원
③ 120만원
④ 135만원

90 퇴직소득세의 계산방식에 대한 설명으로 가장 적절하지 **않은** 것은?

① 퇴직소득의 환산급여는 퇴직급여에서 근속연수공제를 차감한 후 '12 ÷ 근속연수'를 곱한 값이다.
② 환산급여액이 얼마인지에 따라 환산급여공제는 차등적으로 공제된다.
③ 3년간 근무한 자의 근속연수공제액은 3백만원이다.
④ 환산급여에서 환산급여공제를 차감한 후 6 ~ 45%의 기본세율을 곱한 값을 산출세액으로 본다.

금융 · 자격증 전문 교육기관 해커스금융

fn.Hackers.com

합격의 기준, 해커스금융
fn.Hackers.com

AFPK® 자격시험 OMR 답안지 (모듈1)

* 답안지 작성은 반드시 컴퓨터용 사인펜을 사용하고 연필, 수성 사인펜은 절대 사용하지 마십시오.

고사장　　　　고사실

성 명

문제유형	Ⓐ Ⓑ
교 시	① ②

주민번호

수험번호

감독관 확인란

1	① ② ③ ④	21	① ② ③ ④	41	① ② ③ ④	61	① ② ③ ④	81	① ② ③ ④
2	① ② ③ ④	22	① ② ③ ④	42	① ② ③ ④	62	① ② ③ ④	82	① ② ③ ④
3	① ② ③ ④	23	① ② ③ ④	43	① ② ③ ④	63	① ② ③ ④	83	① ② ③ ④
4	① ② ③ ④	24	① ② ③ ④	44	① ② ③ ④	64	① ② ③ ④	84	① ② ③ ④
5	① ② ③ ④	25	① ② ③ ④	45	① ② ③ ④	65	① ② ③ ④	85	① ② ③ ④
6	① ② ③ ④	26	① ② ③ ④	46	① ② ③ ④	66	① ② ③ ④	86	① ② ③ ④
7	① ② ③ ④	27	① ② ③ ④	47	① ② ③ ④	67	① ② ③ ④	87	① ② ③ ④
8	① ② ③ ④	28	① ② ③ ④	48	① ② ③ ④	68	① ② ③ ④	88	① ② ③ ④
9	① ② ③ ④	29	① ② ③ ④	49	① ② ③ ④	69	① ② ③ ④	89	① ② ③ ④
10	① ② ③ ④	30	① ② ③ ④	50	① ② ③ ④	70	① ② ③ ④	90	① ② ③ ④
11	① ② ③ ④	31	① ② ③ ④	51	① ② ③ ④	71	① ② ③ ④	91	① ② ③ ④
12	① ② ③ ④	32	① ② ③ ④	52	① ② ③ ④	72	① ② ③ ④	92	① ② ③ ④
13	① ② ③ ④	33	① ② ③ ④	53	① ② ③ ④	73	① ② ③ ④	93	① ② ③ ④
14	① ② ③ ④	34	① ② ③ ④	54	① ② ③ ④	74	① ② ③ ④	94	① ② ③ ④
15	① ② ③ ④	35	① ② ③ ④	55	① ② ③ ④	75	① ② ③ ④	95	① ② ③ ④
16	① ② ③ ④	36	① ② ③ ④	56	① ② ③ ④	76	① ② ③ ④	96	① ② ③ ④
17	① ② ③ ④	37	① ② ③ ④	57	① ② ③ ④	77	① ② ③ ④	97	① ② ③ ④
18	① ② ③ ④	38	① ② ③ ④	58	① ② ③ ④	78	① ② ③ ④	98	① ② ③ ④
19	① ② ③ ④	39	① ② ③ ④	59	① ② ③ ④	79	① ② ③ ④	99	① ② ③ ④
20	① ② ③ ④	40	① ② ③ ④	60	① ② ③ ④	80	① ② ③ ④	100	① ② ③ ④

합격의 기준, 해커스금융
fn.Hackers.com

AFPK® 자격시험 OMR 답안지 (모듈2)

* 답안지 작성은 반드시 컴퓨터용 사인펜을 사용하고 연필, 수성 사인펜은 절대 사용하지 마십시오.

고사장　　　　고사실

성 명

문제유형	Ⓐ Ⓑ
교 시	① ②

주민번호

수험번호

감독관 확인란

1	① ② ③ ④	21	① ② ③ ④	41	① ② ③ ④	61	① ② ③ ④	81	① ② ③ ④
2	① ② ③ ④	22	① ② ③ ④	42	① ② ③ ④	62	① ② ③ ④	82	① ② ③ ④
3	① ② ③ ④	23	① ② ③ ④	43	① ② ③ ④	63	① ② ③ ④	83	① ② ③ ④
4	① ② ③ ④	24	① ② ③ ④	44	① ② ③ ④	64	① ② ③ ④	84	① ② ③ ④
5	① ② ③ ④	25	① ② ③ ④	45	① ② ③ ④	65	① ② ③ ④	85	① ② ③ ④
6	① ② ③ ④	26	① ② ③ ④	46	① ② ③ ④	66	① ② ③ ④	86	① ② ③ ④
7	① ② ③ ④	27	① ② ③ ④	47	① ② ③ ④	67	① ② ③ ④	87	① ② ③ ④
8	① ② ③ ④	28	① ② ③ ④	48	① ② ③ ④	68	① ② ③ ④	88	① ② ③ ④
9	① ② ③ ④	29	① ② ③ ④	49	① ② ③ ④	69	① ② ③ ④	89	① ② ③ ④
10	① ② ③ ④	30	① ② ③ ④	50	① ② ③ ④	70	① ② ③ ④	90	① ② ③ ④
11	① ② ③ ④	31	① ② ③ ④	51	① ② ③ ④	71	① ② ③ ④		
12	① ② ③ ④	32	① ② ③ ④	52	① ② ③ ④	72	① ② ③ ④		
13	① ② ③ ④	33	① ② ③ ④	53	① ② ③ ④	73	① ② ③ ④		
14	① ② ③ ④	34	① ② ③ ④	54	① ② ③ ④	74	① ② ③ ④		
15	① ② ③ ④	35	① ② ③ ④	55	① ② ③ ④	75	① ② ③ ④		
16	① ② ③ ④	36	① ② ③ ④	56	① ② ③ ④	76	① ② ③ ④		
17	① ② ③ ④	37	① ② ③ ④	57	① ② ③ ④	77	① ② ③ ④		
18	① ② ③ ④	38	① ② ③ ④	58	① ② ③ ④	78	① ② ③ ④		
19	① ② ③ ④	39	① ② ③ ④	59	① ② ③ ④	79	① ② ③ ④		
20	① ② ③ ④	40	① ② ③ ④	60	① ② ③ ④	80	① ② ③ ④		

금융 · 자격증 전문 교육기관 해커스금융

fn.Hackers.com

합격의 기준, 해커스금융
fn.Hackers.com

고사장   고사실

성 명

문제유형	Ⓐ Ⓑ
교 시	① ②

주민번호

수험번호

감독관 확인란

* 답안지 작성은 반드시 컴퓨터용 사인펜을 사용하고 연필, 수성 사인펜은 절대 사용하지 마십시오.

AFPK® 자격시험 OMR 답안지 (모듈1)

1	① ② ③ ④	21	① ② ③ ④	41	① ② ③ ④	61	① ② ③ ④	81	① ② ③ ④
2	① ② ③ ④	22	① ② ③ ④	42	① ② ③ ④	62	① ② ③ ④	82	① ② ③ ④
3	① ② ③ ④	23	① ② ③ ④	43	① ② ③ ④	63	① ② ③ ④	83	① ② ③ ④
4	① ② ③ ④	24	① ② ③ ④	44	① ② ③ ④	64	① ② ③ ④	84	① ② ③ ④
5	① ② ③ ④	25	① ② ③ ④	45	① ② ③ ④	65	① ② ③ ④	85	① ② ③ ④
6	① ② ③ ④	26	① ② ③ ④	46	① ② ③ ④	66	① ② ③ ④	86	① ② ③ ④
7	① ② ③ ④	27	① ② ③ ④	47	① ② ③ ④	67	① ② ③ ④	87	① ② ③ ④
8	① ② ③ ④	28	① ② ③ ④	48	① ② ③ ④	68	① ② ③ ④	88	① ② ③ ④
9	① ② ③ ④	29	① ② ③ ④	49	① ② ③ ④	69	① ② ③ ④	89	① ② ③ ④
10	① ② ③ ④	30	① ② ③ ④	50	① ② ③ ④	70	① ② ③ ④	90	① ② ③ ④
11	① ② ③ ④	31	① ② ③ ④	51	① ② ③ ④	71	① ② ③ ④	91	① ② ③ ④
12	① ② ③ ④	32	① ② ③ ④	52	① ② ③ ④	72	① ② ③ ④	92	① ② ③ ④
13	① ② ③ ④	33	① ② ③ ④	53	① ② ③ ④	73	① ② ③ ④	93	① ② ③ ④
14	① ② ③ ④	34	① ② ③ ④	54	① ② ③ ④	74	① ② ③ ④	94	① ② ③ ④
15	① ② ③ ④	35	① ② ③ ④	55	① ② ③ ④	75	① ② ③ ④	95	① ② ③ ④
16	① ② ③ ④	36	① ② ③ ④	56	① ② ③ ④	76	① ② ③ ④	96	① ② ③ ④
17	① ② ③ ④	37	① ② ③ ④	57	① ② ③ ④	77	① ② ③ ④	97	① ② ③ ④
18	① ② ③ ④	38	① ② ③ ④	58	① ② ③ ④	78	① ② ③ ④	98	① ② ③ ④
19	① ② ③ ④	39	① ② ③ ④	59	① ② ③ ④	79	① ② ③ ④	99	① ② ③ ④
20	① ② ③ ④	40	① ② ③ ④	60	① ② ③ ④	80	① ② ③ ④	100	① ② ③ ④

합격의 기준, 해커스금융
fn.Hackers.com

고사장   고사실

성 명

문제유형	Ⓐ Ⓑ
교 시	① ②

주민번호

수험번호

감독관 확인란

* 답안지 작성은 반드시 컴퓨터용 사인펜을 사용하고 연필, 수성 사인펜은 절대 사용하지 마십시오.

AFPK® 자격시험 OMR 답안지 (모듈2)

1	① ② ③ ④	21	① ② ③ ④	41	① ② ③ ④	61	① ② ③ ④	81	① ② ③ ④
2	① ② ③ ④	22	① ② ③ ④	42	① ② ③ ④	62	① ② ③ ④	82	① ② ③ ④
3	① ② ③ ④	23	① ② ③ ④	43	① ② ③ ④	63	① ② ③ ④	83	① ② ③ ④
4	① ② ③ ④	24	① ② ③ ④	44	① ② ③ ④	64	① ② ③ ④	84	① ② ③ ④
5	① ② ③ ④	25	① ② ③ ④	45	① ② ③ ④	65	① ② ③ ④	85	① ② ③ ④
6	① ② ③ ④	26	① ② ③ ④	46	① ② ③ ④	66	① ② ③ ④	86	① ② ③ ④
7	① ② ③ ④	27	① ② ③ ④	47	① ② ③ ④	67	① ② ③ ④	87	① ② ③ ④
8	① ② ③ ④	28	① ② ③ ④	48	① ② ③ ④	68	① ② ③ ④	88	① ② ③ ④
9	① ② ③ ④	29	① ② ③ ④	49	① ② ③ ④	69	① ② ③ ④	89	① ② ③ ④
10	① ② ③ ④	30	① ② ③ ④	50	① ② ③ ④	70	① ② ③ ④	90	① ② ③ ④
11	① ② ③ ④	31	① ② ③ ④	51	① ② ③ ④	71	① ② ③ ④		
12	① ② ③ ④	32	① ② ③ ④	52	① ② ③ ④	72	① ② ③ ④		
13	① ② ③ ④	33	① ② ③ ④	53	① ② ③ ④	73	① ② ③ ④		
14	① ② ③ ④	34	① ② ③ ④	54	① ② ③ ④	74	① ② ③ ④		
15	① ② ③ ④	35	① ② ③ ④	55	① ② ③ ④	75	① ② ③ ④		
16	① ② ③ ④	36	① ② ③ ④	56	① ② ③ ④	76	① ② ③ ④		
17	① ② ③ ④	37	① ② ③ ④	57	① ② ③ ④	77	① ② ③ ④		
18	① ② ③ ④	38	① ② ③ ④	58	① ② ③ ④	78	① ② ③ ④		
19	① ② ③ ④	39	① ② ③ ④	59	① ② ③ ④	79	① ② ③ ④		
20	① ② ③ ④	40	① ② ③ ④	60	① ② ③ ④	80	① ② ③ ④		

금융 · 자격증 전문 교육기관 해커스금융

fn.Hackers.com

합격의 기준, 해커스금융
fn.Hackers.com

고사장   고사실
성 명

문제유형	Ⓐ Ⓑ
교 시	① ②

주민번호

수험번호

감독관 확인란

* 답안지 작성은 반드시 컴퓨터용 사인펜을 사용하고 연필, 수성 사인펜은 절대 사용하지 마십시오.

AFPK® 자격시험 OMR 답안지 (모듈1)

1	① ② ③ ④	21	① ② ③ ④	41	① ② ③ ④	61	① ② ③ ④	81	① ② ③ ④
2	① ② ③ ④	22	① ② ③ ④	42	① ② ③ ④	62	① ② ③ ④	82	① ② ③ ④
3	① ② ③ ④	23	① ② ③ ④	43	① ② ③ ④	63	① ② ③ ④	83	① ② ③ ④
4	① ② ③ ④	24	① ② ③ ④	44	① ② ③ ④	64	① ② ③ ④	84	① ② ③ ④
5	① ② ③ ④	25	① ② ③ ④	45	① ② ③ ④	65	① ② ③ ④	85	① ② ③ ④
6	① ② ③ ④	26	① ② ③ ④	46	① ② ③ ④	66	① ② ③ ④	86	① ② ③ ④
7	① ② ③ ④	27	① ② ③ ④	47	① ② ③ ④	67	① ② ③ ④	87	① ② ③ ④
8	① ② ③ ④	28	① ② ③ ④	48	① ② ③ ④	68	① ② ③ ④	88	① ② ③ ④
9	① ② ③ ④	29	① ② ③ ④	49	① ② ③ ④	69	① ② ③ ④	89	① ② ③ ④
10	① ② ③ ④	30	① ② ③ ④	50	① ② ③ ④	70	① ② ③ ④	90	① ② ③ ④
11	① ② ③ ④	31	① ② ③ ④	51	① ② ③ ④	71	① ② ③ ④	91	① ② ③ ④
12	① ② ③ ④	32	① ② ③ ④	52	① ② ③ ④	72	① ② ③ ④	92	① ② ③ ④
13	① ② ③ ④	33	① ② ③ ④	53	① ② ③ ④	73	① ② ③ ④	93	① ② ③ ④
14	① ② ③ ④	34	① ② ③ ④	54	① ② ③ ④	74	① ② ③ ④	94	① ② ③ ④
15	① ② ③ ④	35	① ② ③ ④	55	① ② ③ ④	75	① ② ③ ④	95	① ② ③ ④
16	① ② ③ ④	36	① ② ③ ④	56	① ② ③ ④	76	① ② ③ ④	96	① ② ③ ④
17	① ② ③ ④	37	① ② ③ ④	57	① ② ③ ④	77	① ② ③ ④	97	① ② ③ ④
18	① ② ③ ④	38	① ② ③ ④	58	① ② ③ ④	78	① ② ③ ④	98	① ② ③ ④
19	① ② ③ ④	39	① ② ③ ④	59	① ② ③ ④	79	① ② ③ ④	99	① ② ③ ④
20	① ② ③ ④	40	① ② ③ ④	60	① ② ③ ④	80	① ② ③ ④	100	① ② ③ ④

합격의 기준, 해커스금융
fn.Hackers.com

고사장   고사실
성 명

문제유형	Ⓐ Ⓑ
교 시	① ②

주민번호

수험번호

감독관 확인란

* 답안지 작성은 반드시 컴퓨터용 사인펜을 사용하고 연필, 수성 사인펜은 절대 사용하지 마십시오.

AFPK® 자격시험 OMR 답안지 (모듈2)

1	① ② ③ ④	21	① ② ③ ④	41	① ② ③ ④	61	① ② ③ ④	81	① ② ③ ④
2	① ② ③ ④	22	① ② ③ ④	42	① ② ③ ④	62	① ② ③ ④	82	① ② ③ ④
3	① ② ③ ④	23	① ② ③ ④	43	① ② ③ ④	63	① ② ③ ④	83	① ② ③ ④
4	① ② ③ ④	24	① ② ③ ④	44	① ② ③ ④	64	① ② ③ ④	84	① ② ③ ④
5	① ② ③ ④	25	① ② ③ ④	45	① ② ③ ④	65	① ② ③ ④	85	① ② ③ ④
6	① ② ③ ④	26	① ② ③ ④	46	① ② ③ ④	66	① ② ③ ④	86	① ② ③ ④
7	① ② ③ ④	27	① ② ③ ④	47	① ② ③ ④	67	① ② ③ ④	87	① ② ③ ④
8	① ② ③ ④	28	① ② ③ ④	48	① ② ③ ④	68	① ② ③ ④	88	① ② ③ ④
9	① ② ③ ④	29	① ② ③ ④	49	① ② ③ ④	69	① ② ③ ④	89	① ② ③ ④
10	① ② ③ ④	30	① ② ③ ④	50	① ② ③ ④	70	① ② ③ ④	90	① ② ③ ④
11	① ② ③ ④	31	① ② ③ ④	51	① ② ③ ④	71	① ② ③ ④		
12	① ② ③ ④	32	① ② ③ ④	52	① ② ③ ④	72	① ② ③ ④		
13	① ② ③ ④	33	① ② ③ ④	53	① ② ③ ④	73	① ② ③ ④		
14	① ② ③ ④	34	① ② ③ ④	54	① ② ③ ④	74	① ② ③ ④		
15	① ② ③ ④	35	① ② ③ ④	55	① ② ③ ④	75	① ② ③ ④		
16	① ② ③ ④	36	① ② ③ ④	56	① ② ③ ④	76	① ② ③ ④		
17	① ② ③ ④	37	① ② ③ ④	57	① ② ③ ④	77	① ② ③ ④		
18	① ② ③ ④	38	① ② ③ ④	58	① ② ③ ④	78	① ② ③ ④		
19	① ② ③ ④	39	① ② ③ ④	59	① ② ③ ④	79	① ② ③ ④		
20	① ② ③ ④	40	① ② ③ ④	60	① ② ③ ④	80	① ② ③ ④		

2025 최신개정판

해커스
AFPK®
최종 실전모의고사

개정 12판 1쇄 발행 2025년 5월 19일

지은이	해커스 금융아카데미 편저
펴낸곳	해커스패스
펴낸이	해커스금융 출판팀

주소	서울특별시 강남구 강남대로 428 해커스금융
고객센터	02-537-5000
교재 관련 문의	publishing@hackers.com
	해커스금융 사이트(fn.Hackers.com) 교재 Q&A 게시판
동영상강의	fn.Hackers.com

ISBN	979-11-7244-906-3 (13320)
Serial Number	12-01-01

저작권자 ⓒ 2025, 해커스금융

이 책의 모든 내용, 이미지, 디자인, 편집 형태에 대한 저작권은 저자에게 있습니다.
서면에 의한 저자와 출판사의 허락 없이 내용의 일부 혹은 전부를 인용, 발췌하거나
복제, 배포할 수 없습니다.

**금융자격증 1위,
해커스금융(fn.Hackers.com)**

[h] 해커스금융

· 합격률 1위/합격자 수 1위의 노하우가 담긴 **AFPK 교재 인강**
· 학습 중 궁금한 사항을 바로 해결하는 **금융전문 연구원 1:1 질문/답변 서비스**
· **금융자격증 무료강의, AFPK 시험 상위 합격자 인터뷰** 등 다양한 금융 학습 콘텐츠

[합격률 1위/합격자 수 1위] 한국FPSB AFPK 합격자 발표 자료 기준 2014~2024 통산 합격자 수 1위, 2013~2022 통산 합격률 1위
[금융자격증 1위] 주간동아 선정 2022 올해의 교육 브랜드 파워 온·오프라인 금융자격증 부문 1위

해커스잡 · 해커스공기업 누적 수강건수 700만 선택

취업교육 1위 해커스

합격생들이 소개하는 **단기합격 비법**

삼성 그룹
최종 합격!

오*은 합격생

정말 큰 도움 받았습니다!

삼성 취업 3단계 중 많은 취준생이 좌절하는 GSAT에서
해커스 덕분에 합격할 수 있었다고 생각합니다.

국민건강보험공단
최종 합격!

신*규 합격생

모든 과정에서 선생님들이 최고라고 느꼈습니다!

취업 준비를 하면서 모르는 것이 생겨 답답할 때마다, 강의를 찾아보며 그 부분을
해결할 수 있어 너무 든든했기 때문에 모든 선생님께 감사드리고 싶습니다.

해커스 대기업/공기업 대표 교재

GSAT 베스트셀러
279주 1위

7년간 베스트셀러
1위 326회

[279주 베스트셀러 1위] YES24 수험서 자격증 베스트셀러 삼성 GSAT 분야 1위(2014년 4월 3주부터, 1판부터 20판까지 주별 베스트 1위 통산)
[326회] YES24/알라딘/반디앤루니스 취업/상식/적성 분야, 공사 공단 NCS 분야, 공사 공단 수험서 분야, 대기업/공기업/면접 분야 베스트셀러 1위 횟수 합계
(2016.02.~2023.10/1~14판 통산 주별 베스트/주간 베스트/주간집계 기준)
[취업교육 1위] 주간동아 2024 한국고객만족도 교육(온·오프라인 취업) 1위
[700만] 해커스 온/오프라인 취업강의(특강) 누적신청건수(중복수강/무료 강의 포함/2015.06~2024.11.28)

| 대기업 | | 공기업 |

최종합격자가
수강한 강의는?
지금 확인하기!

해커스잡 ejob.Hackers.com

2025 기본서 개정사항 및
최신 출제경향 완벽 반영!

2026년 첫 시험 대비 가능

AFPK® CFP®
한국FPSB 지정교육기관

해커스
AFPK®
최종 실전모의고사

정답 및 해설

해커스금융

해커스
AFPK®
최종 실전모의고사

정답 및 해설

해커스

금융·자격증 전문 교육기관 해커스금융

fn.Hackers.com

해커스 AFPK®

최종 실전모의고사 정답 및 해설

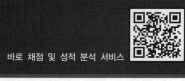
정답

모듈1

재무설계 개론

1 ③	2 ③	3 ②	4 ④	5 ③	6 ②	7 ②	8 ③	9 ①	10 ③
11 ④	12 ④	13 ②	14 ②	15 ①					

재무설계사 직업윤리

16 ②	17 ②	18 ②	19 ③	20 ①

은퇴설계

21 ①	22 ②	23 ④	24 ②	25 ③	26 ③	27 ②	28 ④	29 ④	30 ④
31 ②	32 ②	33 ②	34 ①	35 ①	36 ①	37 ③	38 ④	39 ③	40 ④
41 ③	42 ①	43 ①	44 ④	45 ④	46 ②	47 ①	48 ③	49 ③	50 ③

부동산설계

51 ④	52 ③	53 ②	54 ②	55 ②	56 ③	57 ④	58 ④	59 ②	60 ③
61 ①	62 ②	63 ④	64 ①	65 ③	66 ①	67 ②	68 ③	69 ②	70 ②
71 ①	72 ③	73 ④	74 ①	75 ④					

상속설계

76 ④	77 ③	78 ③	79 ①	80 ②	81 ④	82 ④	83 ②	84 ①	85 ③
86 ②	87 ①	88 ④	89 ②	90 ②	91 ②	92 ③	93 ②	94 ④	95 ④
96 ②	97 ④	98 ②	99 ④	100 ③					

모듈2

위험관리와 보험설계

1 ④	2 ①	3 ①	4 ②	5 ④	6 ②	7 ②	8 ④	9 ②	10 ③
11 ①	12 ①	13 ③	14 ②	15 ③	16 ②	17 ①	18 ④	19 ④	20 ③
21 ③	22 ③	23 ①	24 ④	25 ③	26 ②	27 ②	28 ③	29 ③	30 ④

투자설계

31 ③	32 ①	33 ②	34 ②	35 ②	36 ①	37 ④	38 ④	39 ③	40 ④
41 ④	42 ④	43 ②	44 ①	45 ②	46 ④	47 ②	48 ②	49 ①	50 ①
51 ②	52 ②	53 ②	54 ②	55 ②	56 ③	57 ②	58 ④	59 ③	60 ②

세금설계

61 ①	62 ②	63 ②	64 ②	65 ②	66 ③	67 ④	68 ②	69 ④	70 ②
71 ①	72 ④	73 ③	74 ①	75 ①	76 ③	77 ④	78 ④	79 ②	80 ③
81 ②	82 ②	83 ②	84 ①	85 ③	86 ③	87 ①	88 ④	89 ③	90 ④

모듈1 해설

㉮ 기본서 : 한국FPSB에서 발간한 기본서 페이지를 표기하였습니다.

㉯ 요약집 : 해커스금융 AFPK 합격지원반, 수강료 환급반, 기수료팩, 핵심요약 강의 수강생에게 제공되는 〈해커스 AFPK 핵심요약집〉 페이지를 표기하였습니다.

▪ 재무설계 개론

1 재무설계의 개념   정답 ③
㉮ p.10~15 ㉯ p.18~20

① 재테크는 돈의 양을 늘리는 것을 중요한 목표로 삼고 투자수익 극대화에 중점을 두어 인생에 필요한 목적자금으로 사용되지 않는 경우가 많은 반면, 재무설계는 재무목표를 정하고 이를 위한 계획과 실천에 중점을 둔다.
② 재무설계는 한 번의 계획과 실천으로 완성되는 것이 아니라 정기적으로 수정·보완되는 '과정'이다.
④ 재무설계는 사후 대책 마련보다 사전 예방적 기능이 강하여 미래 발생 가능한 재무이슈를 사전에 파악하고 이를 효과적으로 관리할 수 있다.

2 재무설계의 발전과정과 국내도입   정답 ③
㉮ p.20~21 ㉯ p.21

'나, 다'는 적절한 설명이다.
가. 국제FPSB → 한국FPSB
라. 호주, 일본은 예비자격으로서 AFP 자격을 두고 있으며, 미국과 인도 등 일부 회원국에서는 AFP 자격 없이 국제자격인 CFP 자격만 두고 있다.

3 현금흐름 관리   정답 ②
㉮ p.38~41 ㉯ p.26

개인사업자의 경우 매월 가계에 들어오는 현금흐름은 총수입(세전수입)이 된다.

4 부채의 분류와 평가   정답 ④
㉮ p.56 ㉯ p.33

부채는 사용목적에 따라 소비성 부채, 주거관련 부채, 기타부채로 나뉜다.

5 재무상태표 작성   정답 ③
㉮ p.51, 56~57 ㉯ p.30~33

① 김윤지 고객의 현금성자산은 1,000천원(CMA)이며, 투자자산은 2,000천원(비상장주식)이다.
② 비상장주식은 거래가 또는 공정가치평가금액으로 평가한 금액으로 기록한다.
④ 김윤지 고객의 순자산은 1,100천원이다.
　• 순자산 = 총자산 - 총부채
　　= (1,500 + 1,000 + 1,200 + 2,000 + 500 + 1,000 + 1,700)
　　　- (1,800 + 3,000 + 3,000)
　　= 1,100

6 재무비율 분석   정답 ②
㉮ p.68~70 ㉯ p.38~39

박승유씨의 가계수지상태는 49.7%로, 60% 이하이기에 적절한 수준이다.
　• 가계수지상태 = 월 총지출/월 순수입
　　　　　　= (11,000 + 4,000)/30,200
　　　　　　= 49.7%
① 월 총지출 = 고정지출 + 변동지출
　　　　= 11,000 + 4,000 = 15,000
③ 비상예비자금 규모 = (고정지출 + 변동지출) × (3 or 6)
　　　　　= (11,000 + 4,000) × (3 or 6) = 45,000~90,000
④ 비상예비자금으로 활용할 수 있는 자산은 현금성자산인 CMA이다.
[참고] 정기예금은 저축성자산, 변액보험은 투자자산으로 분류한다.

7 부채 적정성 분석   정답 ②
㉮ p.71 ㉯ p.40

총부채부담률 = 총부채/총자산
　　　　= (50,000 + 15,000) / (20,000 + 80,000 + 200,000)
　　　　= 21.67%

8 재무설계 프로세스   정답 ③
㉮ p.86~107 ㉯ p.43~48

'마 - 가 - 라 - 바 - 나 - 다'의 순이다.
가. [2단계] 고객 관련 정보의 수집
나. [5단계] 재무설계 제안서의 실행
다. [6단계] 고객 상황의 모니터링
라. [3단계] 고객의 재무상태 분석 및 평가
마. [1단계] 고객과의 관계 정립
바. [4단계] 재무설계 제안서의 작성 및 제시

9 재무설계 프로세스 - 4단계(재무설계 제안서의 작성 및 제시)   정답 ①
㉮ p.102~105 ㉯ p.47

실행을 위한 상품과 서비스의 선별 및 제시는 재무설계 프로세스 중 5단계 재무설계 제안서의 실행에 해당하는 업무수행내용이다.

10 개인신용정보   정답 ③
㉮ p.116~119 ㉯ p.51~52

한국신용정보원에 등록된 연체정보는 등록일로부터 90일 이내 연체금을 상환한 경우 또는 연체대출금이 1천만원(신용카드·할부금융대금 5백만원) 이하 중에서 상환한 경우에는 해제와 동시에 그 기록도 삭제된다.

11 소비자신용   정답 ④
㉮ p.114~115 ㉯ p.50

신용은 미래의 소득을 당겨서 사용하는 것이므로 미래의 구매력을 감소시키고 현재의 구매력을 증가시킨다.

12 행동재무학적 심리적 편향   정답 ④
㉮ p.159~172 ㉯ p.64~69

가. 심적회계
나. 후회회피
다. 소유효과
라. 자기통제 오류

13 비언어적 의사소통   정답 ②
㉮ p.180~182 ㉯ p.70~71

유사언어는 신체기관이 아닌 음성과 관련된 비언어적 표현을 말하며, 억양이나 음성의 크기, 속도 등으로 나타난다.

14 청약철회권   정답 ②
㉮ p.205~206 ㉯ p.78~79

'나, 다'는 투자성 상품으로서 청약철회권 대상 상품에 해당하며, 투자성 상품의 철회가능기간은 계약체결일로부터 7일이다.
가. 신용카드는 대출성 상품 중 청약철회권 대상에서 제외되는 상품이다.
라. 단기(90일) 보험상품은 보장성 상품 중 청약철회권 대상에서 제외되는 상품이다.

15 과징금과 과태료   정답 ①
㉮ p.207~208 ㉯ p.80

'가, 나'는 적절한 설명이다.
다. 금융상품직접판매업자나 금융상품자문업자가 6대 판매규제 중 적합성원칙, 적정성원칙을 위반한 경우에는 과징금 부과대상이 되지 않는다.
라. 과태료는 6대 판매규제를 위반한 모든 경우에 부과한다.

▪ 재무설계사 직업윤리

16 고객에 대한 의무 – 진단의무 정답 ②

[기] p.6 [요] p.87

진단의무에 대한 설명이다.

17 행동규범 – 고객과의 관계정립 정답 ②

[기] p.12 ~ 13 [요] p.90

고객, 자격인증자, 제3자와의 전반적인 이해상충을 기술한 요약서를 고객에게 서면으로 제공하여야 한다는 것은 고객과의 관계정립이 아닌 고객에게 제공하여야 할 정보에 관한 행동규범에 해당한다.

18 재무설계사의 결격사유 정답 ②

[기] p.18 ~ 19 [요] p.93

3년 → 1년

19 재무설계 업무수행과정 정답 ③

[기] p.22 ~ 32 [요] p.94 ~ 97

'나 – 라 – 가 – 마 – 다 – 바'의 순이다.

가. 업무수행내용 3-2 : 고객의 목표, 니즈 및 우선순위의 평가
나. 업무수행내용 1-1 : 재무설계 및 자격인증자의 역량에 대한 정보제공
다. 업무수행내용 5-1 : 실행책임에 대한 상호 합의
라. 업무수행내용 2-1 : 고객의 개인적인 재무목표, 니즈 및 우선순위의 파악
마. 업무수행내용 4-1 : 재무설계 대안의 파악 및 평가
바. 업무수행내용 6-2 : 고객 상황의 모니터링 및 재평가

20 재무설계 업무수행 시 유의사항 정답 ①

[기] p.50 ~ 57 [요] p.99 ~ 101

'나'는 적절한 설명이다.

가. 조세에 관한 상담이나 자문행위는 세무사의 업무영역을 침범하게 될 가능성이 있기 때문에 유의하여야 한다.
다. 조세에 관한 상담을 포함하여 세무대리업무에 해당될 수 있는 행위를 하는 경우에는 비록 무보수라고 할지라도 세무사법에 위반되는 행위로 간주되어 처벌대상이 된다.
라. 무보수로 법률상담을 하는 경우에는 변호사법 제109조에 의한 처벌의 대상이 되지 않는 것으로 해석된다.
[참고] 단, 자격인증자의 경우에는 종합재무설계업무 등 전문직 업무수행에 대한 보수에 법률상담에 대한 보수가 포함되어 있다는 견해도 있을 수 있으므로 유의하여야 한다.

▪ 은퇴설계

21 은퇴설계의 필요성 정답 ①

[기] p.16 ~ 21 [요] p.108 ~ 109

생산연령인구 1백명당 부양해야 할 인구는 총부양비이다.
노령화지수는 유소년인구 1백명당 고령인구를 의미한다.

22 은퇴생활의 특징 정답 ②

[기] p.11 ~ 12 [요] p.106

'가, 다'는 활동기에 대한 설명이다.
'나'는 회상기에 대한 설명이다.
'라'는 간병기에 대한 설명이다. 간병기에는 크고 작은 질병을 가진 채로 긴 시간을 보내야 하기 때문에 이 시기를 보낼 안전한 주거지로의 이동을 고려해야 한다.

23 목표은퇴소득 정답 ④

[기] p.35 ~ 36 [요] p.113 ~ 114

목표소득대체율 = 은퇴 후 소비 수준/은퇴 전 소비 수준
= 표준생활비/300만원 = 80%
∴ 표준생활비 = 80% × 300만원 = 240만원

① 표준생활비 → 유락생활비
② 목표소득대체율은 소비기준으로 산출하는 것이 일반적이다.
③ '목표소득대체율 = 은퇴 후 소비 수준/은퇴 전 소비 수준'으로 산출하므로, 최저생활비를 기준으로 계산한 목표소득대체율은 50%(= 150만원/300만원) 수준이다.

24 은퇴소득원 유형 – 주택연금 정답 ②

[기] p.46 ~ 48 [요] p.116 ~ 118

'가, 나'는 적절한 설명이다.

다. 대상 주택에 거주하고 있어야 신청 가능하다.
라. 주택가격이 대출 잔액보다 적을 때는 부족분에 대하여 상속인에게 추가적으로 청구하지 않는다.

25 은퇴소득원 유형 – 농지연금 정답 ③

[기] p.50 ~ 52 [요] p.118 ~ 119

9억원 → 6억원

26 총은퇴일시금 산정 정답 ③

[기] p.69 [요] p.123 ~ 124

초기인출률을 사용한 총은퇴일시금 산정 방법은 은퇴 첫해에 필요한 인출금액을 결정한 후, 이 금액을 고객과 합의한 은퇴소득 초기인출률로 나누어 산출한다.

- 20,000천원 ÷ 0.03 = 666,667천원

27 은퇴소득원 정답 ②

[기] p.62 ~ 63, p.72 [요] p.121 ~ 122

- '정기적금, 납입 완료한 적립식 펀드, 연금보험'은 저축 및 투자자산에 해당하여, 저축 및 투자자산 금액은 18,000만원(= 3,000 + 7,000 + 8,000)이다.
- 'IRP(퇴직연금 이외 추가 설정), 연금저축신탁'은 세제적격연금에 해당한다.
- '국민연금'은 은퇴자산으로 평가하지 않으며, 은퇴설계의 편의성을 위해 목표은퇴소득에서 차감하여 총은퇴일시금 산정을 위한 연간 은퇴소득 부족금액을 계산하는 데 사용된다.

28 은퇴자산 평가 정답 ④

[기] p.70 ~ 72 [요] p.124

은퇴 후 은퇴소득으로 사용할 부동산은 은퇴시점에 매각하는 것으로 가정하고, 매각 시 발생하는 매도비용과 양도소득세 등을 공제하여 순미래가치로 평가해야 한다.

29 은퇴설계와 자산배분 정답 ④

[기] p.75, p.77 [요] p.126

전략적 자산배분은 포트폴리오의 목표수익률과 위험한도(손실 허용범위)를 설정하고, 자산군별 투자비중을 결정하는 순서로 진행된다.

30 국민연금의 특징 정답 ④

[기] p.108 ~ 109, p.112 [요] p.138, p.140

① 김재형씨가 2025년 현재 사망할 경우 유족연금은 배우자(사실혼 배우자 포함), 자녀, 부모, 손자녀, 조부모 순위 중 최우선 순위자에게 지급한다.
② 김재형씨(1964년생)의 연금수급개시연령은 63세이다.
③ 60% → 50%

31 국민연금 연금보험료 및 가입기간 정답 ②

㉮ p.101 ~ 103 ㉯ p.135

'가, 나'는 적절한 설명이다.
다. 70% → 50%
라. 1년 → 5년
선납기간은 원칙적으로 1년 이내이지만, 선납신청 당시 50세 이상인 자에 대해서는 5년 이내까지 가능하다.

32 국민연금 가입자 정답 ②

㉮ p.97 ~ 100 ㉯ p.133 ~ 134

가. 지역가입자
나. 사업장가입자
다. 임의계속가입자
라. 임의가입자
[참고] 사업장가입자, 지역가입자, 임의계속가입자, 노령연금 수급권자, 퇴직연금 등 수급권자의 배우자로서 별도 소득이 없는 자는 지역가입자 제외 대상이다.

33 국민연금 연금급여 노령연금 정답 ②

㉮ p.108 ~ 109 ㉯ p.138

30만원 → 36만원
• 5년 연기 시 추가지급률 = 연 7.2% × 5년 = 36%
∴ 추가지급액 = 100만원 × 36% = 36만원

34 국민연금 연금급여 유족연금 정답 ①

㉮ p.111 ~ 112 ㉯ p.140

• 자녀가 부모보다 우선 순위자이지만, 자녀는 25세 미만이거나, 장애등급 1급 또는 2급 및 장애인복지법 제2조에 따른 장애의 정도가 심한 장애인의 요건을 만족하지 못하고, 아버지는 60세 이상으로 요건을 만족하기 때문에 아버지가 유족연금 수급자가 된다.
• 국민연금 가입자의 가입기간이 20년 이상에 해당하기 때문에 유족연금으로 기본연금액의 60%가 지급된다.

35 국민연금 중복급여의 조정 정답 ①

㉮ p.114 ㉯ p.142

노령연금 수급권자인 B씨가 유족연금 수급권이 발생한 경우 노령연금을 선택하면 유족연금의 30%를 가산하여 지급한다.
∴ 노령연금 선택 시 연금액 = (600천원 × 30%) + 400천원
= 180천원 + 400천원 = 580천원

36 공무원연금 정답 ①

㉮ p.119 ~ 120, p.123 ㉯ p.144 ~ 146

② 연금급여 수급권자가 국적을 상실할 경우 본인의 희망에 따라 연금을 계속 수령하거나 4년분의 연금에 상당하는 금액을 일시금으로 받을 수 있다.
③ 선출직이 아닌 선거에 의하여 취임하는 공무원인 국회의원, 지방자치단체장 등은 공무원연금 적용대상에서 제외된다.
④ 공무원이 10년 미만 재직하고 퇴직할 경우에 퇴직일시금이 지급된다.

37 직역연금 정답 ③

㉮ p.125 ㉯ p.147

군인연금의 기여금은 7%, 공무원연금의 기여금은 9%이다.

38 사학연금 정답 ④

㉮ p.128 ~ 129 ㉯ p.148

임시로 임명된 자, 조건부로 임명된 자는 임의적용 가입대상에서 제외한다.

39 퇴직급여제도 정답 ③

㉮ p.133 ~ 134, p.137 ㉯ p.149 ~ 150

① 퇴직연금제도 → 퇴직금제도
② 퇴직금제도는 계속근로연수에 평균임금을 곱하여 퇴직금을 산정하기 때문에 과거 장기근속 고용체계에서는 일정 수준의 목돈을 마련할 수 있는 장점이 있었지만, 근속기간이 짧아지는 추세에서는 장점이 지속되기 어렵다.
④ 퇴직급여를 근로자의 대출채권과 상계하여 지급하는 것은 금지된다.

40 퇴직연금제도 정답 ④

㉮ p.135, p.142 ~ 143 ㉯ p.150, p.152

DB형 퇴직연금은 상장주식에 대한 직접투자를 허용하고 있다.

41 개인형퇴직연금 정답 ③

㉮ p.147 ㉯ p.155

IRP를 설정할 수 있는 사람은 '가, 나, 다'로 총 3명이다.
라. IRP는 근로소득이 있는 사람이나 자영업자 등이 가입 가능하며, 소득이 없는 가정주부는 IRP를 설정할 수 없다.

42 사전지정운용제도 정답 ①

㉮ p.144 ~ 146 ㉯ p.157

일주일 이내 → 2주 이내

43 IRP계좌 설정 시 점검사항 정답 ①

㉮ p.152 ~ 154 ㉯ p.157

'가, 나, 다'는 적절한 설명이다.
라. 추가적인 은퇴저축을 위해 DC형 퇴직연금계좌에 근로자가 추가 납입하는 경우 사용자 부담금과 근로자 기여금이 혼용되어 운용된다. 이 경우 운용기간 중 퇴직급여와 가입자 기여금 및 기여금 운용수익을 정확히 구별하기 어렵다.

44 연금저축계좌 세금 정답 ④

㉮ p.172 ~ 174 ㉯ p.165 ~ 166

가입기간이 10년 이상 경과하면 중도해지하거나 연금을 수령하는 경우 과세하지 않는다.

45 세제비적격연금 정답 ④

㉮ p.175 ~ 176 ㉯ p.168

① 세제비적격연금에는 금리연동형 연금보험, 변액연금보험 등이 있다. 연금저축신탁/보험/펀드는 세제적격연금이다.
② 연금개시 전 중도인출이 가능해 긴급한 생활자금 등이 필요할 때 계약을 해지하지 않고 인출할 수 있다.
③ 연금보험은 가입기간 등 소득세법상 요건을 충족하면 보험차익에 대해 이자소득세를 과세하지 않는다.

46 연금계좌 승계 정답 ②

㉮ p.174 ㉯ p.167

연금계좌 승계는 연금계좌 가입자가 사망한 경우 배우자에 한해서 연금계좌를 승계할 수 있어 유족배우자의 생활보장을 위한 연금으로 활용될 수 있다.

47 개인연금 가입 시 고려사항 정답 ①

㉮ p.181 ~ 183 ㉯ p.167, p.171

• 위험선호형이라면 세제혜택이 있는 연금저축 중 연금저축펀드를 선택한다.
• 연금저축은 위험자산 투자비중 제한이 없어 100% 투자 가능하고, IRP는 위험자산 투자비중이 70%로 제한된다.
∴ 위험자산 운용한도 = (800만원 × 100%) + (200만원 × 70%)
= 800만원 + 140만원 = 940만원

48 연금저축펀드와 IRP의 선택 정답 ③

㉮ p.183 ~ 184 ㉯ p.164

연금저축펀드는 전액 해지 및 일부 해지를 자유롭게 할 수 있다.
[참고] 연금저축보험의 경우에는 일부 해지가 불가능하다.

49 은퇴 후 자산관리의 기본원칙 정답 ③

㉮ p.191 ~ 194 ㉯ p.172

은퇴 전 은퇴자금 축적 계획 수립을 위한 기대수익률은 과거 일정 기간 동안의 평균수익률을 참고하여 산정한다.

50 은퇴소득 인출전략 정답 ③

㉮ p.198 ~ 201 ㉯ p.173

① 물가상승률은 구매력 유지를 위해 반드시 반영되어야 한다.
② 낮게 → 높게
④ 포트폴리오에 위험자산 비중이 높아질수록 수익률에 대한 불확실성도 함께 커지기 때문에 은퇴소득 인출전략의 성공 가능성도 계속 증가하지는 않는다.

▪ 부동산설계

51 부동산업 분류 정답 ④

㉮ p.11 ㉯ p.178

'다, 라'는 부동산 관련 서비스업에 해당한다.
'가, 나'는 부동산 임대 및 공급업에 해당한다.

52 건축물의 분류 정답 ③

㉮ p.19 ~ 20 ㉯ p.180

가. 아파트
나. 다중주택
다. 다세대주택

53 주택정책 – 분양가상한제 정답 ②

㉮ p.44 ~ 45 ㉯ p.186, p.188

'다, 라'는 적절한 설명이다.
가. 분양가상한제는 건설사들의 분양수익을 감소시켜 공급의 감소를 초래할 수 있다. 이러한 공급의 감소는 장기적으로 주택가격을 상승시키는 요인으로 작용할 수 있다.
나. 상한가격이 시장균형가격보다 높은 경우 시장에서 형성되는 가격과 공급량에 영향을 미치지 않는다.

54 부동산 수요 정답 ②

㉮ p.32 ~ 34 ㉯ p.182 ~ 183

가격만의 요인 변화로 수요곡선상에서 점의 이동으로 변화하는 것을 수요량의 변화라고 한다. 반면, 가격 이외의 다른 요인이 변화함에 따른 수요곡선 자체의 이동은 수요의 변화라고 한다.
① 좌측 → 우측
③ 최소금액 → 최대금액
④ 부동산의 부동성으로 인해 시장이 국지화되어 일반 재화에 비해 수요의 이동이 자유롭지 못하다.

55 부동산물권 – 용익물권 정답 ②

㉮ p.57 ~ 58 ㉯ p.192

토지 사용에 따른 지료의 지급은 지상권의 성립요소가 아니므로 무상의 지상권이 있을 수 있다.

56 공동소유의 유형 정답 ③

㉮ p.56 ~ 57 ㉯ p.193, p.250

'나, 다, 라'는 적절한 설명이다.
가. 총유는 공동소유자에 대한 지분이 인정되지 않아 지분 자체가 없다.
[참고] 총유는 목적물의 변경·처분을 할 때 사원총회의 결의가 필요하다.
다. 공동상속인 간 상속재산에 대한 분할이 완료될 때까지 공동상속인들은 상속재산을 공유하게 된다. 또한, 공동소유자 사이에는 인적 결합관계가 없기 때문에 각자의 지분을 자유롭게 처분할 수 있다.

57 부동산물권 – 담보물권(저당권) 정답 ④

㉮ p.59 ~ 60, p.63 ㉯ p.192, p.195

저당권이 설정된 후 전세권이 설정되었을 때 저당권이 실행되어 경매가 진행되면, 전세권은 저당권에 대항할 수 없고 소멸한다. 따라서 전세권은 경락자에게 인수되지 않는다.
① 저당권은 물건 자체를 인도받아 점유하지 않으며, 등기부에 기재하여 관념적으로만 지배하는 권리이다.
② 근저당권은 채무가 확정되기 전까지는 채무의 소멸 또는 이전에 영향을 받지 않고 존속한다.
③ 5억원의 주택 구매 시, 은행에서 주택담보대출 40%를 실행하여 대출을 받는다면 은행은 이에 대하여 120 ~ 130%로 근저당권을 설정하게 된다. 따라서 실제 등기에는 2억 4천만원의 근저당권이 설정된다.

58 부동산등기제도 – 등기 권리 순위 정답 ④

㉮ p.67 ~ 68 ㉯ p.196

가등기를 한 후 가등기에 의한 본등기가 있는 경우 본등기의 순위는 가등기의 순위를 따른다. 가등기는 장래에 할 본등기의 순위를 보전하는 효력이 있다.

59 토지의 지목 정답 ②

㉮ p.70 ~ 71 ㉯ p.197 ~ 198

유원지의 경우 원칙은 '유'로 지적도 및 임야도에 표기하여야 하나, 유지의 '유'와 중복되므로 예외적으로 '원'으로 표기한다.
① 광천지 – 광
③ 공장용지 – 장
④ 하천 – 천
[참고] 지목 표기의 예외사항

지목	원칙	예외
공장용지	공	장
주차장	주	차
하천	하	천
유원지	유	원

60 부동산 공부 – 등기사항전부증명서 정답 ③

㉮ p.74 ~ 75 ㉯ p.199

근저당권설정등기는 을구에 기재되는 사항이다.
[참고] • 갑구에는 소유권에 관한 사항을 기록하며, 소유권보존등기, 소유권이전등기, 가등기, 가압류등기, 가처분등기, 압류등기, 환매등기, 경매기입등기 등을 기재한다.
• 을구에는 소유권 이외의 권리들이 표시되며, 근저당권, 전세권설정등기 등을 기재한다.

61 부동산 경매 정답 ①

㉮ p.87 ~ 95 ㉯ p.201 ~ 203

해당 경매는 담보물권(근저당권)을 가진 채권자가 담보권행사에 의해 경매가 진행되기 때문에 임의경매에 해당한다. 임의경매는 강제경매와 달리 그 실행에 집행권원을 요하지 않는다.
② 기일입찰이므로 매각기일인 20×1년 3월 14일에 입찰 및 개찰한다.
③ 경매 낙찰자는 대금지급기한까지 매각대금을 납부해야 한다.
[참고] 매각결정기일은 매각기일에 최고가매수신고인으로 선정된 사람에게 매각허가 또는 불허가를 결정하여 신고하는 날이다.
④ 주택임대차법에 의한 소액임차인이라도 경매법원에 배당요구종기까지 반드시 배당요구를 해야만 배당을 받을 수 있다.

62 부동산 경매와 공매 정답 ③

㉮ p.87, p.94, p.97 ㉯ p.201, p.203~204

입찰기일에 매각신청이 없어 경매가 이루어지지 않는 것을 유찰이라고 하며, 재경매는 낙찰자의 대금 미납으로 인하여 종전 가격으로 다시 실시하는 경매를 말한다.

63 부동산 계약 – 청약과 승낙 정답 ④

㉮ p.101~102 ㉯ p.205

① 승낙 → 청약
② 승낙은 불특정 다수인이 아닌 특정의 청약자에 대하여 청약의 상대방이 계약을 성립시킬 의사를 가지고 있어야 한다.
③ 승낙자가 청약에 조건을 붙이거나 변경을 가하여 승낙을 할 때에는 청약에 대한 거절과 함께 새로운 청약을 한 것으로 본다.

64 부동산 임차인의 권리 – 계약갱신요구권 정답 ①

㉮ p.116~117 ㉯ p.211

임차인이 2기의 차임액에 해당하는 금액에 이르도록 차임을 연체한 사실이 있는 경우에 계약갱신요구를 거절할 수 있다.
② 서로 합의하여 임대인이 임차인에게 상당한 보상을 제공한 경우에는 계약갱신요구를 거절할 수 있다.
③ 임차인이 임차한 주택의 전부 또는 일부를 고의나 중대한 과실로 파손한 경우 계약갱신요구를 거절할 수 있다.
④ 임대인 또는 임대인의 직계존비속이 목적 주택에 실제 거주하려는 경우 계약갱신요구를 거절할 수 있다.

65 주택임대차보호법 정답 ③

㉮ p.113, p.115~117 ㉯ p.209~211

① 대항력은 임차인이 주택의 인도(입주)와 주민등록을 마친 그 익일(20×1년 3월 8일)부터 제3자에 대하여 효력이 생긴다.
② 임대인은 약정차임 등의 1/20의 금액(250만원 = 5천만원 × 1/20)을 초과하여 증액을 청구할 수 없다.
④ A씨가 부속한 물건이 있는 경우 B씨의 동의를 얻어 설치하였다면 임대차 종료 시 B씨에게 그 부속물의 매수를 청구할 수 있다.

66 주택임대차보호법과 상가건물임대차보호법 정답 ①

㉮ p.115~118, p.125, p.130~132 ㉯ p.210~214

② 최단존속기간은 주택 2년, 상가건물 1년으로 제한하고 있다.
③ 3% → 5%
④ 상가건물임대차보호법 → 주택임대차보호법
참고 상가건물임대차보호법상 월차임 전환율 상한은 연 12%와 기준금리에 4.5를 곱한 비율 중 낮은 비율을 적용한다.

67 부동산 중개계약 정답 ②

㉮ p.152 ㉯ p.217

'가, 라'는 적절한 설명이다.
나. 전속중개계약을 체결한 개업공인중개사라 할지라도 부동산 거래를 성사시켜야 약정한 중개보수를 받을 수 있다.
다. 전속중개계약 → 일반중개계약

68 용도지역 정답 ③

㉮ p.161~164 ㉯ p.219

제1종 전용주거지역은 단독주택 중심의 양호한 주거환경을 보호하기 위하여 필요한 지역을 말한다.
참고 • 전용주거지역은 단독주택(제1종)/공동주택(제2종) 중심의 양호한 주거환경을 보호하기 위하여 필요한 지역이다.
• 일반주거지역은 저층주택(제1종)/중층주택(제2종)/중·고층주택(제3종)을 중심으로 편리한 주거환경을 조성하기 위하여 필요한 지역이다.

69 건축물의 분류, 용적률 정답 ②

㉮ p.20, p.170 ㉯ p.180, p.221

강주원씨가 신축하려는 주택은 건축법상 (연립주택)에 해당하며, 주택의 용적률은 (160%)이다.
• 주택으로 쓰는 1개 동의 바닥면적 합계가 960㎡(= 240㎡ × 4)로 660㎡를 초과하고, 층수가 4개 층 이하이므로 연립주택에 해당한다.
• 신축하려는 주택의 용적률 = 건축물의 연면적/대지면적 × 100
= 960㎡/600㎡ × 100 = 160%

70 건축허가 및 제한 정답 ②

㉮ p.172~174 ㉯ p.222

3개월 → 6개월

71 건축물의 용도변경 정답 ①

㉮ p.175~176 ㉯ p.223

'가, 마'는 허가대상에 해당한다.
'나, 다'는 허가 및 신고대상에 해당하지 않는다.
'라'는 신고대상에 해당한다.
참고 상위시설군에서 하위시설군으로의 용도변경은 신고하는 것으로 충분하나 그 반대로의 용도변경은 관할 관청의 허가를 받아야 한다. 같은 시설군 내에서의 이동은 허가 및 신고대상에 해당하지 않는다.

72 재개발과 재건축 정답 ③

㉮ p.184 ㉯ p.224

구분	재건축	재개발
사업범위	정비기반시설이 양호하나 노후·불량 건축물에 해당하는 공동주택 주거환경 개선	정비기반시설이 열악한 노후·불량 건축물 주거환경 개선
조합원 자격	건물 및 부속토지를 모두 소유한 자	토지소유자 또는 건축물소유자 또는 지상권자
안전진단	실시함	실시하지 않음
세입자 대책	없음	있음

73 상가의 분류 정답 ④

㉮ p.199~200 ㉯ p.229

상가 운영 업종이 제한적인 것은 아파트 단지 상가의 단점이다.
참고 주주형 상가는 상가 경영이 부실해질 경우 책임을 물을 대상이 불분명하며, 투자지분 매각이 어렵고 공유지분권자들이 많은 경우 경영이 불안정해질 가능성이 높다는 단점이 있다.

74 산업용 부동산 정답 ①

㉮ p.203~204 ㉯ p.230

② 공장용 건물은 높은 이용률로 인해 다른 산업용 부동산에 비해 안정적인 현금흐름을 보인다.
③ 재산세 → 취득세
④ 대량 소품종 → 소량 다품종

75 리츠(REITs)의 유형 정답 ④

㉮ p.212 ㉯ p.233

가. 위탁관리 부동산투자회사
나. 기업구조조정 부동산투자회사(CR-REITs)
다. 자기관리 부동산투자회사(일반 REITs)

▪ 상속설계

76 상속설계의 기본 목표   정답 ④
② p.11~12 ③ p.241

상속설계 시 피상속인과 상속인의 재무적·비재무적인 사항을 함께 고려해야 한다.

77 상속개시   정답 ③
② p.20~21 ③ p.242~243

가. 2019년 2월 17일
나. 2021년 3월 28일
• A씨는 보통실종에 해당하며, 민법상 상속개시일은 실종기간 만료일이다. 보통실종의 실종기간은 부재자의 최종 소식 시로부터 5년이므로, A씨의 민법상 상속개시일은 2019년 2월 17일이다.
• B씨는 특별실종에 해당하며, 민법상 상속개시일은 실종기간 만료일이다. 특별실종의 상속개시일은 사망의 원인이 될 위난을 당하고 그 위난이 종료한 때로부터 1년이므로, B씨의 민법상 상속개시일은 2021년 3월 28일이다.

78 상속인 결격 사유   정답 ③
② p.23 ③ p.244

고의로 어머니를 살해하려 한 것이 아니기 때문에 상속인 결격 사유에 해당하지 않는다.

79 상속인의 범위   정답 ①
② p.27~31 ③ p.245~248

'가, 나'는 법정상속이 적절하게 이루어진 상황이다.
다. 친양자는 친생부모와의 관계가 종료되고 양친의 성과 본으로 변경되므로, 친부모의 법정상속인이 되지 못한다.
라. 전배우자가 사망하면 그 배우자와의 인척관계가 종료되므로 재혼한 D는 전배우자의 어머니와 아무런 법적 관계가 없어 대습상속을 받을 수 없다.

80 상속재산의 범위   정답 ②
② p.36~37 ③ p.250

담보물권은 피담보채권과 분리해서 단독으로 상속되지 않는다.

81 상속분   정답 ④
② p.28, p.42~43, p.76 ③ p.245~246, p.251, p.263

상속인은 배우자 정지은과 자녀 김가영, 김나정, 김다희로, 정지은은 다른 상속인의 상속분에 5할을 가산한 3/9을 상속받는다.

82 기여분   정답 ④
② p.47~51 ③ p.253

① 유류분에 대한 설명이다.
② 기여분은 상속인에게만 인정되므로 포괄수유자가 피상속인을 특별히 부양한 사실이 있다 하더라도 기여분권자로 인정되지 않는다.
③ 공동상속인 중에 피상속인을 특별히 부양한 사람이 있을지라도 공동상속인 간 협의 또는 가정법원의 심판으로 기여분이 결정되지 않은 이상 유류분반환청구소송에서 기여분을 주장할 수 없다.

83 상속포기   정답 ②
② p.31, p.59, p.63~64 ③ p.248, p.259

① 6개월 → 3개월
③ 대습상속은 상속개시 전 피대습인의 사망이나 상속결격에 의하여 일어나므로 상속포기에 따른 대습상속은 인정하지 않고, 포기된 상속분은 나머지 상속인에게 각자의 상속분에 따라 귀속된다.
④ 상속의 포기는 상속인이 법원에 대하여 하는 단독의 의사표시로서 포괄적·무조건적으로 해야 하므로, 조건부 포기나 일부 포기는 허용되지 않는다.

84 기여분이 있는 경우 구체적 상속분   정답 ①
② p.50 ③ p.253

기여분이 있는 경우 구체적 상속분
= {(상속재산의 가액 − 기여분) × 각 상속인의 법정상속비율} + 기여자인 경우 기여분
= {(800,000 − 100,000) × 3/7} + 0 = 300,000

85 유언의 방식   정답 ③
② p.77~80 ③ p.263~265

① 성명은 반드시 가족관계등록부상의 성명에 의해야 하는 것은 아니며, 유언자의 동일성만 특정된다면 아호나 예명이라도 유언은 유효하다.
② 3인 → 2인
④ 증인의 참여가 없는 유언은 공증인의 인증을 받았다 하더라도 공정증서에 의한 유언이라고 볼 수 없다.

86 공정증서유언   정답 ②
② p.78~79, p.84 ③ p.264~265

해당 유언은 공정증서유언이다. 공정증서유언에서 다른 사람이 유언자에게 필기구를 쥐어주고 그 손을 잡고 같이 서명을 한 경우, 이는 공정증서유언의 요건을 갖추지 못한 것으로 보아 유언이 무효가 된다.

87 유류분   정답 ①
② p.93~95 ③ p.268

유류분 = 유류분 산정 기초재산 × 법정상속분 × 유류분 비율
• 유류분 산정 기초재산
= 1,000(상속재산) + 6,500(1년 이내 증여) − 0(상속채무) = 7,500
• 직계존속의 유류분 비율 : 1/3
∴ D의 유류분 = 7,500 × 2/5 × 1/3 = 1,000

88 유류분반환청구   정답 ④
② p.95~96 ③ p.269

		배우자 B	딸 C
유류분 산정 기초재산		1.7억원[1]	1.7억원[1]
×	법정상속분	3/5	2/5
×	유류분비율	1/2	1/2
−	특별수익액	0.1억원	0.1억원
−	순상속액	0.32억원[2]	0.18억원[3]
=	유류분부족액	900만원	600만원

[1] 3억원 + 1억원 + 2천만원 − 2억 5천만원 = 1억 7천만원
[2] (3억원 + 2천만원) × 3/5 − 1천만원 − 2억 5천만원 × 3/5 = 3천 2백만원
[3] (3억원 + 2천만원) × 2/5 − 1천만원 − 2억 5천만원 × 2/5 = 1천 8백만원
∴ B와 C에게 각각 900만원, 600만원의 유류분부족액이 발생했으므로, B는 재단 D에 대해 900만원을 유류분반환청구 할 수 있다.

89 유류분 산정의 기초재산   정답 ②
② p.94 ③ p.268

5년간 → 1년간

90 상속세와 증여세의 관계   정답 ②
② p.105 ③ p.271

상속세는 유산세, 증여세는 유산취득세 방식으로 과세한다.

91 상속세의 기본 개념   정답 ②
② p.106~109 ③ p.272

① 상속개시일 → 상속개시일이 속하는 달의 말일
③ 실종기간 만료일 → 실종선고일
④ 수유자가 영리법인인 경우 납부할 상속세를 면제하되, 그 영리법인이 받은 상속재산에 대해서는 자산수증이익으로 보아 법인세를 과세한다.

92 간주상속재산
정답 ③

㉮ p.110∼111 ⓢ p.274

상속재산가액 = 금전 5,000만원 + 사망보험금 1,000만원 + 신탁재산 2억원
= 2억 6,000만원
- 간주상속재산으로 보는 보험금

= 보험금 수령액 × $\dfrac{\text{피상속인이 부담한 보험료 합계액}}{\text{피상속인의 사망 시까지 납입된 보험료 합계액}}$

= 1억원 × $\dfrac{100만원}{1,000만원}$ = 1,000만원

- 간주상속재산으로 보는 신탁재산
피상속인이 위탁자이며 수익자인 신탁재산은 간주상속재산으로 본다.

93 금융재산상속공제
정답 ②

㉮ p.119∼120 ⓢ p.277

순금융재산가액	상속공제액
2천만원 이하	전액
2천만원 초과 1억원 이하	2천만원
1억원 초과 10억원 이하	순금융재산 × 20%
10억원 초과	2억원

- 순금융재산가액
= 2억원(예금) − 1억원(은행차입금) + 4억원(사망보험금) = 5억원
∴ 금융재산상속공제 = 5억원 × 20% = 1억원
참고 최대주주인 회사의 주식은 순금융재산에서 제외하며, 임대보증금은 금융재산이 아니다.

94 증여로 보지 않는 경우
정답 ④

㉮ p.131∼132 ⓢ p.281

'나, 다, 라'는 상속세 및 증여세법상 증여로 보지 않는 경우에 해당한다.
가. 증여를 받은 후 증여세 과세표준 신고기한 이내에 반환하는 경우 증여가 없는 것으로 보나, 현금은 제외한다.
나. 상속세 신고기한 이내에 협의분할하거나 재분할한 경우에는 증여세를 과세하지 않는다.
다. 이혼 시 재산분할청구권에 의한 재산분할은 증여로 보지 않는다.
라. 수증자가 증여받은 재산(금전 제외)을 증여세 과세표준 신고기한 내에 증여자에게 반환하는 경우에는 당초 증여와 반환하는 것에 대하여 모두 증여세를 부과하지 않는다.

95 증여세의 신고와 납부
정답 ④

㉮ p.134, p.143∼144 ⓢ p.280∼281

가. 9월 30일
증여세 신고기한은 증여일이 속하는 달의 말일부터 3개월 이내이다.
나. 11월 30일
분납기한은 납부기한이 지난 후 2개월 이내이다.
다. 200만원
납부할 세액이 2,000만원 이하일 경우 분납할 수 있는 세액의 한도액은 '납부할 세액 − 1,000만원'이다.
참고 납부할 세액이 2,000만원 초과일 경우 분납세액의 한도는 '납부할 세액 × 50%'이다.

96 증여재산공제
정답 ②

㉮ p.138 ⓢ p.284∼285

증여재산공제는 10년간 배우자로부터 6억원, 직계존속(할아버지, 아버지)으로부터 5,000만원, 6촌 이내의 혈족이나 4촌 이내의 인척으로부터 1,000만원을 한도로 적용할 수 있다.
∴ 증여재산공제액 합계액
= 3,000만원(배우자) + 5,000만원(할아버지, 아버지) + 1,000만원(삼촌)
= 9,000만원

97 증여세 과세표준
정답 ④

㉮ p.137∼140 ⓢ p.282∼285

- 증여재산가산액 : 금번 증여일 전 10년 이내에 동일인(배우자)으로부터 받은 재산 2억원
- 증여재산공제 : 배우자의 경우 6억원 한도
∴ 증여세 과세표준 = 금번 증여재산가액(5억원) + 증여재산가산액(2억원)
− 증여재산공제액(6억원) = 1억원

98 저가·고가 양도에 따른 이익의 증여
정답 ②

㉮ p.148∼149 ⓢ p.287

구분	과세요건	증여재산가액
특수관계인 간의 거래	대가와 시가의 차액이 시가의 30% 이상이거나 3억원 이상인 경우	(대가와 시가의 차액) − Min[시가의 30%, 3억원]
특수관계인이 아닌 자 간의 거래	대가와 시가의 차액이 시가의 30% 이상인 경우	(대가와 시가의 차액) − 3억원

- 토지 : 특수관계인이 아닌 자 간의 과세요건이 충족되지 않으므로 증여가 아니다.
- 빌딩 : 5억원 − Min[20억원 × 30%, 3억원] = 2억원

99 가업상속공제
정답 ④

㉮ p.182∼183 ⓢ p.294

'가, 다, 라'는 가업상속공제에 대한 적절한 설명이다.
나. 300억원 → 600억원

100 장애인 관련 세제 활용
정답 ③

㉮ p.207 ⓢ p.298

타익신탁 → 자익신탁

㉜ 기본서 : 한국FPSB에서 발간한 기본서 페이지를 표기하였습니다.
㉾ 요약집 : 해커스금융 AFPK 합격지원반, 수강료 환급반, 기수료팩, 핵심요약 강의 수강생에게 제공되는 〈해커스 AFPK 핵심요약집〉 페이지를 표기하였습니다.

▪ 위험관리와 보험설계

1 위험의 정의   정답 ④
㉜ p.8~13 ㉾ p.306~308

① (가)는 부주의 또는 무관심한 정신 상태를 의미하므로 정신적 위태에 해당한다.
② (나)는 손실 발생의 직접적인 원인이므로 손인에 해당한다.
③ (나)는 순수위험이자 특정위험(개별적 원인에 의해 손실이 발생하며, 그 영향도 특정 영역으로 제한됨)에 해당한다.

2 위험관리방법   정답 ①
㉜ p.18~19 ㉾ p.309

위험회피 → 손실예방
위험회피는 손실 발생빈도를 0으로 만드는 것이다. 방어운전은 손실 발생빈도를 줄일 수 있으나 완전히 제거할 수 없으므로 손실예방에 해당한다.

3 보험의 특성   정답 ①
㉜ p.25~26 ㉾ p.310

'가'는 역선택 방지를 위한 사례이다.
'나, 다, 라'는 도덕적 위태를 통제하기 위한 사례이다.
역선택은 계약 체결 이전의 정보비대칭성으로 위험에 대해 감추어진 유형으로 발생한다. 따라서 건강상태를 입증하도록 하거나 경험통계를 사용하여 위험등급을 분류하여 역선택을 방지한다. 한편, 도덕적 위태는 계약 체결 이후의 정보비대칭성으로 나타난다. 이를 통제하기 위해 자기부담 제도, 대기기간 제도, 면책조항 제도를 활용하고 있다.

4 보험계약 관계자   정답 ②
㉜ p.31~32 ㉾ p.312

손해보험계약은 피보험자에 대한 자격 제한을 두지 않는다.

5 보험계약 기본원칙   정답 ④
㉜ p.39 ㉾ p.315

'가, 나, 라'는 적절한 설명이다.
다. 일부보험인 경우에도 보험회사는 보험금액의 보험가액에 대한 비율에 따라 잔존물대위를 행사할 수 있다.

6 보험계약 관련법   정답 ②
㉜ p.49 ㉾ p.319

퇴직보험은 예금자보호법 보호 금융상품에 해당한다.

7 보험계약자와 보험회사의 권리와 의무   정답 ②
㉜ p.50, p.55, p.57 ㉾ p.316, p.320, p.323

3 + 2 + 3 = 8
• 보험금청구권은 (3)년, 보험료청구권은 (2)년간 행사하지 않으면 소멸시효 완성으로 행사할 수 없다.
• 보험회사가 보험약관의 교부 및 설명의무를 위반한 때에는 보험계약자는 보험계약이 성립한 날로부터 (3)개월 이내에 그 계약을 취소할 수 있다.

8 보험료 결정 요인   정답 ④
㉜ p.64~67 ㉾ p.326

손해율/합산비율이 적정 수준을 초과할 경우 보험료 인상 조치를 취한다.

9 공공부조   정답 ②
㉜ p.78, p.82 ㉾ p.330, p.332

'가, 라'는 적절한 설명이다.
나. 국민건강보험제도는 사회보험제도이다.
다. 기초생활보장제도의 수급자가 되기 위해서는 부양의무자 기준과 소득인정액 기준을 동시에 충족해야 한다.

10 노인장기요양보험   정답 ③
㉜ p.96~98 ㉾ p.336~337

개인 → 세대

11 고용보험   정답 ①
㉜ p.104~107 ㉾ p.338~339

50세 미만이고 피보험기간이 10년 이상이므로 소정급여일수는 240일이다.
② 고용안정 및 직업능력개발사업에 해당하는 보험료는 사업주가 전액 부담한다.
③ 50% → 80%
④ 80% → 100%

12 생명보험   정답 ①
㉜ p.43, p.118~121 ㉾ p.317, p.342~343

생명보험, 연금보험은 생명보험업의 보험종목이지만, 상해보험은 제3보험업의 보험종목이다.

13 정기보험   정답 ③
㉜ p.127 ㉾ p.344

재가입정기보험은 보험기간 종료 시점에 적격 피보험체 여부를 증명하여 보험회사 언더라이팅 기준을 통과하면 예정된 보험료보다 더 낮은 보험료로 계약을 갱신할 수 있다.

14 유니버셜종신보험   정답 ②
㉜ p.130, p.132 ㉾ p.346~347

'가, 나'는 적절한 설명이다.
다. 일정한 → 증가하는
라. 변액종신보험의 특징이다.

15 변동보험금 계산방법   정답 ③
㉜ p.137~138 ㉾ p.349

변동보험금 = 2억원 × (450만원 − 400만원)/400만원 = 2,500만원
∴ 전체 사망보험금 = 2억원 + 2,500만원 = 2억 2,500만원

16 단체생명보험   정답 ②
㉜ p.143 ㉾ p.351

연 70만원 초과분인 20만원에 대해 이선호씨의 근로소득으로 과세된다.

17 계약유지를 위한 제도   정답 ①
㉜ p.154~155 ㉾ p.355

'나'는 적절한 설명이다.
가. 연장정기보험 제도는 주계약과 동일한 가입금액의 정기보험으로 변경하는 것이다.
다. 보험료 납입 일시중지 기능은 유니버셜종신보험이나 변액유니버셜종신보험에서 활용할 수 있다.
라. 사망보험금 → 해약환급금

18 생명보험 상품 보험료 산출   정답 ④
⑦ p.156 ~ 157 ② p.356

97,956명 × P = 112명 × 100,000원/(1 + 0.03)
∴ P = 111원

19 생명보험 보험금의 지급   정답 ④

6개월 → 보험금 지급기일을 적용하지 않음

20 생명보험 보험계약의 성립과 효력   정답 ③
⑦ p.173 ~ 175 ② p.361

'나, 라'는 적절한 설명이다.
가. 보험계약을 청약한 후에는 보험회사의 승낙 시점과 관계없이 제1회 보험료를 받은 날로부터 보장이 개시된다.
다. 청약철회는 보험계약자의 의사표시만으로 효과가 발생하는 법률상 형성권에 해당한다.

21 생명보험 보험료의 납입의무   정답 ③

보험수익자 변경 시에는 보험회사의 승낙이 필요하지 않다.

22 제3보험의 특징   정답 ③

'가, 나, 라'는 적절한 설명이다.
다. 제3보험업은 독립하여 별도로 제3보험회사를 설립하거나 운영할 수 있다.

23 실손의료보험   정답 ①
⑦ p.198 ~ 199 ② p.372

• 4월 29일 외래 (A병원 – 상급종합병원)
  – 급여 공제금액 = Max(20,000, 160,000 × 20%) = 32,000원
  – 비급여 공제금액 = Max(30,000, 100,000 × 30%) = 30,000원
  – 보상액 = (160,000 − 32,000) + (100,000 − 30,000)
    = 128,000 + 70,000 = 198,000원
• 5월 18일 외래 (B병원 – 병·의원급)
  – 급여 공제금액 = Max(10,000, 150,000 × 20%) = 30,000원
  – 비급여 공제금액 = Max(30,000, 60,000 × 30%) = 30,000원
  – 보상액 = (150,000 − 30,000) + (60,000 − 30,000)
    = 120,000 + 30,000 = 150,000원
∴ 총 보상금액 = 198,000 + 150,000 = 348,000원

24 소득보상보험   정답 ④
⑦ p.203 ~ 204 ② p.373

일시적인 증상은 장해에 포함되지 않으나, 영구적인 정신적 훼손 상태는 장해로 본다.

25 손해보험   정답 ③

실손의료보험은 제3보험에 해당한다.

26 손해보험 상품 보험료 산출   정답 ②

실제손해율이 예정손해율보다 낮으므로 기존 요율을 25% 하향 조정하게 된다.
• 실제손해율 = 60%
• 예정손해율 = 100% − 예정사업비율 = 100% − 20% = 80%
∴ 요율조정 = (실제손해율 − 예정손해율)/예정손해율
    = (0.6 − 0.8)/0.8 = −0.25

27 주택화재보험   정답 ②
⑦ p.223 ② p.380

주택화재보험에서 재산손해는 80% Co-Insurance를 적용하기 때문에 보험가입금액이 보험가액의 80% 이상인 경우 재산손해액 전액(8,000만원)을 지급한다. 또한, 잔존물제거비용은 재산손해액(8,000만원)의 10%(보험가입금액 범위 내) 한도로 지급하므로, 지급보험금은 800만원이다. 따라서 총 지급보험금은 8,800만원이다.

28 기타 재산보험   정답 ③

① 특수건물화재보험의 가입의무자는 특수건물의 소유자이다.
② 1층에 위치한 음식점은 다중이용업소 화재배상책임보험의 가입대상이 아니다.
④ 1억원 → 1억 5천만원

29 배상책임보험   정답 ③
⑦ p.237 ② p.386

생산물배상책임보험은 임의배상책임보험이다.

30 자동차보험   정답 ④

① 음주운전은 12대 중과실 사고이므로 반의사불벌죄를 적용하지 않기 때문에 형사합의와 상관없이 형사처벌을 받는다.
② 음주운전의 경우 자기부담금을 공제한 후 나머지 금액을 보상한다.
③ 음주운전의 경우 운전자보험에서 보상하지 않는다.

▪ 투자설계

31 금융투자상품의 분류   정답 ③
⑦ p.19 ~ 20 ② p.408

'나, 다'는 예금자보호대상 금융상품에 해당한다.
'가, 라'는 예금자보호대상 금융상품에 해당하지 않는다.

32 국내총생산(GDP)   정답 ①
⑦ p.29 ~ 30 ② p.412

'가, 다'는 GDP에 포함된다.
'나, 라'는 GDP에 포함되지 않는다.
[참고] GDP는 한 국가 안에서 일정 기간 생산된 모든 최종 재화와 서비스의 시장가치의 합이다.

33 실업률   정답 ②
⑦ p.36 ~ 37 ② p.414

경제활동인구 = 취업자 + 실업자 = 600만명 + 200만명 = 800만명
∴ 실업률 = 실업자/경제활동인구 × 100 = 200만명/800만명 × 100 = 25%

34 금리   정답 ②

(1 + 명목금리) = (1 + 실질금리) × (1 + 예상 인플레이션율)
    = (1 + 0.01) × (1 + 0.03)
∴ 명목금리 = 약 4%

35 국제수지표   정답 ②
⑦ p.46 ② p.417

사례는 상품수지에 대한 설명이다. 상품수지는 상품 수출액에서 상품 수입액을 차감한 금액으로, 수출액이 수입액보다 크면 흑자가 되고, 반대로 수입액이 수출액보다 큰 경우 적자가 된다.

AFPK 최종 실전모의고사 1회 | 정답 및 해설   **13**

36 환율의 결정 정답 ①

㉠ p.50 ㉡ p.418

원화의 엔화에 대한 재정환율(₩/100￥) = 990/115 × 100 = 860.87

37 보유기간수익률 정답 ④

㉠ p.65 ㉡ p.423

연환산 보유기간수익률 $= (1 + \frac{15,000 - 12,000 + 500}{12,000})^{1/1} - 1 = 29\%$

38 요구수익률과 기대수익률 정답 ④

㉠ p.70 ~ 71 ㉡ p.425, p.433

기대수익률이 요구수익률보다 큰 자산은 시장가격보다 내재가치가 더 큰 자산이다.

① 기대수익률 10% = 요구수익률 10%(= 2% + (7% − 2%) × 1.6)
→ 내재가치 = 시장가격

② 기대수익률 5% < 요구수익률 6%(= 2% + (7% − 2%) × 0.8)
→ 내재가치 < 시장가격

③ 기대수익률 7% < 요구수익률 8%(= 2% + (7% − 2%) × 1.2)
→ 내재가치 < 시장가격

④ 기대수익률 12% > 요구수익률 11%(= 2% + (7% − 2%) × 1.8)
→ 내재가치 > 시장가격

39 확률분포 정답 ③

㉠ p.79 ㉡ p.427

'가, 나, 라'는 적절한 설명이다.

다. 기대수익률이 2 ~ 12% 사이에 위치할 확률은 약 68.27%(평균의 ±1σ에 있을 확률)이다.

[참고] 기대수익률이 2% 미만 또는 12%를 초과할 확률은 약 15.86%(= (100% − 68.27%)/2)이다.

40 상관계수 정답 ④

㉠ p.83 ㉡ p.428

상관계수가 가장 낮은 주식 A와 C에 각각 5억원씩 투자하는 것이 가장 위험이 적다.

41 포트폴리오의 분산투자 대상 정답 ④

㉠ p.93 ~ 94 ㉡ p.429 ~ 430

체계적 위험의 지표는 베타계수이다.

[참고] 표준편차는 총위험을 나타내는 지표이다.

42 지배원리 정답 ④

㉠ p.97 ~ 98 ㉡ p.431

동일한 기대수익률에서는 상대적으로 낮은 위험의 자산을, 동일한 위험에서는 상대적으로 높은 기대수익률의 자산을 선택하는 것이 바람직하다. 따라서 주식 D가 가장 우수한 자산이다.

43 주식의 특징 정답 ②

㉠ p.110, p.112 ㉡ p.434 ~ 435

'가, 다'는 적절한 설명이다.

나. 주식은 영구적인 증권으로 만기가 별도로 존재하지 않는다.

라. 우선주는 배당이나 잔여재산분배에 있어서 사채 소유자보다는 우선순위가 낮으나, 보통주 주주보다는 우선권이 있는 주식이다.

44 배당 정답 ①

㉠ p.119 ㉡ p.437

6월 28일(화)까지 주식을 보유한 자는 주주명부에 등록되기 때문에 배당을 받을 수 있다.

45 정률성장 배당할인모형 정답 ②

㉠ p.124, p.128 ㉡ p.439

- 주식가치 = $D_1/(k - g)$
- 요구수익률(k) = $R_f + \beta \times (R_m - R_f)$

∴ 요구수익률(k) 상승, 배당성장률(g) 하락, 베타(β) 상승, 시장수익률(R_m) 상승은 주식가치를 하락시키는 요인이다.

46 주가수익비율(PER) 정답 ④

㉠ p.129 ~ 130 ㉡ p.440

PER = 주가/주당순이익 = 15,000원/(12억원/100만주) = 12.5배

47 주가지수 정답 ②

㉠ p.138 ~ 141 ㉡ p.442 ~ 443

동일가중방법에 의한 주가지수 산정방식은 소형주의 가중치가 높아지는 단점이 있다.

48 이표채의 채권가격 정답 ②

㉠ p.153 ㉡ p.448

경과기간	현금흐름	현재가치
1년	500원	500원/(1 + 0.1) = 454.54원
2년	10,500원	10,500원/$(1 + 0.1)^2$ = 8,677.69원
합계	–	9,132.23원

49 채권투자의 위험 정답 ①

㉠ p.154, p.159 ~ 160 ㉡ p.450 ~ 451

② 할인채는 중도에 현금흐름이 발생하지 않으므로 재투자율위험에 노출되지 않는다.

③ 채권수익률 상승 시 채권가격은 하락하게 되므로, 채권 매도자 입장에서 낮은 가격으로 채권을 매도하게 될 수 있는 채권가격 위험에 노출될 수 있다. 따라서 채권 매도자는 채권수익률 상승 시 불리하다.

④ 일반적으로 신용등급이 높은 국채가 회사채보다 유동성 위험이 낮은 편이다.

50 증권분석 정답 ①

㉠ p.170 ㉡ p.454

증권분석은 증권가격을 예측하려는 노력으로 시장가격에 증권의 모든 정보가 반영된다는 효율적 시장이론과는 거리가 멀다.

51 펀드의 분류 정답 ②

㉠ p.180 ~ 182 ㉡ p.459 ~ 460

대부분의 공모펀드는 만기가 없어서 추가설정과 중도환매가 허용된다.

52 혼합자산펀드 정답 ②

㉠ p.205 ~ 206 ㉡ p.463

① 유통시장 CBO → 발행시장 CBO

③ 무수익대출채권(NPL)을 기초자산으로 발행하는 ABS는 기초자산의 현금흐름이 없기 때문에 담보의 처분, 채권추심 등을 통해 얻을 수 있는 현금흐름과 수탁은행의 신용보강 및 선·후순위 구조화로 이루어진다.

④ ABCP도 다른 ABS와 마찬가지로 SPC가 발행한다.

53 주가연계증권 정답 ②

㉠ p.208 ㉡ p.469

① ELW는 유가증권시장에서 거래되지만, 주식옵션은 파생상품시장에서 거래된다.

③ ELW는 유동성공급자 선정이 의무화되어 있지만, 주식옵션은 유동성공급자 선정 의무가 없다.

④ ELW는 발행자의 신용위험에 노출될 수 있으나, 주식옵션은 거래소가 결제이행을 보증한다.

54 주식투자전략   정답 ②

② p.213~215 ⑤ p.471~472

'가, 나'는 적절한 설명이다.
다. 위험조정성과지표 → 추적오차
라. 가격지수는 현금배당을 지수산정에서 제외한다.

55 채권투자전략   정답 ②

② p.218 ⑤ p.473

듀레이션전략은 금리가 상승하면 듀레이션을 축소(잔존만기가 긴 채권 보유를 축소)하여 채권가격 하락에 따른 손실을 통제하고, 금리가 하락하면 듀레이션을 확대(잔존만기가 긴 채권 보유를 확대)하여 채권가격 상승에 따른 수익을 높이는 전략이다.

56 증거금과 일일정산   정답 ③

② p.222~223 ⑤ p.474

개시증거금을 초과한 분에 대해서 인출 가능하다.
따라서 6일 차 증거금 수준에서 개시증거금 수준을 차감한 금액인 10,000원만큼 인출할 수 있다.
∴ 30,000원(증거금계좌 잔액) − 20,000원(개시증거금) = 10,000원

57 옵션   정답 ②

② p.225~227 ⑤ p.475

풋옵션 매수자는 기초자산 가격이 행사가격 밑으로 하락한 경우에 권리를 행사한다.

58 옵션거래의 수익구조   정답 ③

② p.226~227 ⑤ p.475

10만원 → 16만원
• 콜옵션 만기 손익분기점 = 행사가격 + 옵션프리미엄
                 = 13만원 + 3만원 = 16만원

59 적정성원칙 대상 금융투자상품   정답 ③

② p.241 ⑤ p.479

'나, 라'는 적정성원칙 대상 금융투자상품이다.
'가, 다'는 적정성원칙 대상 금융투자상품에서 제외된다.

60 대체투자상품의 특징과 투자 시 유의점   정답 ②

② p.255~256 ⑤ p.483

'가, 나'는 적절한 설명이다.
다. 하향 조정 → 상향 조정
라. 대체투자상품은 최근 전통적인 투자상품들과 점점 동조화되면서 상관관계가 높아지고 있다.

▪ 세금설계

61 세법의 법원   정답 ①

② p.14~15 ⑤ p.496

'가, 나'는 세법의 법원에 해당한다.
'다, 라'는 세법의 법원에 해당하지 않는다.

62 납세의무의 소멸   정답 ②

② p.21 ⑤ p.497

'가, 나, 라'는 납세의무의 소멸사유에 해당한다.
'다'는 납세의무의 소멸사유가 아니다.

63 종합소득   정답 ②

② p.30 ⑤ p.500

'가, 다'는 종합소득세 과세대상이다.
나. 퇴직소득세 과세대상이다. (분류과세)
라. 양도소득세 과세대상이다. (분류과세)

64 과세방법   정답 ④

② p.33, p.92, p.99, p.182 ⑤ p.500, p.523, p.525, p.552

소득세, 법인세, 부가가치세는 신고납세제도에 의해 조세채권이 확정되지만, 종합부동산세는 관할 세무서장이 납부세액을 결정하여 부과징수한다.

65 납세지   정답 ②

② p.35 ⑤ p.501

• 사업소득이 있는 거주자(A씨)에 대한 소득세 납세지는 그 주소지(주소지가 없는 경우 거소지)로 하기 때문에 서울시 마포구가 납세지이다.
• 양도소득이 있는 비거주자(B씨)에 대한 소득세 납세지는 국내사업장의 소재지로 하기 때문에 부산시 북구가 납세지이다.

66 사업소득금액 계산   정답 ③

② p.43 ⑤ p.504~505

부가가치세 매출세액과 전년도 이월소득금액은 총수입금액 불산입이므로 총수입금액에서 제외하며, 본인 급여, 가사 관련 경비, 소득세, 벌금 및 과태료는 필요경비에 산입하지 않는다.
• 총수입금액 = 385,000,000원(매출액) − 35,000,000원(부가가치세 매출세액)
                − 30,000,000(전년도 이월소득금액)
                = 320,000,000원
• 필요경비 = 200,000,000원(매출원가 및 관리비 등) − 50,000,000원(본인 급여)
               − 10,000,000원(가사 관련 경비)
               = 140,000,000원
• 이월결손금 = 10,000,000원
∴ 사업소득금액 = 320,000,000원 − 140,000,000원 − 10,000,000원
                  = 170,000,000원

67 결손금과 이월결손금   정답 ④

② p.47 ⑤ p.507

일반 부동산임대업에서 발생한 결손금 및 이월결손금은 부동산임대업의 소득금액에서만 공제가 가능하다.
∴ 20×5년 소득세 과세표준 = 9,000만원 − 1,000만원 = 8,000만원
참고 일반 부동산임대업과 달리 주거용 부동산임대업에서 발생한 결손금 및 이월결손금은 일반 사업소득의 결손금 및 이월결손금과 동일하게 공제한다.

68 성실신고확인제도   정답 ②

② p.51~52 ⑤ p.509

100만원 → 120만원

69 근로소득 연말정산   정답 ④

② p.58~59, p.83 ⑤ p.511, p.520

박민영씨가 다음 해 20×6년 2월분 급여를 받기 전까지 A회사 근로소득원천징수영수증을 B회사에 제출하지 않은 경우 박민영씨는 5월에 종합소득세 확정신고를 해야 한다.

70 간주임대료　　　　　　　　　　　　　　　정답 ②
㉮ p.50 ㉯ p.508

- 주택 A의 간주임대료 = 0원
  주택의 간주임대료는 3주택 이상이면서 보증금 등의 합계액이 3억원을 초과하는 경우에만 총수입금액에 산입한다.
- 상가 B의 간주임대료
  = (보증금 등 적수 - 건설비 적수) × 정기예금이자율 × 1/365 - 임대사업부분에서 발생한 금융수익
  = (400,000,000원 × 304일 - 60,000,000원 × 304일) × 3.5% × 1/365 - 0원
  = 9,911,232원
  참고 건설비 적수는 토지가액을 포함하지 않는다.
- ∴ 총수입금액에 산입할 간주임대료 = 9,911,232원

71 인적공제　　　　　　　　　　　　　　　　정답 ①
㉮ p.68 ~ 69 ㉯ p.514 ~ 515

② 장애인은 연령요건은 적용하지 않지만 소득요건은 충족해야 한다.
③ 경로우대공제는 70세 이상인 자에 대하여 공제한다.
④ 25세인 딸(장애인 아님)은 기본공제대상자인 직계비속(20세 이하이면서 연간 소득금액이 100만원 이하인 자)이 아니므로 한부모공제를 받을 수 없다.

72 종합소득 세액공제　　　　　　　　　　　　정답 ④
㉮ p.74 ~ 76 ㉯ p.516 ~ 517

근로소득이 없는 종합소득자는 연 7만원의 표준세액공제가 적용된다.

73 종합소득 과세표준 확정신고　　　　　　　정답 ③
㉮ p.77 ~ 78 ㉯ p.518

① 근로소득만 있는 자는 연말정산으로 종합소득에 대한 신고의무가 종료된다.
② 퇴직소득만 있는 자는 과세표준 확정신고 의무가 없다.
④ 분리과세 이자소득만 있는 자는 과세표준 확정신고 의무가 없다.

74 법인세 과세대상 소득　　　　　　　　　　정답 ①
㉮ p.88 ㉯ p.521

법인이 해산에 의하여 소멸할 때 잔여재산가액이 자기자본총액 초과 시 그 초과금액에 대하여 청산소득으로 과세한다.

75 부가가치세의 특징　　　　　　　　　　　정답 ①
㉮ p.98 ~ 99 ㉯ p.525

'가, 나'는 부가가치세 특징에 해당한다.
다. 초과누진세율 → 단일비례세
라. 개별소비세 → 일반소비세

76 부가가치세 과세표준　　　　　　　　　　정답 ③
㉮ p.110 ~ 111 ㉯ p.530

'나, 라'는 과세표준에 포함하지 않는다.
'가, 다'는 과세표준에 포함한다.

77 이자소득　　　　　　　　　　　　　　　　정답 ④
㉮ p.118 ~ 119 ㉯ p.533

집합투자기구로부터의 이익은 배당소득에 해당한다.

78 금융소득 원천징수세율　　　　　　　　　정답 ④
㉮ p.123 ~ 124 ㉯ p.535 ~ 536

① 30% → 45%(금융실명거래 및 비밀보장에 관한 법률 적용대상은 90%)
② 14% → 25%
③ 25% → 기본세율

79 금융소득 종합과세　　　　　　　　　　　정답 ②
㉮ p.129 ~ 130 ㉯ p.537

- 조건부 종합과세 = 1,000만원(은행이자) + 500만원(국내법인 현금배당)
  = 1,500만원
  → 2,000만원 이하이므로 종합과세되는 금액 없음
- 비과세 = 200만원(ISA 계좌에서 발생하는 금융소득)
- 무조건 종합과세 = 500만원(출자공동사업자의 배당소득)
∴ 종합과세대상 금융소득은 500만원(출자공동사업자의 배당소득)이다.

80 금융소득 종합과세　　　　　　　　　　　정답 ③
㉮ p.123 ~ 125 ㉯ p.535 ~ 537

'나, 라'는 종합과세될 수 있는 금융소득에 해당한다.
'가, 다'는 분리과세대상 이자소득이다.

81 채권과 세금　　　　　　　　　　　　　　정답 ②
㉮ p.141 ~ 144 ㉯ p.542

채권의 이자와 할인액에 대해서는 이자소득세를 과세하고, 채권의 매매차익에 대해서는 과세하지 않는다. 따라서 해당 사례의 과세대상 이자소득금액은 보유기간 채권의 이자 상당액이다.
∴ 보유기간 채권의 이자 상당액 = 10,000만원(액면가액) × 5% = 500만원

82 취득세의 취득 유형　　　　　　　　　　　정답 ②
㉮ p.151 ~ 152 ㉯ p.546

건물의 신축·증축·재축·개축 등은 원시취득에 해당한다.
① 유상승계취득에 해당한다.
③ 무상승계취득에 해당한다.
④ 간주취득에 해당한다.

83 취득세 납세절차　　　　　　　　　　　　정답 ②
㉮ p.158 ~ 159 ㉯ p.548

무상취득으로 인한 경우 취득일이 속하는 달의 말일부터 3개월 이내에 신고납부해야 한다. 또한, 취득세의 무신고가산세는 당해 납부세액의 20%이다.

84 종합부동산세　　　　　　　　　　　　　정답 ①
㉮ p.169, p.172 ~ 174 ㉯ p.552 ~ 554

과세기준일(6월 1일) 이전에 종합부동산세 과세대상 주택을 매도하였으므로 종합부동산세 납세의무가 없다.
② 공제율 합계 80%를 한도로 중복하여 적용할 수 있다.
③ 10% → 20%
④ 5년 → 10년

85 양도의 개념　　　　　　　　　　　　　　정답 ③
㉮ p.176 ~ 178 ㉯ p.555

'나, 라'는 양도로 보지 않는 경우이다.
'가, 다'는 양도로 보는 경우이다.

86 양도가액과 취득가액　　　　　　　　　　정답 ③
㉮ p.184 ~ 185, p.188 ㉯ p.557 ~ 558

개산공제방식 → 실비공제방식

87 양도소득세 세율　　　　　　　　　　　　정답 ①
㉮ p.192 ㉯ p.559

1년 미만 보유한 토지와 건물 및 부동산에 관한 권리는 50%의 세율을 적용하지만, 주택·조합원입주권·분양권에 대해서는 70%의 세율을 적용한다.

88 일시적 1세대 2주택자에 대한 양도소득세 비과세 특례   정답 ④

㉑ p.199 ⓐ p.562

1주택을 가진 자와 1주택을 가진 자가 혼인하여 일시적 1세대 2주택이 된 경우에는 그 혼인한 날로부터 10년 이내에 먼저 양도하는 주택에 대하여 양도소득세를 비과세한다. 따라서 2035년 8월 31일이 양도기한이다.

89 퇴직소득세 과세방법   정답 ③

㉑ p.210~212 ⓐ p.565~566

① 퇴직소득의 수입시기는 원칙적으로 퇴직한 날이다.
② 동일한 퇴직금이라면 근속연수가 길수록 퇴직소득세의 세부담은 감소한다.
④ 회사 → 퇴직연금사업자

90 연금계좌 과세체계   정답 ④

㉑ p.223~224 ⓐ p.573

운용수익 및 공제받은 자기부담금을 원천으로 연금외수령하는 경우 기타소득세로 과세한다.
① 이연퇴직소득을 원천으로 연금외수령하는 경우 퇴직소득세가 과세된다.
② 운용수익 및 공제받은 자기부담금을 원천으로 연금수령하는 경우 연금소득세가 과세된다.
③ 이연퇴직소득을 원천으로 연금수령하는 경우 연금소득세가 과세된다.

정답

모듈1

재무설계 개론

1 ③	2 ②	3 ②	4 ②	5 ③	6 ③	7 ④	8 ③	9 ④	10 ①
11 ④	12 ④	13 ①	14 ④	15 ②					

재무설계사 직업윤리

16 ④	17 ③	18 ③	19 ③	20 ①

은퇴설계

21 ②	22 ③	23 ①	24 ③	25 ③	26 ④	27 ②	28 ③	29 ②	30 ①
31 ②	32 ④	33 ①	34 ③	35 ③	36 ④	37 ①	38 ②	39 ③	40 ④
41 ③	42 ③	43 ④	44 ②	45 ③	46 ①	47 ②	48 ②	49 ①	50 ③

부동산설계

51 ①	52 ④	53 ①	54 ④	55 ④	56 ③	57 ②	58 ③	59 ③	60 ①
61 ②	62 ①	63 ②	64 ④	65 ②	66 ④	67 ③	68 ①	69 ①	70 ③
71 ①	72 ①	73 ③	74 ③	75 ②					

상속설계

76 ③	77 ④	78 ①	79 ②	80 ③	81 ④	82 ③	83 ②	84 ③	85 ②
86 ④	87 ④	88 ④	89 ①	90 ①	91 ①	92 ④	93 ②	94 ④	95 ④
96 ②	97 ①	98 ②	99 ③	100 ①					

모듈2

위험관리와 보험설계

1 ③	2 ③	3 ③	4 ①	5 ①	6 ①	7 ③	8 ①	9 ①	10 ④
11 ③	12 ③	13 ①	14 ②	15 ①	16 ②	17 ④	18 ③	19 ③	20 ③
21 ④	22 ②	23 ②	24 ④	25 ②	26 ③	27 ①	28 ①	29 ②	30 ③

투자설계

31 ③	32 ④	33 ①	34 ②	35 ③	36 ③	37 ③	38 ②	39 ①	40 ①
41 ②	42 ③	43 ③	44 ①	45 ②	46 ④	47 ②	48 ③	49 ③	50 ④
51 ②	52 ①	53 ②	54 ④	55 ③	56 ②	57 ②	58 ③	59 ①	60 ①

세금설계

61 ②	62 ①	63 ③	64 ③	65 ④	66 ①	67 ④	68 ③	69 ③	70 ③
71 ①	72 ①	73 ②	74 ②	75 ①	76 ①	77 ②	78 ①	79 ②	80 ①
81 ②	82 ②	83 ①	84 ②	85 ④	86 ①	87 ②	88 ③	89 ②	90 ③

㉠ 기본서 : 한국FPSB에서 발간한 기본서 페이지를 표기하였습니다.
㉣ 요약집 : 해커스금융 AFPK 합격지원반, 수강료 환급반, 기수료팩, 핵심요약 강의 수강생에게 제공되는 〈해커스 AFPK 핵심요약집〉 페이지를 표기하였습니다.

▪ 재무설계 개론

1 재무설계와 재무설계사의 개념   정답 ③
㉠ p.10 ~ 17, p.22 ~ 27 ㉣ p.18 ~ 20, p.22

전문지식 → 전문기술

2 재무설계사의 역량   정답 ②
㉠ p.25 ~ 27 ㉣ p.23

가. 전문능력 중 '수집' 능력에 대한 설명이다.
나. 전문기술 중 '커뮤니케이션'에 대한 설명이다.
다. 전문지식에 대한 설명이다.
라. 전문기술 중 '전문가적 책임'에 대한 설명이다.

3 재무상태표 작성   정답 ②
㉠ p.51 ~ 57 ㉣ p.31 ~ 33

거주목적 임차보증금은 사용자산으로 분류한다.
① 투자자산은 DC형 퇴직연금 100,000천원이다.
[참고] 보장성 보험 해약환급금은 기타자산에 해당한다.
③ 총자산 = 100,000 + 50,000 + 20,000 = 170,000
　　총부채 = 1,000
④ 순자산 = 170,000 − 1,000 = 169,000

4 현금흐름표 작성   정답 ②
㉠ p.61 ~ 63 ㉣ p.36 ~ 37

'가, 나, 라'는 적절한 설명이다.
다. 변동지출 → 변동지출과 고정지출

5 부채 적정성 분석   정답 ③
㉠ p.71 ~ 72 ㉣ p.40

총부채상환비율 = 총부채상환액/월 총수입
　　　　　　　= {(6,000 + 8,000)/12}/(36,000/12) = 38.9%
① 소비성부채비율 = 소비성부채상환액/월 순수입
　　　　　　　= (6,000/12)/{(36,000 − 5,000)/12} = 19.4%
② 주거관련부채상환비율 = 주거관련부채상환액/월 총수입
　　　　　　　= (8,000/12)/(36,000/12) = 22.2%
④ 부채상환액에 원금상환 부분이 포함되는 경우는 이자만 상환하는 경우에
　　비해 상환비율의 값이 크기 때문에 재무건전성이 낮게 평가될 수 있다.

6 재무설계 프로세스 – 2단계(고객 관련 정보의 수집)   정답 ③
㉠ p.90 ~ 92, p.96 ㉣ p.44 ~ 45

투자기대수익률과 위험수용성향은 비재무적 정보(정성적 정보)에 해당한다.

7 재무설계 프로세스   정답 ④
㉠ p.90 ~ 106 ㉣ p.44 ~ 48

가. [5단계] 재무설계 제안서의 실행
나. [3단계] 고객의 재무상태 분석 및 평가
다. [4단계] 재무설계 제안서의 작성 및 제시
라. [2단계] 고객 관련 정보의 수집

8 복리횟수와 이자율의 적용   정답 ③
㉠ p.80 ~ 83 ㉣ p.41 ~ 42

월복리의 현재가치(PV) = $FV/(1 + i/12)^{n \times 12}$
　　　　　　　　　　= $500,000/(1 + 0.06/12)^{5 \times 12}$
　　　　　　　　　　= 500,000/1.3489 = 370,672.4

9 리스   정답 ④
㉠ p.113 ~ 114 ㉣ p.50

① 서비스 제공 → 소비자금융(대출)
② 운용리스는 서비스 제공의 성격이 강하다.
③ 금융리스 ↔ 운용리스
　　금융리스는 원칙적으로 중도해지를 할 수 없다.

10 부채 적정성 분석   정답 ①
㉠ p.130 ~ 131 ㉣ p.55

주소연씨의 DTI는 약 47%가 되므로 적정 DTI 한도인 40%를 초과하여 희망하
는 금액을 대출할 수 없다.
• DTI = (주택담보대출 연간 원리금상환액 + 기타부채 연간 이자상환액)/연간 소득
　　　= (1,907만원 + 2,673만원 + 115만원)/1억원 = 46.95%
② 주소연씨의 연소득이 1억 1,000만원으로 인상되더라도, 여전히 DTI 한도를
　　초과하기 때문에 희망하는 금액을 대출할 수 없다.
　　• DTI = (1,907만원 + 2,673만원 + 115만원)/1억 1,000만원 = 42.68%
③ 상속차금융을 포함한 일부 대출은 DSR 산정 시 제외되므로 DSR은 지금
　　과 동일하다.
④ 주소연씨의 DSR은 63.2%로 적정 DSR을 초과하므로 상환능력이 부족하다
　　고 평가할 수 있다.
　　• DSR = 금융회사 대출의 연간 원리금 상환액/연간 소득
　　　　　= (1,907만원 + 2,673만원 + 1,737만원)/1억원 = 63.17%

11 신용회복위원회 채무조정제도   정답 ④
㉠ p.142 ~ 146 ㉣ p.59 ~ 60

가. 프리워크아웃
나. 개인워크아웃
다. 신속채무조정
라. 성실상환 인센티브

12 재무설계사의 효과적 의사소통   정답 ④
㉠ p.183 ~ 184 ㉣ p.71

고객의 가치관, 돈에 대한 태도 등 비재무적(정성적) 정보를 묻는 개방형 대화
방식으로 대화를 이끌어 나가야 한다.

13 금융소비자보호법   정답 ①
㉠ p.193 ~ 207 ㉣ p.74 ~ 80

금융소비자보호법은 금융상품을 예금성 상품, 투자성 상품, 보장성 상품, 대출
성 상품의 4가지 유형으로 분류한다.

14 금융소비자   정답 ④
㉠ p.195 ㉣ p.74

'가, 나, 다, 라, 마'는 일반금융소비자에게 적용되는 규제이다.
'다, 라, 마'는 전문금융소비자에게 적용되는 규제이다.

15 금융분쟁조정제도   정답 ②
㉠ p.203 ㉣ p.77 ~ 78

'마 − 다 − 나 − 라 − 가 − 바'의 순이다.

▪ 재무설계사 직업윤리

16 고객에 대한 의무
정답 ④
⑳ p.4~7 ⑳ p.86~87

금융환경의 변화나 금융제도 및 금융상품의 내용을 항상 파악하고 있어야 한다는 것은 갱신유지의무이다.

17 윤리원칙
정답 ③
⑳ p.9~10 ⑳ p.88~89

A. 객관성의 원칙
B. 고객우선의 원칙
C. 공정성의 원칙

18 행동규범 – 고객에 대한 의무
정답 ③
⑳ p.15 ⑳ p.92

자격인증자는 자신의 전문 분야에 대해서만 조언을 제공해야 한다. 자신의 전문분야가 아닌 경우 다른 전문가의 자문을 구하거나 다른 전문가에게 고객을 소개해야 한다.

19 AFPK® 자격표장 사용지침
정답 ③
⑳ p.34~36 ⑳ p.97~98

'가, 다, 라'는 AFPK® 자격표장 사용지침의 위반사례이다.
가. AFPK® 자격상표를 이메일 주소에 사용할 수 없다.
다. ASSOCIATE FINANCIAL PLANNER KOREA™은 항상 대문자로 사용하며, 위첨자 TM을 함께 사용하여야 한다.
라. ASSOCIATE FINANCIAL PLANNER KOREA™ 자격상표는 인터넷 도메인 이름에 사용해서는 안 된다.

20 재무설계 업무수행과정
정답 ①
⑳ p.23, p.26~28 ⑳ p.94~97

'업무수행내용 1-2 : 고객 니즈의 충족 가능성에 대한 결정'에 대한 설명이다.

▪ 은퇴설계

21 부양비와 노령화지수
정답 ②
⑳ p.19 ⑳ p.108

• 노년부양비 $= \dfrac{65\text{세 이상 인구}}{15 \sim 64\text{세 인구}} \times 100$

$= \dfrac{15.7}{72.1} \times 100$

$= 21.7$

• 노령화지수 $= \dfrac{65\text{세 이상 인구}}{0 \sim 14\text{세 인구}} \times 100$

$= \dfrac{15.7}{12.2} \times 100$

$= 128.6$

22 노후소득보장제도
정답 ③
⑳ p.29~31 ⑳ p.111~112

① 국민연금은 노후에 최소한의 생활을 유지할 수 있는 연금을 지급하기 때문에 중요하다.
② 국민연금 → 직역연금
④ 하위 → 상위
　개인연금은 다층 노후소득보장체계 중에서 3층을 구성하고 있다.

23 목표소득대체율
정답 ①
⑳ p.37 ⑳ p.114

목표소득대체율 $= \dfrac{\text{예측된 은퇴 후 소비수준}}{\text{은퇴 전 소비수준}} \times 100$

$= \dfrac{182\text{만원}}{280\text{만원}} \times 100 = 65\%$

[참고] 은퇴 이후에는 은퇴생활 영위를 위한 소비행동이 주요 경제활동이 되기 때문에 목표소득대체율은 소득기준보다는 소비기준으로 산출한다.

24 은퇴소득원 유형
정답 ③
⑳ p.46~48, p.50~52 ⑳ p.116~119

'나, 라'는 적절한 설명이다.
가. 다주택자라도 합산 공시가격 등이 12억원 이하이면 가입이 가능하다.
다. 농지연금은 신청연도 말일 기준으로 농지소유자 본인이 만 60세 이상이고 영농경력이 5년 이상인 자가 신청할 수 있다.

25 은퇴설계 실행 절차
정답 ③
⑳ p.56 ⑳ p.120

'가, 나, 다'는 적절한 설명이다.
라. 추가로 필요한 은퇴일시금은 총은퇴일시금에서 은퇴자산 평가금액을 차감하는 방식으로 계산한다.
[참고] 총은퇴일시금은 은퇴기간 중 연간 은퇴소득 부족금액을 은퇴시점에서 일시금으로 계산한 금액이다.

26 은퇴설계 분석
정답 ④
⑳ p.36, p.109, p.135~136, p.164~165 ⑳ p.114, p.138, p.153, p.161

노령연금 연기제도를 신청할 경우, 연금 수급 재개 시 원래의 노령연금액(부양가족연금액 제외)에 연기된 매 1년당 7.2%(월 0.6%)를 가산하여 지급한다.
• 1,000천원 × {1 + (7.2% × 2년)} = 1,144천원
① 소득대체율 = (은퇴 후 소득 ÷ 은퇴 전 소득) × 100
　　　　　　 = [(1,000 + 1,500 + 700) ÷ 6,000] × 100
　　　　　　 ≒ 53.3%
② 세제비적격연금(연금보험)은 납입보험료에 대해 세액(소득)공제가 허용되지 않는 상품이다.
③ DC형 퇴직연금은 사용자부담금과 별도로 근로자가 추가납입을 할 수 있다.

27 은퇴자산 평가
정답 ②
⑳ p.70~72 ⑳ p.124

가. 세후금액
나. 설계시점
다. 평가하지 않는다

28 자산배분전략
정답 ③
⑳ p.77 ⑳ p.126

① 전략적 자산배분에 대한 설명이다.
② 은퇴저축과 같은 장기투자의 경우 최초 수립된 전략적 자산배분에 의한 투자를 계속 유지하는 것이 바람직하며, 전술적 자산배분 조정을 빈번하게 실행하면 결과적으로 장기적인 투자성과를 낮출 수 있다.
④ 전략적 자산배분으로 전술적 자산배분의 자산군별 투자비중의 변동허용폭을 정할 수 있다.

29 은퇴자산 축적을 위한 투자계획
정답 ②
⑳ p.84~86 ⑳ p.129

'가, 다'는 적절한 설명이다.
나. 포트폴리오 구성이 마무리되면 저축기간, 저축방법, 저축금액 등을 결정한다.
라. 자산군별 투자비중을 결정하는 중장기적 자산배분 이후 자산군별 종목을 선택하여 포트폴리오를 구성한다.

30 기초연금제도　　　　　　　　　　　정답 ①
㉮ p.91~93 ㉦ p.131

월 소득평가액 = {0.7 × (근로소득 − 110만원)} + 기타소득
　　　　　　 = {0.7 × (118만원 − 110만원)} + 50만원
　　　　　　 = 55.6만원

31 국민연금 가입자　　　　　　　　　　정답 ②
㉮ p.97~101 ㉦ p.134~135

① 연금보험료를 6개월 이상 체납하는 경우 임의가입자 자격이 상실된다.
③ 해당 월의 연금보험료를 다음 달 10일까지 납부해야 한다.
④ 연금보험료의 선납기간은 1년 이내로 하되, 선납신청 당시 50세 이상인 사람에 대해서는 5년 이내까지 가능하다.

32 국민연금 연금보험료　　　　　　　　정답 ④
㉮ p.100~101 ㉦ p.135

지역가입자 → 임의가입자
참고 • 임의가입자는 기준소득월액을 중위수 기준소득월액 이상으로 본인의 희망에 따라 결정한다.
　　 • 임의계속가입자는 당사자의 소득에 의하여 기준소득월액을 결정하며, 소득이 없는 경우는 임의가입자와 동일하다.

33 국민연금 연금보험료 지원제도　　　　정답 ③
㉮ p.104~105 ㉦ p.136

① 출산크레딧과 군복무크레딧은 노령연금을 산정할 때에 한하여 가입기간을 추가로 인정해준다.
② 60개월 → 50개월
　　참고 출산크레딧의 경우 자녀 수가 2인이면 12개월, 3인이면 30개월, 4인이면 48개월, 5인 이상이면 50개월을 인정해준다.
④ 실업크레딧의 경우 추가 산입기간의 연금보험료는 고용보험기금 등이 75%, 가입자가 25%를 부담한다.

34 국민연금 연금급여 – 노령연금　　　　정답 ③
㉮ p.108~110 ㉦ p.138~139

조기노령연금을 신청하여 지급받다가 연금수급개시연령 도달 전에 소득이 있는 업무에 다시 종사하게 될 경우 그 소득이 있는 기간 동안에는 연금지급이 정지된다.

35 국민연금 연금급여 – 유족연금　　　　정답 ③
㉮ p.111~113 ㉦ p.140

노령연금 수급권자가 사망한 경우 노령연금의 지급연기로 인한 가산금액은 유족연금액에 반영하지 않는다.

36 국민연금 연금급여　　　　　　　　　정답 ④
㉮ p.110, p.113, p.115 ㉦ p.139~142

'가, 나, 다, 라' 모두 적절한 설명이다.

37 공무원연금　　　　　　　　　　　　정답 ①
㉮ p.121~122 ㉦ p.145

'가, 다'는 적절한 설명이다.
나. 3년 → 5년
라. 재산분할 합의나 법원의 판결을 우선적으로 적용한다.

38 공무원연금　　　　　　　　　　　　정답 ②
㉮ p.124 ㉦ p.146

A. 퇴직유족연금부가금
B. 퇴직유족연금
C. 퇴직유족연금일시금
D. 퇴직유족연금특별부가금

39 퇴직연금제도　　　　　　　　　　　정답 ③
㉮ p.140~143 ㉦ p.154

가. 법정퇴직금 이상
나. 납입 불가
다. 사용자
라. 불가능

40 퇴직금제도　　　　　　　　　　　　정답 ④
㉮ p.133~134, p.136 ㉦ p.149

퇴직금제도는 수급권 보장이 취약하다. 근로자들의 퇴직급여를 사외에 적립하도록 강제하지 않아 기업이 갑자기 도산하면 퇴직급여를 지급받지 못할 수도 있다.

41 확정급여형 퇴직연금　　　　　　　　정답 ③
㉮ p.141~142 ㉦ p.153

100% → 150%

42 확정기여형 퇴직연금　　　　　　　　정답 ③
㉮ p.135~136, p.143~145 ㉦ p.153

'나, 라'는 적절한 설명이다.
가. 위험자산(주식형펀드 등)에 대한 투자한도는 DB형과 마찬가지로 적립금의 70%까지 허용된다.
　　참고 DC형 퇴직연금의 위험자산 투자는 펀드나 ETF 등 집합투자의 방법으로만 허용되며, 상장·비상장 주식에 직접투자를 할 수 없다.
다. 4주 → 2주

43 개인형퇴직연금　　　　　　　　　　정답 ④
㉮ p.147~148 ㉦ p.155~157

IRP는 원칙적으로 적립금의 일부를 중도에 인출할 수 없으므로(법에서 정한 사유에 해당하는 경우에만 허용) 자금이 필요한 경우 IRP를 전부 해지해야 한다.

44 연금저축계좌의 종류　　　　　　　　정답 ②
㉮ p.167~169 ㉦ p.163

A. 연금저축신탁
B. 연금저축보험
C. 연금저축펀드

45 연금저축계좌 가입과 인출　　　　　　정답 ③
㉮ p.169~171 ㉦ p.163~164

중도해지하여 인출할 때에는 기타소득세가 부과되는 불이익이 없도록 가능한 세액공제를 받지 않은 납입액 범위 내에서 인출해야 한다.

46 세제비적격연금 – 변액연금보험　　　　정답 ①
㉮ p.176, p.178~179 ㉦ p.170

② 보험회사 → 가입자
③ 펀드자동재배분 → 자동자산재배분
　　펀드자동재배분은 투자성과에 따라 변동된 적립금을 일정 기간 단위별로 가입자가 정한 특별계정별 비율로 재조정하여 적립금을 운용하는 것이다.
④ 적립금 운용 중에 펀드 변경이 필요한 경우 연간 펀드변경 허용횟수 이내에서 자유롭게 펀드 변경이 허용된다.

47 개인연금 가입 시 고려사항　　　　　　정답 ②
㉮ p.181~182 ㉦ p.171

가. 개인연금
나. 세제비적격연금
다. 변액연금보험
라. 연금저축보험

48 연금계좌 분석 정답 ②

[기] p.148 ~ 149, p.170, p.183 [요] p.154, p.158, p.165, p.169

연금저축계좌에서 중도인출(부분 해지)하는 경우 과세제외금액, 이연퇴직소득, 세액공제 받은 납입액 및 운용수익의 순서로 인출되는 것으로 보아 소득원천에 따라 과세한다.

49 연금저축계좌 세금 정답 ①

[기] p.173 [요] p.165

1) 연금저축세액공제 대상 적용 납입액을 계산한다.
   세액공제 적용 납입액 = Min[(4,000 + 6,000), 6,000]
   = 6,000
   [참고] 연금저축세액공제 적용 납입액 한도 : 연 600만원
2) 연금저축 세액공제액을 계산한다.
   세액공제 대상 납입액 연 600만원 × 12% = 720천원
   [참고] 연금저축 세액공제율(지방소득세 별도)
   - 종합소득금액 4,500만원 이하 또는 근로소득만 있는 경우 총급여액 5,500만원 이하 : 15%
   - 종합소득금액 4,500만원 초과 또는 근로소득만 있는 경우 총급여액 5,500만원 초과 : 12%

50 은퇴소득 인출전략 정답 ③

[기] p.197 ~ 200 [요] p.173

'다, 라'는 적절한 설명이다.

가. 간병비나 여행경비 등 지출 시기가 불규칙적이거나 특정 시기에 집중적으로 지출하는 비용들은 인출할 은퇴소득에 포함하지 않으며, 목돈이 들어갈 별도의 재무목표이기 때문에 자금을 구분하여 관리한다.

나. 비연금 금융자산이나 실물자산까지를 은퇴소득 인출전략의 기초자산으로 활용할 것을 고려해야 한다.

▪ 부동산설계

51 건축물의 분류 정답 ①

[기] p.19 [요] p.180

다중주택의 법률적 요건에 해당한다.

52 부동산의 특성 정답 ④

[기] p.25 ~ 26 [요] p.181

토지는 개별성으로 인해 일물일가의 법칙이 적용되지 않는다.

[참고] 일물일가의 법칙은 한 가지 상품에 한 가지 가격이 형성되는 것을 의미한다.

53 부동산 수요와 공급 정답 ①

[기] p.33 ~ 36 [요] p.183 ~ 184

'가, 나, 다'는 부동산 가격 상승의 원인이다.

[참고] '가, 다'는 수요의 증가로 인해 부동산 가격이 상승하는 원인에 해당하며, '나'는 공급의 감소로 인해 부동산 가격이 상승하는 원인에 해당한다.

'라, 마'는 공급의 증가로 인해 부동산 가격이 하락하는 원인에 해당한다.

54 부동산 수요와 공급의 균형, 가격규제 정답 ④

[기] p.37 ~ 39 [요] p.185 ~ 186

정부가 A재의 가격을 P_1으로 제한하면 초과수요($Q_2 - Q_1$)가 발생하며, 더 높은 가격을 지불할 능력이 있는 수요자들로 인해 암시장이 형성될 수 있다.

① 생산요소가격이 하락하면 공급이 늘어나므로 공급곡선이 S_1으로 이동하고, 이에 따라 균형가격은 P_1이 된다.

② 수요자들의 소득이 증가하면 수요가 늘어나므로 수요곡선이 D_1으로 이동하고, 이에 따라 균형가격은 P_2가 된다.

③ 정부가 A재의 가격을 P_2로 제한하면 $Q_2 - Q_1$만큼의 초과공급이 발생한다.

55 부동산 경기변동 정답 ④

[기] p.47 ~ 48 [요] p.189

가. 불황기에 대한 설명이다.
나. 호황기에 대한 설명이다.
다. 경기회복기에 대한 설명이다.
라. 경기후퇴기에 대한 설명이다.

56 부동산권리분석 정답 ③

[기] p.52 ~ 53 [요] p.190

실제 토지의 경계와 공부상 경계가 다를 경우 현실의 경계와 관계없이 공부상의 경계에 의하여 확정되므로, 물적 불일치가 있는지 정확하게 현장에서 확인하는 것이 필요하다.

57 공동소유의 유형 – 공유 정답 ②

[기] p.56 ~ 57 [요] p.193

'가, 다'는 공유에 대한 적절한 설명이다.

나. 공동소유자 사이에 인적 결합 관계가 없기 때문에 각자 지분을 자유롭게 처분할 수 있다.

58 부동산물권 – 용익물권 정답 ③

[기] p.57 ~ 58 [요] p.192

'가, 다, 라'는 용익물권에 대한 적절한 설명이다.

나. 승역지 ↔ 요역지

59 토지의 지목 정답 ③

[기] p.70 ~ 71 [요] p.197 ~ 198

- (답)은 물을 상시적으로 직접 이용하여 벼, 연, 미나리 등의 식물을 주로 재배하는 토지이다.
- (유지)는 물이 고이거나 상시적으로 물을 저장하고 있는 댐·저수지·호수 등의 토지이다.

[참고]
- '전'은 물을 상시적으로 사용하지 않고 곡물, 원예작물 등의 식물을 주로 재배하는 토지이다.
- '구거'는 용수 또는 배수를 위하여 일정한 형태를 갖춘 인공적인 수로, 둑 등의 부지와 자연의 유수가 있거나 있을 것으로 예상되는 소규모 수로부지를 의미한다.

60 부동산 공부 정답 ①

[기] p.79 ~ 84 [요] p.200

부동산의 현황표시는 건축물대장이 우선시되고, 권리사항은 등기사항전부증명서가 우선시된다.

② 1/1200 축척은 지적도상의 1단위가 실제로는 1,200단위임을 의미한다. 따라서 지적도상 1cm는 실제 1,200cm(= 12m)가 된다.

61 부동산 경매 – 배당순위 정답 ②

[기] p.88 [요] p.201

'나 – 가 – 라 – 다'의 순이다.

가. [1순위] 제3취득자가 경매목적 부동산에 투입한 필요비 또는 유익비
나. [0순위] 집행비용
다. [9순위] 일반 채권
라. [2순위] 주택임대차법 또는 상가임대차법상 최우선변제권

62 부동산 경매　　　　　　　　　　　　　　정답 ①

㉑ p.87, p.89, p.91, p.93 ㉘ p.201~203

② 매각결정기일 → 매각기일

　　참고　매각결정기일은 매각기일에 최고가매수신고인으로 선정된 사람에게 매
　　　　　각허부를 결정하여 신고하는 날이다.

③ 매수의 신고가 있은 후에도 경매신청을 취하할 수 있다. 이 경우 최고가매
　　수신고인과 차순위매수신고인의 동의를 필요로 한다.

④ 재경매가된 경우 법원은 특별매각조건으로 매수신청보증금을 최저매각가격
　　의 20~30%로 정한다.

63 부동산 공매　　　　　　　　　　　　　　정답 ②

㉑ p.96~98 ㉘ p.204

'가, 다'는 적절한 설명이다.

나. 공매는 한국자산관리공사에서 매각을 진행하며, 온비드 사이트에서 온라인
　　으로만 입찰이 가능하다.

라. 최저매각가격 → 본인의 입찰가격

64 부동산 계약 – 해제　　　　　　　　　　　정답 ④

㉑ p.103~105 ㉘ p.205~206

계약의 해제는 손해배상청구에 영향을 미치지 않기 때문에 계약 해제 후 손해
배상청구도 가능하다.

① 중도금을 지급한 경우 해약금에 의한 계약 해제는 할 수 없다.

　　참고　중도금 지급 등 이행에 착수하기 전이라면 매수인은 계약금을 포기
　　　　　하고, 매도인은 배액을 상환하여 매매 계약을 해제할 수 있다.

② 계약을 해제하는 경우 계약으로 발생한 법률 효과는 모두 소급적으로 소멸
　　한다. 계약 해제 시 중도금 지급 등 이미 이행한 급부가 있는 경우 해제의
　　상대방과 해제권자는 원상회복의무를 부담해야 한다.

③ 일방이 해제의 의사표시를 하여 상대방에게 도달한 후에는 원칙적으로 철
　　회하지 못한다.

65 부동산 임차인의 권리와 의무　　　　　　정답 ②

㉑ p.113 ㉘ p.209

매년 말 → 매월 말

66 주택임대차보호법　　　　　　　　　　　정답 ④

㉑ p.115~118 ㉘ p.210~211

① 임대차기간을 2년 미만으로 정한 임대차는 그 기간을 2년으로 보지만, 임
　　차인은 2년 미만으로 정한 기간의 유효함을 주장할 수 있다.

② 임차인이 2기의 차임을 연체하는 경우 묵시적 갱신은 인정되지 않는다.

③ 주민등록을 마친 그 다음 날부터 제3자에 대하여 효력이 생긴다.

67 상가건물임대차보호법　　　　　　　　　정답 ③

㉑ p.124~125, p.131 ㉘ p.212~213

① 당일 → 다음 날

② Min[연 10%, 기준금리 + 2%p] → Min[연 12%, 기준금리 × 4.5]

　　참고　주택임대차보호법에서는 보증금을 월차임으로 전환하는 경우, 전환율은
　　　　　Min[연 10%, 기준금리 + 2%p]을 초과할 수 없다.

④ 2기 → 3기

68 주택청약제도　　　　　　　　　　　　　정답 ①

㉑ p.141 ㉘ p.215

주택청약종합저축의 가입대상은 국내 거주자인 개인으로 연령과 자격에 관계
없이 누구나 가입이 가능하다.

69 주택청약제도 – 특별공급　　　　　　　　정답 ①

㉑ p.145 ㉘ p.216

입주자모집공고일 현재 미성년인 자녀(태아, 입양자녀 포함) 3명 이상인 다자
녀가구가 특별공급의 대상이 되므로, 미성년 자녀 2명, 성년 자녀 1명인 다자
녀가구는 특별공급 주요 대상에 포함되지 않는다.

70 용도지역과 용도지구　　　　　　　　　　정답 ③

㉑ p.161~165 ㉘ p.219~220

'나, 다'는 적절한 설명이다.

가. 일반상업지역 → 중심상업지역

라. 용도지역 간 중복지정은 불가능하다.

71 건축허가 및 제한　　　　　　　　　　　정답 ①

㉑ p.173~175 ㉘ p.222~223

6개월 → 1년

72 건축허가 및 제한 – 건축신고　　　　　　정답 ①

㉑ p.173~174 ㉘ p.220

'가, 나'는 건축신고 대상이다.

다. 도시지역 → 관리지역 또는 농림지역 또는 자연환경보전지역

라. 3m 이상 → 3m 이하

73 재개발과 재건축　　　　　　　　　　　정답 ③

㉑ p.178~183 ㉘ p.224~226

천재지변 등으로 주택이 붕괴되어 신속히 재건축을 추진할 필요가 있다고 정
비계획의 입안권자가 인정하는 것은 안전진단 대상에서 제외할 수 있다.

74 주거용 부동산　　　　　　　　　　　　　정답 ③

㉑ p.190~194 ㉘ p.227

다세대·연립주택은 임대할 경우 매매가 대비 전세가 비율이 높아 상대적으로
임대수익률이 높은 편이다.

75 리츠(REITs)　　　　　　　　　　　　　정답 ②

㉑ p.211~213 ㉘ p.233

기업구조조정 부동산투자회사 → 자기관리 부동산투자회사

▪ 상속설계

76 상속개시 – 동시사망의 추정　　　　　　정답 ③

㉑ p.18~19 ㉘ p.242~243

동시사망으로 추정될 경우 상호 간 대습상속을 인정하여 C의 배우자인 E와 C의
직계비속인 F가 A의 상속재산을 공동으로 상속받으며, D는 순위가 밀려 A의
상속인이 되지 않는다.

77 상속인의 범위　　　　　　　　　　　　　정답 ①

㉑ p.27~31 ㉘ p.245~247

가. 일반양자

나. 가능하다

다. 상속결격자

78 상속에 따른 법률효과　　　　　　　　　정답 ①

㉑ p.34~35 ㉘ p.249

② 제3자에게 대항할 경우 그 대상 재산의 권리 변동 절차에 따라서 상속인
　　의 소유로 이전시키는 별도의 행위가 필요하다.

③ 총유 → 공유

④ 상속개시 후 상속재산 분할 전, 공동상속인은 자신의 상속분에 해당하는
　　지분을 양도할 수 있다.

79 특별수익이 있는 경우 구체적 상속분

정답 ②

㉑ p.43~44 ㉖ p.251~252

특별수익자 C의 상속분 = (상속재산 + 특별수익) × 법정상속분 − 특별수익
= (7억원 + 3억원) × 2/5 − 3억원 = 1억원

∴ 대습상속인 E의 상속분 = 피대습자(C)의 상속분 × 대습상속인의 법정상속분
= 1억원 × 2/5 = 4,000만원

80 상속회복청구권

정답 ③

㉑ p.57~58 ㉖ p.257

공동상속인 중 1인이 다른 공동상속인의 동의 없이 상속부동산에 관한 소유권
이전등기를 마친 경우 다른 공동상속인들이 등기의 말소를 구하는 것은 상속
회복청구에 해당한다.

81 상속의 승인과 포기

정답 ④

㉑ p.59~63 ㉖ p.257~259

① 피상속인의 연대보증에 대한 채무를 알게 된 날은 20×5년 7월 8일이고
그 날로부터 3개월 이내에 상속인들은 한정승인을 할 수 있다.
② 상속개시 이전에 한 상속포기의 의사표현은 효력이 없다.
③ 상속포기는 상속을 개시한 때부터 상속인으로서의 지위를 포기하는 것이기
때문에 새로운 채무에 대해 다시 상속포기를 할 필요가 없다.

82 후견제도

정답 ③

㉑ p.68~69 ㉖ p.261

한정후견인 → 성년후견인

83 유언과 유증

정답 ②

㉑ p.76, p.87 ㉖ p.263, p.266

유증은 유언에 의하여 자신의 재산을 무상으로 제3자에게 주는 단독행위이며,
사망을 조건으로 발생하는 증여계약인 사인증여와 구별된다.

84 법정유언사항

정답 ③

㉑ p.76 ㉖ p.263

'가, 나, 마'는 법정유언사항에 해당한다.
다. 사단법인 → 재단법인
라. 성년후견인 → 미성년후견인

85 구수증서유언

정답 ②

㉑ p.80~83 ㉖ p.264~265

'가, 다'는 구수증서유언에 대한 적절한 설명이다.
나. 유언자의 구수를 이해할 수 없는 청각장애자, 필기가 정확한 것임을 승인
할 능력이 없는 자 등은 증인결격자에 해당한다.
라. 구수증서유언은 유언자가 질병이나 급박한 사유로 인해 다른 방식에 의한
유언이 불가능할 경우에만 예외적으로 허용된다.

86 유언의 방식

정답 ④

㉑ p.77~84 ㉖ p.263~265

비밀증서유언은 객관적인 제3자가 개입되어 있지 않아 신빙성 여부가 문제될
수 있다.

87 유언의 철회

정답 ④

㉑ p.85~86 ㉖ p.266

이전의 유언에 저촉되는 새로운 유언을 한다면 유언자가 이전의 유언내용 중
에서 그 저촉되는 부분만큼은 철회할 의사가 있었다고 간주하므로, 딸이 해당
토지를 유증받게 된다.

88 유류분과 유류분반환청구

정답 ④

㉑ p.93~95 ㉖ p.268~269

① B가 증여받은 재산은 특별수익으로, 상속인이 받은 특별수익은 상속개시
1년 이전의 것인지 여부에 관계없이 유류분 산정 기초재산에 포함된다.
② 피상속인이 부담하는 사법상·공법상 채무는 모두 유류분 계산 시 공제된다.
③ 유류분 = (상속재산 + 증여재산 − 채무) × 법정상속분 × 유류분 비율
= (10억원 + 5억원) × 2/5 × 1/2 = 3억원

89 유류분

정답 ①

㉑ p.93~99 ㉖ p.268~269

② 반환받을 수 있는 증여를 안 때로부터 1년이 지났다면 아직 상속개시일로
부터 10년이 경과하지 않았다 하더라도 유류분의 반환을 청구할 수 없다.
③ 4촌 이내의 방계혈족은 유류분을 청구할 권리가 없다.
④ 5년 → 1년

90 유류분의 반환

정답 ①

㉑ p.93, p.98~100 ㉖ p.268~269

C는 피상속인의 직계비속이기 때문에 유류분 비율은 1/2이고, 교환된 주식의
주권은 병합되기 전의 주권을 표창하면서 동일성을 유지하므로 원물반환을 해
야 한다.

91 상속세와 증여세의 관계

정답 ①

㉑ p.104~105 ㉖ p.270~271

② 상속재산가액이 많으면 유산세 과세방식이 유산취득세 과세방식보다 세액이
더 많이 발생한다.
③ 상속세는 유산세 과세방식, 증여세는 유산취득세 과세방식을 취한다.
④ 세대를 건너뛴 상속이나 증여에 대해서는 산출세액의 30%(40%)를 가산하
여 할증과세한다.

92 상속세의 기본 개념

정답 ④

㉑ p.106~108 ㉖ p.272

'다, 라'는 상속세 및 증여세법상 상속에 대한 적절한 설명이다.
가. 상속인이란 민법에 따른 상속인을 말하며, 상속을 포기한 사람 및 특별연
고자를 포함한다.
나. 실종선고로 인하여 상속이 개시되는 경우에는 상증법상 실종선고일을 상
속개시일로 본다.

93 사전증여재산

정답 ②

㉑ p.107 ㉖ p.275

상속개시일 전 10년 이내에 피상속인이 상속인에게 증여한 재산가액과 5년 이
내에 피상속인이 상속인이 아닌 자에게 증여한 재산가액은 상속세 과세가액에
포함한다.

수증자	상속인 여부	상속세 과세가액 포함	증여재산 평가가액
배우자	O	X	−
아버지	X	O	7억원
아들	O	O	2억원

∴ 가산할 증여재산가액 = 7억원 + 2억원 = 9억원

94 상속공제   정답 ④

㉮ p.116 ～ 121 ㉯ p.276 ～ 278

가. 5억원

나. 5억원

    배우자 상속공제는 최소 5억원에서 최대 30억원까지 가능하다.

다. 2억원

순금융재산가액	상속공제액
2천만원 이하	전액
2천만원 초과 1억원 이하	2천만원
1억원 초과 10억원 이하	순금융재산 × 20%
10억원 초과	2억원

라. 7억원

    상속세 과세표준 = 상속세 과세가액 20억

                           − 상속공제 13억(= 5억 + 5억 + 2억 + 1억)

                       = 7억

95 증여재산의 반환   정답 ④

㉮ p.132 ～ 133 ㉯ p.281

과세표준 신고기한은 4월 30일이므로 4월 30일로부터 3개월인 7월 31일까지의 반환재산에 대해서는 증여세를 부과하지 않는다.

96 증여세 과세체계   정답 ②

㉮ p.138 ～ 141 ㉯ p.278, p.284

50% → 30%

[참고] 수증자가 증여자의 자녀가 아닌 직계비속이면서 미성년자인 경우로서 증여재산가액이 20억원을 초과하는 경우에는 증여세 산출세액의 40%에 상당하는 금액을 가산한다.

97 보험금의 증여   정답 ①

㉮ p.147 ㉯ p.286

증여재산가액 = 보험금 × (타인으로부터 증여받아 납부한 보험료

                /총 납입보험료) − 타인으로부터 증여받아 납부한 보험료

           = 5억원 × (2억원/4억원) − 2억원

           = 5천만원

98 보충적 평가방법 – 부동산 등 유형재산   정답 ②

㉮ p.156 ～ 159 ㉯ p.289 ～ 290

시가가 있을 경우 시가를 증여재산가액으로 보고 시가가 없다면 보충적 평가방법에 의하여 증여재산가액을 정한다.

• 증여일 전 6개월 이전의 매매가액은 시가가 아니다.

• 은행이 평가한 감정평가액은 시가가 아니다.

[참고] 증여일 전 6개월부터 증여일 후 3개월까지 사이에 둘 이상의 감정평가업자가 감정한 감정가액이 있는 경우 그 감정가액의 평균액을 시가로 인정한다.

∴ 상속세 및 증여세법상 보충적 평가방법에 의한 증여재산가액은 국세청장이 산정·고시한 기준시가 11억원이다.

99 보충적 평가방법   정답 ③

㉮ p.160, p.169 ㉯ p.290 ～ 291

① 예금 또는 적금

    = 평가기준일 현재 예입총액 + 미수이자 − 원천징수세액

② 저당권이 설정된 재산

    = Max[평가기준일 시가, 평가기준일 현재 그 재산이 담보하는 채권액]

④ 특정시설물 이용권의 가액

    = 평가기준일까지 납입한 금액 + 프리미엄 상당액

100 상속세 및 증여세 납부전략   정답 ①

㉮ p.208 ～ 212 ㉯ p.299

'가, 나, 마'는 상속세 납부전략에 대한 설명이다.

'다, 라, 바'는 증여세 납부전략에 대한 설명이다.

㉮ 기본서 : 한국FPSB에서 발간한 기본서 페이지를 표기하였습니다.
㉯ 요약집 : 해커스금융 AFPK 합격지원반, 수강료 환급반, 기수료팩, 핵심요약 강의 수강생에게 제공되는 〈해커스 AFPK 핵심요약집〉 페이지를 표기하였습니다.

▪ 위험관리와 보험설계

1 위험의 정의
정답 ③
㉮ p.10~13 ㉯ p.307

'다'의 사례는 동물 피부에 상해를 가함으로써 그 손해를 배상해야 하는 순수위험 중 배상책임위험에 해당한다.
① 자연사망 등은 특정위험으로 구분된다. 또한, 순수위험 중 인적위험에 해당한다.
② 금 가격 변동에 따라 손실과 이익 모두 발생이 가능한 투기적 위험에 해당한다.
④ 경기불황에 의한 영향이 개인에 국한되는 것이 아니라 사회 전반으로 확대될 수 있으므로 기본위험에 해당한다.

2 위험관리방법
정답 ③
㉮ p.17~19 ㉯ p.309

손실예방과 손실감소는 위험통제에 해당한다. 위험재무에 해당하는 위험관리방법은 위험보유, 위험전가(보험, 헤징)가 있다.
① 위험이전(보험)이므로 위험재무에 해당한다.
② 위험이전(헤징)이므로 위험재무에 해당한다.
④ 위험보유이므로 위험재무에 해당한다.

3 보험제도 구분
정답 ③
㉮ p.27~29 ㉯ p.311

'가, 다, 라'는 적절한 설명이다.
나. 생명보험 → 손해보험

4 보험계약 특성
정답 ①
㉮ p.36 ㉯ p.314

보험계약자가 보험료를 납부했더라도 보험금 수령 여부는 우연한 사고에 의존하고, 보험료와 보험금 간 등가교환이 아니기 때문에 사행(요행)계약의 성격을 갖는다.

5 보험계약 관련법
정답 ①
㉮ p.44~49 ㉯ p.317~318

② 제3보험업은 겸영이 가능하다.
③ 보증보험과 재보험은 예금자보호법의 보호를 받지 않는다.
④ 약관의 내용과 개별약정의 내용이 다른 경우 개별약정의 내용이 우선한다.

6 보험계약자와 보험회사의 권리와 의무
정답 ①
㉮ p.53~55 ㉯ p.320~321

위험변경 사항의 통지는 우편, 전화, 방문 등을 통해 이루어진다.

7 보험료 결정 요인
정답 ③
㉮ p.66 ㉯ p.326

• 손해율 = (발생손해액 + 손해사정비용)/경과보험료
        = (45억원 + 10억원)/100억원 = 55%
• 사업비율 = 30%
∴ 손해율 + 사업비율 = 55% + 30% = 85%

8 보험유통채널
정답 ①
㉮ p.70~74 ㉯ p.327~329

보험설계사는 보험회사를 위해 보험계약의 체결을 중개하는 자이다.

9 국민건강보험 보험료
정답 ①
㉮ p.90 ㉯ p.335

• 보수월액보험료 = 보수월액 × 건강보험료율(7.09%)
              = 3,000,000원 × 7.09% = 212,700원
• 보수월액보험료는 가입자와 사용자가 각각 반씩 부담한다.
∴ 직장가입자 A씨가 부담하는 보수월액보험료는 106,350원이다.

10 노인장기요양보험
정답 ④
㉮ p.96~99 ㉯ p.336~337

① 70세 → 65세
② 치매환자의 경우에도 장기요양인정 점수에 따라 등급을 판정한다.
③ 방문당 → 1일당

11 산업재해보상보험
정답 ③
㉮ p.109~110 ㉯ p.340

'다, 라'는 산업재해보상보험의 적용대상자이다.
가. 직업군인은 군인재해보상법에 따라 재해보상이 되는 사업이므로 적용제외이다.
나. 가구 내 고용활동은 적용제외이다.

12 생명보험 상품구조
정답 ③
㉮ p.120 ㉯ p.342

재해사망특약은 선택부가특약으로 보험료 추가 부담이 있다.
사후정리특약, 연금전환특약, 선지급서비스특약은 제도성 특약으로 보험료 추가 부담이 없다.

13 정기보험 유형
정답 ①
㉮ p.126~127 ㉯ p.344

가. 체증정기보험
나. 갱신정기보험
다. 재가입정기보험
라. 체감정기보험

14 종신보험 유형
정답 ②
㉮ p.130~136 ㉯ p.346~349

① 자유로운 보험료 납입방식은 유니버셜종신보험의 특징이며, 변액종신보험의 특징은 아니다.
③ 유니버셜종신보험은 사망보험금에 대한 인플레이션 헤지 기능이 없다.
④ 유니버셜종신보험은 계약자의 투자위험부담이 없다.

15 연금보험 상품분류
정답 ①
㉮ p.139~140 ㉯ p.350

투자실적에 따라 연금재원이 변동되지만 최소한의 원금은 보증하는 변액연금이 가장 적합하다.

16 정액보험과 변액보험의 비교
정답 ②
㉮ p.147 ㉯ p.352

가. 예정이율 → 실제투자 수익률
다. 보험회사 → 보험계약자
라. 모든 설계사 → 변액보험 판매자격시험 합격자

17 생명보험 특약
정답 ④

⑦ p.149 ~ 151 ⑧ p.354

사망에 따라 주계약에서 1억원, 60세 이전에 사망하였으므로 정기특약에서 5천만원, 재해로 사망하였으므로 재해사망특약에서 2천만원이 지급되어 총 1억 7천만원이 지급된다.

18 계약유지를 위한 제도
정답 ③

⑦ p.155 ⑧ p.355

보장기간이 줄어들더라도 동일한 보험금을 보장받기를 원하므로 보장기간이 줄어들지만, 보험금(보장내용)이 동일하고 보험료 납입을 하지 않을 수 있는 제도인 보험료 연장정기보험 제도를 활용하는 것이 가장 적합하다.
① 보험료를 지속적으로 납입해야 하므로 니즈를 충족하기 어렵다.
②④ 보험금이 감액되므로 기존과 동일한 사망보장 니즈를 충족하기 어렵다.

19 언더라이팅 단계
정답 ③

⑦ p.165 ~ 166 ⑧ p.357 ~ 358

'가 - 다 - 라 - 나'의 순이다.

20 생명보험 보험계약의 성립과 효력
정답 ③

⑦ p.173 ~ 174 ⑧ p.361

청약철회는 보험증권을 받은 날로부터 15일, 계약일(청약일)로부터 30일 이내에 가능하며, 두 기간 중 하나라도 경과하면 청약철회가 불가능하다.
따라서 보험증권 수령일(2024년 5월 12일)로부터 15일이 지난 2024년 5월 27일 이후에는 청약철회가 불가능하다.

21 생명보험 보험계약의 성립과 효력
정답 ④

⑦ p.177 ⑧ p.363

$$
\begin{array}{r}
2024년\ 1월\ 2일 \\
-\ \ 1999년\ 2월\ 3일 \\
\hline
=\ \ \ 24년\ 10월\ 29일
\end{array}
$$

∴ 실제 만 나이 : 24년, 보험 나이 : 25년

22 실손의료보험
정답 ②

⑦ p.197 ⑧ p.367 ~ 368

실손의료보험의 보장대상은 국민건강보험 급여항목 중 법정본인부담금과 국민건강보험 비급여항목인 법정비급여를 대상으로 한다.

23 질병보험
정답 ②

⑦ p.193 ~ 196 ⑧ p.371

질병보험은 신체 내재적 원인에 의한 신체결함상태에 대해 보상하며, 신체결함상태란 신체에 일시적 또는 계속적 장애를 일으켜 정상적인 기능을 할 수 없는 상태를 말한다.

24 장기간병보험과 노인장기요양보험의 비교
정답 ④

⑦ p.205 ⑧ p.336 ~ 337, p.374

가. 보험업법 → 노인장기요양보험법
나. 의무 가입방식 → 임의 가입방식
다. 65세 이상 노인 및 65세 미만 노인성질환자 → 회사자체기준 또는 공적 요양등급 적용

25 손해보험 원리와 특징
정답 ②

⑦ p.212 ~ 213 ⑧ p.375 ~ 376

'가, 라'는 적절한 설명이다.
나. 보험가입금액 → 보험가액
다. 피보험이익은 보험의 목적에 대하여 어떤 사람이 갖는 경제적 이해관계를 의미한다.

26 주택화재보험
정답 ③

⑦ p.222 ~ 224 ⑧ p.380

주택물건과 일반물건의 재산손해액에 대해서는 Co-Insurance를 적용한다. 따라서 아파트, 주택병용 물건(피아노 교습소)은 주택물건이고, 오피스텔은 일반물건이므로 Co-Insurance를 적용하여 지급보험금을 계산한다.
공장 구내에 있는 기숙사는 공장물건으로 Co-Insurance를 적용하지 않는다.

27 일반화재보험
정답 ①

⑦ p.225 ~ 227 ⑧ p.381 ~ 382

화재로 발생한 것이든 아니든 파열 또는 폭발로 생긴 손해는 보상하지 않는다.

28 배상책임보험
정답 ①

⑦ p.234 ~ 237 ⑧ p.385 ~ 386

고의사고는 보상하지 않는다.

29 장기손해보험
정답 ②

⑦ p.244 ~ 248 ⑧ p.389 ~ 390

'나, 다'는 적절한 설명이다.
가. 저축성보험의 경우 보험기간이 15년 이내 상품만 존재한다.
라. 장기손해보험은 계약자 편의에 따라 다양한 납입방법 및 납입주기 선택이 가능하며, 보험료 납입 연체 시 반드시 납입최고 절차를 거친 후에 보험계약을 해지하여야 한다.

30 자동차보험
정답 ③

⑦ p.259 ~ 262 ⑧ p.396 ~ 398

대인배상Ⅰ과 대물배상 2천만원까지는 의무보험이고, 대인배상Ⅱ는 임의보험이다.

▪ 투자설계

31 금융상품
정답 ③

⑦ p.17 ~ 18 ⑧ p.406 ~ 407

200만원 → 400만원

32 경제성장률과 GDP 디플레이터
정답 ④

⑦ p.30 ~ 32 ⑧ p.412

- 경제성장률 = (금년도 실질 GDP − 전년도 실질 GDP)/전년도 실질 GDP × 100
  = (140억원 − 120억원)/120억원 × 100 = 16.7%
- 2025년 GDP 디플레이터 = 2025년 명목 GDP/2025년 실질 GDP × 100
  = 150억원/140억원 × 100 = 107.14

33 고용
정답 ①

⑦ p.35 ~ 36 ⑧ p.414

'가, 라'는 적절한 설명이다.
나. 취업준비자는 비경제활동인구로 분류된다.
다. 고용률은 만 15세 이상 인구 대비 취업자의 비율을 의미한다.

34 물가지수
정답 ②

⑦ p.42 ~ 45 ⑧ p.416 ~ 417

① 물가가 상승하면 돈의 가치가 하락하여 이자의 실질가치도 하락하므로 돈을 빌려주는 사람(채권자)은 손해를 본다.
③ 우측 → 좌측
④ 생산자물가지수 산정 시 원재료, 중간재 및 자본재 등이 포함된다.

35 경상수지
㉑ p.48 ㉦ p.417

경상수지 = 상품수지 + 서비스수지 + 본원소득수지 + 이전소득수지
= 10억달러 – 1억달러 + 2억달러 – 2억달러
= 9억달러

36 경기순환주기
정답 ③
㉑ p.53 ~ 54 ㉦ p.420

① 경기순환주기는 경기 저점에서 다음 저점까지의 기간을 나타낸다.
② 불황기에는 이자율이 낮아지고 주가가 하락하는 경향이 있다.
④ 회복기와 호황기를 묶어서 확장국면, 후퇴기와 불황기를 묶어서 수축국면
이라고 한다.

37 산술평균과 기하평균수익률
정답 ③
㉑ p.65 ~ 66 ㉦ p.423 ~ 424

- 산술평균수익률 = Σ(연간수익률)/n = (100% – 50%)/2 = 25%
- 기하평균수익률 = $\sqrt{}$(최종투자자산/최초투자자산) – 1
= $\sqrt{}$(200만원/200만원) – 1 = 0%

38 요구수익률과 기대수익률
정답 ②
㉑ p.70 ~ 71 ㉦ p.425

구분	기대수익률	요구수익률	평가
주식 A	(20,500원 – 20,000원 + 2,500원)/ 20,000원 = 15%	1% + 3% + 10% = 14%	저평가
주식 B	(16,000원 – 15,000원 + 800원)/ 15,000원 = 12%	1% + 3% + 8% = 12%	적정수준
주식 C	(58,000원 – 50,000원 + 500원)/ 50,000원 = 17%	1% + 3% + 15% = 19%	고평가
주식 D	(7,800원 – 7,000원)/7,000원 = 11.4%	1% + 3% + 5% = 9%	저평가

39 공분산과 상관계수
정답 ①
㉑ p.82 ~ 85 ㉦ p.428

'다'는 적절한 설명이다.
가. 공분산의 값들의 범위에는 제한이 없다.
나. 공분산은 두 자산 간의 움직임의 방향에 관한 정보를 제공하지만, 정도에
관한 정보는 제공하지 않는다.
라. 상관계수가 1이 아닌 양수인 경우 분산투자 효과가 있다.

40 포트폴리오의 위험
정답 ①
㉑ p.88 ~ 89 ㉦ p.428 ~ 429

연도	주식 A의 수익률	주식 B의 수익률	포트폴리오 수익률
20×1년도	10%	14%	(10% + 14%)/2 = 12%
20×2년도	18%	6%	(18% + 6%)/2 = 12%
20×3년도	–1%	25%	(–1% + 25%)/2 = 12%
평균수익률	(10% + 18% – 1%)/3 = 9%	(14% + 6% + 25%)/3 = 15%	(9% + 15%)/2 = 12%

① 포트폴리오의 수익률은 12%이므로 주식 A의 평균수익률 9%보다 높다.
② 두 자산은 서로의 위험을 완전히 상쇄하고 있으므로 위험이 0이다.
　[참고] 두 자산 수익률의 상관계수가 –1일 경우 포트폴리오의 위험이 0이 되는
　　　　포트폴리오를 구성하게 되어 분산투자효과가 가장 커지게 된다.
③ 두 자산의 수익률은 완전히 반대로 움직이므로 상관계수는 –1이다.
　[참고] 두 자산 수익률의 상관계수가 –1이라면, 주식 A의 수익률이 1만큼 움직일
　　　　때 주식 B의 수익률은 반대 방향으로 1만큼 움직인다는 것을 의미한다.
　　　　따라서 주식 A의 수익률이 8% 상승할 때(20×1 ~ 20×2년도) 주식 B
　　　　의 수익률이 8% 하락하고, 주식 A의 수익률이 19% 하락할 때(20×2
　　　　~ 20×3년도) 주식 B의 수익률이 19% 상승한 것을 통해 두 주식의
　　　　상관계수가 –1임을 알 수 있다.
④ 포트폴리오의 평균수익률은 12%이다.

41 포트폴리오의 분산투자 대상
정답 ②
㉑ p.94 ~ 95 ㉦ p.429 ~ 430

포트폴리오 베타가 0.98로 거의 1에 가깝기 때문에 해당 포트폴리오의 수익률
변동은 시장수익률의 변동과 거의 일치한다.
- 포트폴리오 베타 = (0.4 × 0.7) + (0.25 × 1.3) + (0.25 × 0.9) + (0.1 × 1.5) = 0.98
① 포트폴리오 베타가 0.98이므로 시장보다 덜 민감한 저베타 포트폴리오이다.
③ 포트폴리오의 베타가 0.98이고 A주식의 베타가 0.7이므로 현재 포트폴리
오의 체계적 위험이 더 크다.
④ 주식시장이 상승할 것이라고 판단되면 베타가 1보다 높은 주식(D주식)의
투자비중을 늘리는 것이 바람직하다.

42 자본시장선
정답 ③
㉑ p.102 ㉦ p.431

자본배분선 기울기(변동성 보상비율) = $\dfrac{E(R_P) - R_f}{\sigma_P}$ = $\dfrac{8\% - 2\%}{5\%}$ = 1.2

43 주식의 발행
정답 ③
㉑ p.113 ~ 115 ㉦ p.436

주가가 액면가 이상인 상장법인의 주식배당은 배당가능이익의 100%까지 가능
하다.

44 주식가치평가모형
정답 ①
㉑ p.124 ㉦ p.439

- 주식 A의 위험프리미엄 = β × 주식시장의 위험프리미엄
= 1.5 × 4% = 6%
- 주식 A에 대한 요구수익률 = 무위험수익률 + 주식 A의 위험프리미엄
= 5% + 6% = 11%

45 상대가치평가모형
정답 ②
㉑ p.129 ~ 132 ㉦ p.440

'가, 라'는 적절한 설명이다.
나. 저량 ↔ 유량
다. 주가순자산비율(PBR) ↔ 주가수익비율(PER)

46 상대가치평가모형
정답 ④
㉑ p.129 ~ 131 ㉦ p.440

구분	A기업	B기업	C기업
PER	10,000원/1,200원 = 8.3	20,000원/4,000원 = 5	30,000원/3,000원 = 10
PBR	10,000원/5,000원 = 2	20,000원/5,000원 = 4	30,000원/40,000원 = 0.75

① PER 값이 가장 높은 C기업이 가장 고평가되어 있다.
② PBR 값이 가장 높은 B기업이 가장 고평가되어 있다.
③ 시장의 평균 PER(6)보다 낮은 B기업은 저평가되어 있고, A, C기업은 고평
가되어 있다.
④ 일반적으로 PBR은 1을 기준으로 하며 지표가 1보다 낮으면 저평가로 인식
된다.

47 채권의 특징
정답 ②
㉑ p.146 ~ 148, p.165 ㉦ p.445 ~ 446, p.452

'가, 나'는 적절한 설명이다.
다. 채권의 발행은 회사의 타인자본을 증가시킨다.
라. 0.01% → 0.1%

48 복리채의 채권가격 정답 ③

㉮ p.154 ㉯ p.449

경과기간	현금흐름	현재가치
1년	0	0
2년	10,000 × 1.05^2 = 11,025원	11,025원/1.04^2 = 10,193.23원
합계	–	10,193.23원

49 채권수익률과 채권가격의 이해 정답 ③

㉮ p.156 ㉯ p.450

만기가 일정할 때 채권수익률이 3% 하락하면 가격은 상승하고, 채권수익률이 3% 상승하면 가격은 하락한다. 이때, 채권수익률의 하락으로 인한 가격 상승폭이 같은 폭의 채권수익률의 상승으로 인한 가격 하락폭보다 크다.

50 기본적 분석과 기술적 분석 정답 ④

㉮ p.171 ~ 174 ㉯ p.454 ~ 456

기술적 분석은 시장의 변화요인보다는 시장의 변동에만 집중 분석한다.

51 국내펀드의 매입기준가격 정답 ②

㉮ p.187 ㉯ p.461

펀드를 15시 30분(마감시간) 이후에 매입한 경우 다음 날(8/2) 매입 신청한 것으로 처리되며, 8/2(화)의 종가를 사용하여 다음 영업일인 8/3(수)에 매입기준가격이 결정·고시된다.

52 자산유동화증권 정답 ①

㉮ p.204 ~ 206 ㉯ p.466 ~ 468

'가, 다'는 적절한 설명이다.
나. 자산유동화증권의 신용도는 자산보유자의 신용도와 분리되며, 일반적으로 신용보강을 통해서 자산보유자보다 높은 신용도를 지니게 된다.
라. 2차 시장 → 자본시장

53 상장지수증권 정답 ②

㉮ p.210 ㉯ p.470

① ETN은 발행 당시 목표로 정해진 기초지수의 누적 수익률이 곧바로 투자수익률이 되는 지수 연동(인덱스) 상품이다.
③ ETN은 발행기관의 신용위험에 노출되고, 만기가 1 ~ 20년 사이에서 정해져 있다.
④ ETN은 발행기관이 기초지수와 연계한 약정수익의 지급을 보장하기 때문에 추적오차에서 자유롭다.

54 주식투자전략의 패시브 전략 정답 ④

㉮ p.214 ~ 215 ㉯ p.471 ~ 472

가격지수 → 총수익지수

55 채권투자전략 정답 ③

㉮ p.218 ~ 220 ㉯ p.473

'다, 라'는 비교지수 대비 초과수익을 추구하는 액티브 전략에 해당한다.
'가, 나'는 비교지수와 동일한 수익률을 달성하고자 하는 패시브 전략에 해당한다.

56 선물 정답 ②

㉮ p.223 ~ 225 ㉯ p.474

• 선물매도자의 손익 = (매도가격 – 만기일의 현물가격) × 선물거래승수 × 선물계약수
= (100pt – 120pt) × 25만원 × 5계약 = –2,500만원
• 선물매수자의 손익 = (만기일의 현물가격 – 매수가격) × 선물거래승수 × 선물계약수
= (120pt – 100pt) × 25만원 × 5계약 = +2,500만원

57 옵션거래의 수익구조 정답 ②

㉮ p.228 ㉯ p.475

풋옵션을 매수했으므로 최대이익은 무제한, 최대손실은 프리미엄으로 제한된다. 프리미엄은 2pt이고 2계약을 25만원에 거래하였기 때문에 최대손실은 100만원(= 2pt × 2계약 × 25만원)이다.

58 선물·옵션을 활용한 헤지전략 정답 ③

㉮ p.230 ㉯ p.476

현물보유금액 = 지수선물 명목평가액 = 매도가격 × 선물거래승수 × 선물계약수
1,000,000,000원 = 200pt × 250,000원 × 선물계약수
∴ 선물계약수 = 20계약

59 자산배분전략 정답 ①

㉮ p.245 ~ 246 ㉯ p.480

패시브 → 액티브

60 헤지펀드 정답 ①

㉮ p.258 ~ 260 ㉯ p.485

② 운용지시는 운용회사 매니저의 역할이다. 프라임브로커는 헤지펀드를 대상으로 유가증권 대여, 대출, 청산 및 결제, 펀드관리 서비스를 제공한다.
③ 비방향성 전략 → 방향성 전략
④ 방향성 전략 → 비방향성 전략

▪ 세금설계

61 국세부과의 원칙 정답 ②

㉮ p.17 ~ 19 ㉯ p.496 ~ 497

'가, 나'는 국세부과의 원칙이다.
'다, 라'는 세법 적용의 원칙이다.
가. 실질과세의 원칙(조세회피방지를 위한 경제적 실질과세)
나. 근거과세의 원칙
다. 소급과세금지의 원칙(해석상 소급과세의 금지)
라. 세무공무원 재량의 한계

62 조세구제제도 정답 ①

㉮ p.24 ㉯ p.498

이의신청은 임의절차에 해당되어 불복청구인은 이의신청절차를 거치지 않고 국세청 심사청구, 조세심판원 심판청구, 감사원 심사청구를 할 수 있다.

63 소득세 과세원칙 정답 ③

㉮ p.31 ~ 33 ㉯ p.500

'나, 라'는 우리나라 소득세 과세원칙에 해당한다.
가. 포괄주의 과세 → 열거주의 과세
다. 부과과세제도 → 신고납세제도

64 납세의무자 정답 ③

㉮ p.34 ~ 35 ㉯ p.501

국내 원천소득에 대해서만 소득세를 납세하는 자는 비거주자이다.
[참고] 거주자란 국내에 주소를 두거나 183일 이상 거소를 둔 개인을 말하며, 비거주자는 거주자가 아닌 개인이다.

65 지방소득세 정답 ④

㉮ p.80 ㉯ p.519

부가가치세는 지방소득세가 과세되지 않는다.

66 사업소득 신고방법
정답 ①

㉠ p.45 ㉡ p.505

단순경비율 적용 시 사업소득금액 = 수입금액 − (수입금액 × 단순경비율)
= 8,000만원 − (8,000만원 × 75%)
= 2,000만원

67 공동사업의 소득금액계산 특례
정답 ④

㉠ p.48 ㉡ p.507

소득세는 개인별로 과세되므로, 원칙적으로 다른 공동사업자의 세금에 대해서 연대납세의무를 부담하지 않는다.

68 비과세 근로소득
정답 ③

㉠ p.56 ㉡ p.510

근로자 또는 그 배우자의 출산이나 6세 이하의 자녀보육 관련 급여로서 월 20만원 이내의 금액은 비과세하지만, 월 20만원을 초과하는 금액은 근로소득으로 과세한다.
① 단체순수보장성보험 및 단체환급부보장성보험 중 70만원 이하의 보험료는 비과세 근로소득이다.
② 식사 및 기타 음식물을 제공받지 않는 근로자가 받는 월 20만원 이하의 식사대는 비과세 근로소득이다.
④ 발명진흥법상 지급받는 직무발명보상금으로서 700만원 이하의 금액은 비과세 근로소득이다.

69 기타소득별 필요경비
정답 ③

㉠ p.64 ㉡ p.513

90% → 80%

70 인적공제
정답 ③

㉠ p.68 ㉡ p.514

• 기본공제대상자는 '본인, 장녀, 차녀, 아버지'이다.
• 배우자는 총급여액이 500만원을 초과하므로 기본공제대상에 포함될 수 없다.
• 장녀는 나이가 20세를 초과하지만 장애인이므로 연령요건에 관계없이 기본공제대상에 포함된다.
∴ 150만원 × 4명 = 600만원

71 물적공제
정답 ①

㉠ p.67, p.69~71 ㉡ p.514

국민연금 등 연금보험료공제는 모든 거주자가 받을 수 있는 물적공제이다.
[참고] 주택자금 특별소득공제, 신용카드 등 사용금액 소득공제, 주택청약종합저축 등에 대한 소득공제는 근로소득이 있는 거주자가 받을 수 있는 물적공제이다.

72 종합소득 세액공제
정답 ③

㉠ p.75~77 ㉡ p.517

① 5년 → 10년
② 자녀세액공제의 공제액은 1명은 25만원, 2명은 55만원, 2명 초과 시 1명당 40만원이 추가되므로, 8세 이상의 자녀가 3명인 경우 95만원의 자녀세액공제를 받을 수 있다.
④ 사업소득자 중 보험모집인과 같은 연말정산대상 사업소득자에 한하여 기부금 특별세액공제가 가능하다.

73 종합소득세 자진납부
정답 ②

㉠ p.78 ㉡ p.518

• 최대 분납세액 : 1,200만원 − 1,000만원 = 200만원
• 분납기한 : 납부기한이 지난 날부터 2개월 이내

74 법인세
정답 ②

㉠ p.88~89, p.91, p.93 ㉡ p.521~523

① 법인세는 과세 제외로 열거된 항목을 제외한 모든 소득에 과세하는 포괄주의 입장을 취하고 있다.
③ 사업연도는 원칙적으로 법령이나 정관에서 규정한 내용으로 한다.
④ 500만원 → 1,000만원

75 세금의 납부기한
정답 ①

㉠ p.35, p.92, p.100 ㉡ p.501, p.523, p.526

'가 − 나 − 다 − 라'의 순이다.
가. 20×5년 7월 25일
나. 20×6년 1월 25일
다. 20×6년 3월 31일
라. 20×6년 5월 31일

76 부가가치세 매입세액
정답 ④

㉠ p.111 ㉡ p.531

'나, 다, 라'는 일반과세자가 공제받지 못할 매입세액에 해당한다.
가. 자기의 사업을 위하여 사용되었거나 사용될 재화의 수입에 대한 부가가치세액은 공제받을 수 있다.

77 금융소득 수입시기
정답 ②

㉠ p.119~120 ㉡ p.533~534

① 약정에 따른 이자지급일 → 비영업대금의 이익의 지급일
③ 실제 지급을 받은 날 → 약정에 따른 지급일
④ 해산등기일 → 잔여재산가액이 확정된 날

78 분리과세 금융소득
정답 ①

㉠ p.123, p.129 ㉡ p.535~536

'가, 나'는 원천징수로써 납세의무를 종결시키는 분리과세소득이다.
다. 비영업대금의 이익은 종합과세대상 금융소득이다.
라. 공익신탁법에 따른 공익신탁의 이익은 비과세 금융소득이다.

79 배당가산액(Gross-up)
정답 ②

㉠ p.134 ㉡ p.538~539

• 금융소득과세금액 = 4,500만원
 − 조건부 종합과세 : 1,500만원(정기예금이자) + 1,000만원(국내법인 현금배당)
= 2,500만원
 − 무조건 종합과세 : 2,000만원(외국법인 현금배당)
• 배당가산 대상 배당소득액 = 1,000만원
 − 이자소득 : 1,500만원
 − 배당가산 대상이 아닌 배당소득 : 2,000만원(외국법인 현금배당)
 − 배당가산 대상 배당소득 : 1,000만원(국내법인 현금배당)
• 배당가산액 = 1,000만원 × 10% = 100만원

80 주식양도 시 세금
정답 ①

㉠ p.139~140 ㉡ p.540~541

양도가액		1,000만원
− 필요경비	−	300만원
= 양도차익	=	700만원
− 기본공제	−	250만원
= 과세표준	=	450만원
× 세율	×	10%[1]
= 산출세액	=	45만원

[1] 중소기업 소액주주 세율 10%

81 금융자산과 세금　　　　　　　　　　　　정답 ②

㉮ p.138~143 ㉯ p.537, p.540~542

2025년 유가증권시장의 증권거래세율은 0.0%이며, 농어촌특별세 0.15%가 별도로 부과된다.
① 채권의 양도차익에 대해서는 과세하지 않는다.
③ 소액주주 상장주식에 대한 양도차익이므로 양도소득세를 과세하지 않는다.
④ 종합소득과세대상 금융소득은 정기예금이자 1,500만원과 채권의 이자 100만원이므로 금융소득금액이 2,000만원을 초과하지 않기 때문에 분리과세한다.

82 취득세 세율　　　　　　　　　　　　　　정답 ②

㉮ p.156 ㉯ p.547

'나 > 가 > 다'의 순이다.
가. 증여로 인한 취득 : 4.00%
나. 매매로 인한 취득(농지 외) : 4.60%
다. 상속으로 인한 취득(농지 외) : 3.16%

83 재산세　　　　　　　　　　　　　　　　정답 ①

㉮ p.170, p.195 ㉯ p.552

• 종합부동산세는 과세기준일인 6월 1일 해당 주택을 소유하고 있는 '권일영씨'를 납세의무자로 한다.
• 양도소득세는 양도소득이 있는 양도자 '권일영씨'를 납세의무자로 한다.

84 재산세와 종합부동산세의 납부기한　　　　정답 ②

㉮ p.168, p.174 ㉯ p.551~552

토지의 재산세 납기는 매년 9월 16일부터 9월 30일까지이고, 종합부동산세 납기는 12월 1일부터 12월 15일까지이다.

85 양도소득세 과세대상 자산　　　　　　　정답 ④

㉮ p.178~181 ㉯ p.555

사업용 고정자산과 별도로 양도하는 영업권은 기타소득으로 과세한다.
참고 사업용 고정자산과 함께 양도하는 영업권은 양도소득세 과세대상이다.

86 양도차익　　　　　　　　　　　　　　　정답 ①

㉮ p.187, p.190 ㉯ p.557~558

• 환산취득가액 = 10억원 × 2억원/5억원 = 4억원
• 기타필요경비 = 2억원 × 3% = 0.06억원
∴ 양도차익 = 양도가액 − 취득가액 − 기타필요경비
　　　　　　 = 10억원 − 4억원 − 0.06억원 = 5.94억원

87 양도소득 산출세액　　　　　　　　　　정답 ②

㉮ p.192, p.194 ㉯ p.559

양도가액		15억원
− 취득가액(필요경비 포함)	−	10억원
= 양도차익	=	5억원
− 장기보유특별공제	−	—[1]
= 양도소득금액	=	5억원
− 기본공제	−	250만원
= 과세표준	=	4억 9,750만원
× 세율	×	50%[2]
= 산출세액	=	2억 4,875만원

[1] 보유기간이 3년 미만이므로 장기보유특별공제 배제
[2] 보유기간 1년 미만 건물의 세율 50%

88 양도소득 과세표준　　　　　　　　　　정답 ③

㉮ p.191, p.200~201 ㉯ p.558~559, p.562~563

양도가액		14억원
− 취득가액	−	6억원
− 기타필요경비	−	1억원
= 양도차익	=	1억원[1]
− 장기보유특별공제	−	7,600만원[2]
= 양도소득금액	=	2,400만원
− 기본공제	−	250만원
= 과세표준	=	2,150만원

[1] 7억원 × (14억원 − 12억원)/14억원
[2] 1억원 × 76%(보유기간 40% + 거주기간 36%)

89 퇴직소득 과세이연　　　　　　　　　　정답 ②

㉮ p.214 ㉯ p.567

IRP에 이체되는 5억원에 대한 이연퇴직소득세 = 1억원 × 5억원/8억원
　　　　　　　　　　　　　　　　　　　 = 6,250만원

90 연금계좌 과세체계　　　　　　　　　　정답 ③

㉮ p.225 ㉯ p.568

①② 이자, 배당, 주식매매차익 등 종류를 불문하고 운용수익에 대해서 과세한다.
④ 연금수령액이 연간 1,500만원을 초과하는 경우 종합과세 또는 분리과세(15%)를 선택할 수 있다.

정답

모듈1

재무설계 개론

1 ③	2 ②	3 ②	4 ②	5 ④	6 ②	7 ②	8 ①	9 ②	10 ②
11 ②	12 ③	13 ②	14 ④	15 ③					

재무설계사 직업윤리

16 ②	17 ③	18 ③	19 ④	20 ③

은퇴설계

21 ③	22 ①	23 ②	24 ④	25 ①	26 ②	27 ④	28 ③	29 ④	30 ③
31 ②	32 ③	33 ②	34 ④	35 ③	36 ④	37 ④	38 ④	39 ④	40 ①
41 ②	42 ①	43 ④	44 ④	45 ①	46 ③	47 ④	48 ④	49 ④	50 ③

부동산설계

51 ③	52 ③	53 ④	54 ③	55 ①	56 ④	57 ③	58 ②	59 ③	60 ④
61 ③	62 ①	63 ①	64 ①	65 ④	66 ③	67 ①	68 ④	69 ③	70 ②
71 ①	72 ①	73 ③	74 ②	75 ③					

상속설계

76 ④	77 ②	78 ③	79 ①	80 ①	81 ④	82 ①	83 ①	84 ①	85 ④
86 ④	87 ①	88 ②	89 ②	90 ③	91 ③	92 ①	93 ②	94 ④	95 ②
96 ④	97 ③	98 ④	99 ③	100 ①					

모듈2

위험관리와 보험설계

1 ②	2 ②	3 ②	4 ④	5 ④	6 ①	7 ③	8 ③	9 ③	10 ③
11 ③	12 ②	13 ④	14 ④	15 ④	16 ①	17 ①	18 ①	19 ④	20 ①
21 ③	22 ③	23 ④	24 ③	25 ③	26 ②	27 ④	28 ④	29 ①	30 ①

투자설계

31 ②	32 ③	33 ③	34 ②	35 ④	36 ①	37 ④	38 ③	39 ①	40 ③
41 ③	42 ①	43 ④	44 ④	45 ②	46 ③	47 ③	48 ②	49 ①	50 ③
51 ①	52 ③	53 ④	54 ②	55 ③	56 ④	57 ③	58 ②	59 ②	60 ②

세금설계

61 ④	62 ④	63 ①	64 ②	65 ③	66 ①	67 ③	68 ③	69 ①	70 ④
71 ①	72 ③	73 ①	74 ②	75 ③	76 ③	77 ②	78 ④	79 ②	80 ④
81 ④	82 ①	83 ③	84 ③	85 ①	86 ②	87 ③	88 ②	89 ③	90 ④

㉠ 기본서 : 한국FPSB에서 발간한 기본서 페이지를 표기하였습니다.
㉡ 요약집 : 해커스금융 AFPK 합격지원반, 수강료 환급반, 기수료팩, 핵심요약 강의 수강생에게 제공되는 〈해커스 AFPK 핵심요약집〉 페이지를 표기하였습니다.

▪ 재무설계 개론

1 재무설계의 개념   정답 ③
㉠ p.10∼11, p.14, p.21 ㉡ p.18∼21

① 재무적 자원만을 → 재무적·비재무적인 자원을
② 사전예방 ↔ 사후대책마련
④ 경험(Experience) → 윤리(Ethics)

2 재무설계사의 개념   정답 ②
㉠ p.23, 27 ㉡ p.22∼23

재무설계사는 금융상품을 판매하고 관리하는 세일즈맨이 아니라 고객의 삶 전체를 아우르는 계획을 세우고 실천방안을 종합적으로 모색하는 재무전문가이다.

3 저축 여력의 장단기 배분   정답 ②
㉠ p.41∼43 ㉡ p.27

① 재무관리, 부동산설계 → 위험관리, 은퇴설계
③ 투자자산은 1∼10년의 중기 재무목표 달성을 위한 플랜이다.
④ 저축 여력 장단기 배분된 자산은 고객의 재무목표에 따라 항목간 이동이 가능하다.

4 순자산의 계산   정답 ②
㉠ p.57 ㉡ p.33

• 자산 = 노트북 구입 + 예금인출
  = (+60) + (−50) = +10
• 부채 = 신용카드 결제
  = +25
• 순자산 = 자산 − 부채
  = (+10) − (+25) = −15

5 재무상태표 작성   정답 ④
㉠ p.49∼51 ㉡ p.30∼32

은행의 정기 예·적금은 현금성자산과 유사한 성격이지만 일정한 만기가 있고 확정적인 수익을 보장하는 상품이므로 저축성자산으로 보는 것이 바람직하다.

6 재무설계 프로세스 − 1단계(고객과의 관계 정립)   정답 ②
㉠ p.87∼89 ㉡ p.43∼44

고객과 재무설계사 사이의 대화는 대체로 개방형 질문 또는 강점탐구의 형태를 취한다.

7 재무설계 프로세스   정답 ②
㉠ p.90, p.104∼107 ㉡ p.44∼48

[4단계] 고객에게 제안서를 설명할 때에는 고객이 알기 쉬운 용어를 사용해야 한다.
① [5단계] 재무설계 제안서의 실행에 대한 설명이다.
③ [2단계] 고객 관련 정보의 수집에 대한 설명이다.
④ [6단계] 고객 상황의 모니터링에 대한 설명이다.

8 비재무적 정보   정답 ①
㉠ p.94 ㉡ p.45

'가, 나, 다'는 정성적 정보(비재무적 정보)에 해당한다.
'라, 마'는 정량적 정보(재무적 정보)에 해당한다.
'바'는 고객 및 가족 구성원에 관한 기본정보에 해당한다.

9 대출상환방식   정답 ②
㉠ p.133∼134 ㉡ p.56∼57

'가, 다'는 대출상환방식에 대한 적절한 설명이다.
나. 매기간의 원리금상환액은 동일하나, 이자상환액은 점점 줄어든다.
라. 원리금균등분할상환은 남아있는 원금에 대해 이자가 부과되기 때문에 원금균등분할상환에 비해 이자를 더 많이 내게 된다.

10 부채 적정성 분석   정답 ②
㉠ p.130∼131 ㉡ p.55

① 신규대출 시 하시아씨의 DSR은 약 96.4%이다.
  • DSR = 금융회사 대출의 연간 원리금 상환액/연간 소득
    = (2,693만원 + 2,125만원)/5,000만원
    = 96.4%
③ 300만원 이하의 소액신용대출은 DSR을 산정할 때 제외되므로 100만원의 소액신용대출을 추가로 받더라도 하시아씨의 DSR은 변하지 않는다.
④ 하시아씨의 소득이 6,000만원으로 인상되더라도 DSR은 80.3%로 여전히 은행의 적정 DSR인 80%를 초과한다.

11 행동재무학적 심리적 편향 − 손실회피   정답 ②
㉠ p.169∼170 ㉡ p.69

(가)안을 선택하는 투자자는 손실회피 편향을 가지고 있다. 좋은 일은 과대평가하고 나쁜 일은 과소평가하는 것은 낙관주의 오류에 해당하는 특징이다.

12 행동재무학적 심리적 편향   정답 ③
㉠ p.159∼163 ㉡ p.65∼69

가. 자기과신
나. 대표성 오류
다. 소유효과
라. 자기통제 오류

13 사전적 금융소비자보호   정답 ②
㉠ p.188∼190 ㉡ p.72

'가, 다'는 사전적 금융소비자보호에 해당한다.
'나, 라'는 사후적 금융소비자보호에 해당한다.

14 6대 판매규제   정답 ④
㉠ p.196 ㉡ p.75∼77

가. 불공정영업행위 금지에 대한 설명이다.
나. 부당권유행위 금지에 대한 설명이다.
다. 적정성원칙에 대한 설명이다.
라. 설명의무에 대한 설명이다.

15 금융소비자보호법   정답 ③
㉠ p.194, p.202∼203, p.207∼208 ㉡ p.74∼80

금융상품 계약서류 제공의무는 전문금융소비자에게도 적용된다.

▪ 재무설계사 직업윤리

16 윤리원칙 − 성실성의 원칙   정답 ②
㉠ p.9 ㉡ p.88

성실성의 원칙을 위반하였다.

17 행동규범 – 고객의 정보와 자산 정답 ③

㉮ p.14 ㉯ p.91

원칙적으로 자격인증자는 고객으로부터 자금을 차입하거나 고객에게 자금을 빌려주어서는 아니 되나, 고객이 자격인증자의 직계가족인 경우 자금을 차입할 수 있고, 고객이 자격인증자의 가족인 경우 자금을 빌려줄 수 있는 등 예외가 존재한다.

18 행동규범 – 한국FPSB에 대한 의무 정답 ③

㉮ p.16 ㉯ p.92~93

고객에게 알려야 한다는 것은 고객에 대한 의무에 해당하고, 소속회사에 알려야 한다는 것은 소속회사에 대한 의무에 해당한다.

19 AFPK® 자격표장 사용지침 정답 ④

㉮ p.34~36 ㉯ p.97~98

AFPK®와 ASSOCIATE FINANCIAL PLANNER KOREA™ 자격상표는 도메인 이름의 일부 또는 이메일 주소의 일부로 사용하여서는 안 된다. 인터넷의 개별 웹사이트에 AFPK® 자격표장을 사용하는 경우에는 쉽게 판별할 수 있는 위치에 태그라인을 표시하는 것을 원칙으로 한다.

20 재무설계 업무수행 시 유의사항 정답 ③

㉮ p.51~57 ㉯ p.99~101

'가, 나, 다'는 적절한 설명이다.
라. 증권의 가치분석이나 투자판단에 도움이 되는 경기동향이나 기업실적분석 등의 기초자료가 될 수 있는 데이터나 과거와 현재의 유가증권의 가격이나 등락률을 알려주는 정도는 별 문제가 없다.
> 참고 단, 이 한도를 넘어서는 경우에는 투자판단에 대한 조언을 하는 것으로 간주되어 관계 법률 위반으로 처벌받을 수도 있다.

▪ 은퇴설계

21 부양비와 노령화지수 정답 ③

㉮ p.19 ㉯ p.108

① 2020년에는 유소년인구 100명당 65세 이상 고령인구가 129명이 된다.
② 2020년에 생산연령인구가 200명이라면, 고령인구는 43.4명이 된다.
④ 2030년에는 생산연령인구 100명이 부양해야 할 고령인구가 38.2명이 된다.
> 참고 • 노령화지수 = 유소년인구 100명당 고령인구
> • 노년부양비 = 생산연령인구 100명당 고령인구

22 은퇴설계의 필요성 정답 ①

㉮ p.9, p.16~20, p.23, p.25 ㉯ p.106, p.108, p.110

Ⅰ. 최근에는 은퇴를 주된 일자리에서 중간과정의 일자리 등을 거쳐 개인이 직업활동을 중단하는 일련의 과정으로 정의한다.
Ⅱ. 물가 하락 → 물가 상승, 연금공백 감소 → 연금공백 증가

23 노후소득보장제도 정답 ②

㉮ p.30~31 ㉯ p.111

'A, C'는 공적연금에 해당하는 설명이다.
'B'는 퇴직연금에 해당하는 설명이다.
'D, E'는 개인연금에 해당하는 설명이다.

24 목표은퇴소득 정답 ④

㉮ p.35~38 ㉯ p.104

소득대체율 = (은퇴 후 소득 ÷ 은퇴 전 소득) × 100
= (160 ÷ 300) × 100 = 약 53.3%

25 은퇴소득 확보계획 정답 ①

㉮ p.41~43 ㉯ p.115

A. 은퇴소득원 점검
B. 저축여력 점검
C. 소득 대비 지출 점검
D. 비상예비자금 점검

26 은퇴설계 실행 절차 정답 ②

㉮ p.56~57 ㉯ p.120

① 6단계에 대한 설명이다. 2단계는 연간 목표은퇴소득을 설정하고 은퇴기간 중 필요한 총은퇴일시금을 산정하는 단계이다.
③ 공적연금 수령예상액 → 은퇴자산 평가금액
④ 저축여력이 부족한 경우 목표은퇴소득 수준과 가정조건의 수정을 고객과 합의하고 연간 저축액을 다시 계산한다.

27 은퇴시기 및 은퇴기간 정답 ④

㉮ p.60, p.74 ㉯ p.121, p.125

조기에 은퇴하는 경우 총은퇴일시금의 규모가 커지게 되고 은퇴자산 축적기간은 상대적으로 짧아지게 된다.

28 은퇴자산 포트폴리오 구성 정답 ③

㉮ p.80~81 ㉯ p.126~128

개인투자자가 직접 포트폴리오를 구성한다면 주식이나 채권 개별 종목을 선택하는 것을 지양하고, 가능한 국내 및 해외의 펀드와 ETF 등 간접투자상품을 대상으로 한다.

29 은퇴자산 포트폴리오 구성 정답 ④

㉮ p.81~83 ㉯ p.128

'나, 다, 라'는 적절한 설명이다.
가. TIF → TDF

30 기초연금제도 정답 ③

㉮ p.91~93 ㉯ p.131~132

국민연금의 유족연금이나 장애연금을 받고 있는 사람은 기준연금액을 전액 받는다.

31 국민연금 가입자 정답 ②

㉮ p.97~99 ㉯ p.133~134

직장에 다니다가 퇴사를 하게 될 경우 사업장가입자에서 지역가입자로 전환된다.
① 공무원연금 가입자는 국민연금 가입대상에서 제외된다.
③ 직역연금 수급권자는 국민연금 가입대상에서 제외된다.
④ 국민연금 수급권자의 배우자로서 별도의 소득이 없는 자는 지역가입자 제외 대상이며, 임의가입 신청대상에 해당한다.

32 국민연금 연금보험료 정답 ③

㉮ p.101, p.119, p.125, p.129 ㉯ p.135, p.144, p.147~148

사학연금 연금보험료는 개인이 9%, 학교법인 및 국가가 9%를 공동으로 부담하고 있다.

33 국민연금 연금급여 정답 ②

㉮ p.107 ㉯ p.137

'가, 나'는 적절한 설명이다.
다. 소득활동에 따른 노령연금, 분할연금, 장애일시보상금에는 부양가족연금액을 지급하지 않는다.
라. 기본연금액과 마찬가지로 부양가족연금액도 물가변동률을 반영하여 그 실질가치가 유지된다.

34 국민연금 연금급여 – 노령연금 정답 ④

㉮ p.108 ~ 109 ㉯ p.138

부양가족연금액을 제외한 노령연금액에 연기된 매 1개월당 0.6%의 금액을 더한 금액과 부양가족연금액이 지급된다.

35 국민연금 연금급여 – 노령연금 정답 ③

㉮ p.109 ㉯ p.138

조기노령연금액 = 100만원 × 82% = 82만원
[참고] 연령별지급률

D – 5년(70%), D – 4년(76%), D – 3년(82%), D – 2년(88%), D – 1년(94%)

36 국민연금 연금급여 – 유족연금 정답 ④

㉮ p.111 ~ 112, p.114 ㉯ p.139 ~ 140

① 장애등급 3급 이상 → 장애등급 2급 이상
② 민법상의 상속순위를 따르지 않고, 배우자(사실혼 배우자 포함), 자녀, 부모, 손자녀, 조부모 중 최우선 순위자에게 지급된다.
③ 70% → 60%
[참고] 가입기간 10년 이상 20년 미만인 경우 기본연금액 50%와 부양가족연금액이 지급되며, 가입기간 20년 이상인 경우 기본연금액 60%와 부양가족연금액이 지급된다.

37 공적연금 정답 ④

㉮ p.115 ~ 116, p.119 ㉯ p.143 ~ 144

3년 이내 → 5년 이내

38 공무원연금 정답 ③

㉮ p.121 ~ 122 ㉯ p.145

연금수급개시연령 도달 전에 이혼을 하는 경우 이혼 후 바로 분할연금 선신청을 할 수 있다. 다만, 선신청을 하더라도 실제 지급은 분할연금 요건(재직기간 내 혼인기간 5년 이상, 공무원이었던 사람이 퇴직급여 수급자일 것, 배우자 연령이 65세 도달)을 모두 충족하는 때부터 지급된다.
[참고] 분할연금액은 전 배우자의 가입기간 중 혼인기간에 납부한 연금보험료에 해당하는 연금액의 50%이다.

39 퇴직급여제도 정답 ④

㉮ p.134, p.136 ~ 137 ㉯ p.149 ~ 151

600만원 → 900만원
평균임금의 최저한도는 통상임금으로 하도록 하고 있어 산출된 평균임금이 그 근로자의 통상임금보다 낮은 경우에는 그 통상임금을 평균임금으로 하여 퇴직금을 계산한다.

40 퇴직급여 지급방법 정답 ①

㉮ p.137 ㉯ p.151

'가, 나'는 퇴직급여를 본인 명의의 연금저축계좌로 지급받을 수 있다.
다. 55세 미만 DB형 퇴직연금 가입자는 퇴직급여를 IRP계좌로만 지급받을 수 있다.
라. 55세 이상 DC형 퇴직연금 가입자는 퇴직급여를 IRP계좌와 예금계좌로 지급받을 수 있지만, 연금저축계좌로 지급받을 수는 없다.

41 퇴직연금제도 정답 ②

㉮ p.135, p.139 ~ 140 ㉯ p.152

① 퇴직연금 적립금은 의무적으로 사외적립해야 한다.
③ 적립금은 원리금보장상품, 실적배당형 상품 등의 운용방법 중 선택하여 운용하고, 가입자가 운용지시를 하지 않으면 사전지정운용방법으로 운용한다.
④ DB형 퇴직연금의 경우 일정 사유에 해당하더라도 중도인출은 금지된다. (담보제공은 가능)

42 퇴직연금 담보제공 및 인출 정답 ①

㉮ p.140 ~ 141 ㉯ p.152

가입자가 본인, 배우자 및 부양가족의 대학등록금, 혼례비 및 장례비를 부담하는 경우 퇴직연금의 인출은 불가능하며, 담보 제공만 가능하다.

43 퇴직연금제도 정답 ④

㉮ p.141 ~ 143 ㉯ p.153 ~ 155

'다, 라'는 DB형 퇴직연금에 대한 설명이다.
'가, 나'는 DC형 퇴직연금에 대한 설명이다.

44 개인형퇴직연금 정답 ④

㉮ p.147 ~ 148 ㉯ p.156

60% → 70%
[참고] 11년차 이후에는 이연퇴직소득세의 60%를 적용함

45 연금저축계좌 종류 정답 ①

㉮ p.168 ~ 169 ㉯ p.163

A. 원금보장, 자유적립식 납입, 예금자보호가 가능한 '연금저축신탁'이 적절하다.
B. 원금보장, 종신연금형 연금 수령, 예금자보호가 가능한 '연금저축보험'이 적절하다.
[참고] 연금저축보험(생명보험)은 확정기간형 및 종신연금형 연금 수령이 모두 가능하다.
C. 수익성 추구 적립금 운용, 자유적립식 납입, 예금자비보호와 원금비보장을 특징으로 하는 '연금저축펀드'가 적절하다.

46 연금저축계좌 세금 정답 ③

㉮ p.173 ~ 174 ㉯ p.165

가. 세액공제
나. 15%
다. 3 ~ 4%

47 세계비적격연금 – 금리연동형 연금보험 정답 ④

㉮ p.176 ~ 179 ㉯ p.169 ~ 170

'나, 라'는 적절한 설명이다.
가. 장기간 인플레이션이 진행될 때 구매력 하락위험에 노출될 수 있다는 것이 금리연동형 연금보험의 단점이다.
다. 변액연금보험에 대한 설명이다.

48 연금저축계좌 종류 정답 ④

㉮ p.168 ~ 169 ㉯ p.163, p.168 ~ 170

생명보험회사의 연금저축보험은 세제적격 상품으로 납입금에 대한 세액공제 혜택을 받을 수 있다. 또한, 안정적인 수익을 추구하는 상품 구성이 가능하며, 종신형 연금 수령도 가능하다.

49 연금저축과 IRP 정답 ④

㉮ p.169, p.172~173, p.183~184 ㉯ p.163, p.165, p.167~168

종합소득금액 4,500만원을 초과하기 때문에 연금저축계좌 세액공제율은 12%(지방소득세 별도)가 적용된다.
① 연금저축계좌는 동일 금융회사에서 2개 이상 가입할 수 있다.
② 연금저축 납입액은 연금계좌(DC형 퇴직연금, IRP, 연금저축) 납입한도인 연간 1,800만원 한도 내에서 납입 가능하므로, 200만원까지만 추가 납입 가능하다.
③ IRP와 연금저축계좌의 납입액을 합산하여 연간 900만원까지만 세액공제 대상이 된다.

50 은퇴 후 자산관리의 필요성 정답 ③

㉮ p.190~191 ㉯ p.172

(다)그룹은 사망 이후 은퇴자금이 남게 되어 상속이 발생할 것이지만 은퇴자 본인의 입장에서는 자신의 풍요로운 은퇴생활을 포기한 결과가 되므로 은퇴자 본인의 재무복지를 충분히 실현하지 못했을 가능성이 높다.

▪ 부동산설계

51 부동산설계 정답 ③

㉮ p.8~10 ㉯ p.178

재무설계사는 부동산 설계 시 부동산 자체에 초점을 맞추기보다 부동산을 고객의 시각에서 바라보며 하나의 자산으로 간주하고, 고객의 재무목표라는 관점에서 부동산을 적용하여야 한다.

52 부동산의 개념 정답 ③

㉮ p.16 ㉯ p.179

법률적 개념에 대한 설명이다.

53 부동산 가격규제 정답 ④

㉮ p.38~39 ㉯ p.186

• 가격규제 이전의 균형가격(P_1)과 균형거래량(Q_1)
가격규제 이전의 균형가격은 공급곡선($S = 15 + 2Q$)과 수요곡선($D = 60 - Q$)이 만나는 점에서 형성된다.
$15 + 2Q = 60 - Q \rightarrow Q_1 = 15$
$\therefore P_1 = 45$
• 가격규제 후 발생한 초과수요($Q_3 - Q_2$)
가격규제 후 발생한 초과수요는 임대료($P = 35$) 수준에서의 수요량(Q_3)과 공급량(Q_2)의 차이를 의미한다.
$S = 15 + 2Q = 35 \rightarrow Q_2 = 10$
$D = 60 - Q = 35 \rightarrow Q_3 = 25$
$\therefore (Q_3 - Q_2) = 15$

54 주택정책 정답 ③

㉮ p.42~45 ㉯ p.187~188

'나, 다'는 적절한 설명이다.
가. 가격규제 → 대출규제
라. 주택 보유세가 강화되면 결과적으로 주택가격은 하락하고, 임대료는 상승한다.

55 부동산 경기변동 정답 ①

㉮ p.47~48 ㉯ p.189

실수요자가 매우 저렴하게 부동산을 매입할 수 있는 시기는 불황기이다.

56 부동산등기제도 - 관련 주요 용어 정답 ④

㉮ p.68 ㉯ p.196

• 부동산의 환매기간은 최대 (5)년이고, 환매기간을 정하지 아니한 때에는 (5)년으로 한다.
• 다툼이 있는 부동산을 현재 상태로 보전하기 위해 법원에 임시로 보관하는 것을 (가처분)이라고 한다.

57 부동산등기제도 정답 ③

㉮ p.66~68 ㉯ p.196

법률의 규정에 의한 물권변동도 처분을 위해서는 먼저 등기를 하여야 한다.

58 부동산 공부 정답 ②

㉮ p.72~73 ㉯ p.197~198

하나의 필지에는 1개의 지번과 지목이 부여된다.

59 부동산 물권 - 분묘기지권 정답 ③

㉮ p.61~62 ㉯ p.194

'가, 나, 다'는 분묘기지권의 취득을 인정한다.
라. 봉분의 형태를 갖추고 유골이 존재하는 경우에 분묘기지권의 취득이 인정되며, 평장이나 암장, 가묘에 대해서는 분묘기지권이 인정되지 않는다.

60 부동산 공부 - 등기사항전부증명서 정답 ④

㉮ p.67, p.75 ㉯ p.199

근저당권의 채권최고액은 해당 주택의 실제 채무액이 아니라, 현재 부담한 채무에 앞으로 부담할 이자 등의 최대 한도의 채무를 표시한다.
① 부기등기는 주등기의 순위에 의한다.
② 별구(갑구와 을구)에서의 순위는 접수일자에 의한다. 따라서 먼저 등기된 권리(근저당권)가 나중에 등기된 권리(소유권이전청구권가등기)보다 앞선다.
③ 가등기의 경우에는 순위보전의 효력이 있어 가등기에 의한 본등기 시에는 가등기의 순위에 따라 순위를 보전한다.

61 부동산 경매 - 법원경매절차 정답 ③

㉮ p.90 ㉯ p.202

'나 - 가 - 다 - 라'의 순이다.
부동산의 경매는 '경매개시결정 ⇨ 배당요구종기결정 ⇨ 매각방법, 매각기일, 매각결정기일 지정 ⇨ 매각실시 ⇨ 매각허부결정 ⇨ 매각대금의 납부' 순으로 진행된다.

62 부동산 경매와 공매 정답 ①

㉮ p.91~97 ㉯ p.202~204

첫 경매개시결정기입등기 후에 가압류한 채권자는 배당요구종기까지 반드시 배당요구를 해야 한다.

63 부동산 매매 정답 ①

㉮ p.105~106 ㉯ p.206~207

매수인이 중도금을 지급하기 전이라면 매도인은 계약금의 배액(200%)을 상환하여 매매 계약을 해제할 수 있다.
참고 매수인은 계약금(100%)을 포기하고 매매 계약을 해제할 수 있다.

64 주택담보대출 정답 ①

㉮ p.109 ㉯ p.207

1) LTV 규제에 따른 최대 대출가능금액
   5억원 × 50% = 2억 5천만원
2) DTI 규제에 따른 최대 대출가능금액
   • DTI 한도에 따른 최대 연간 부채 상환액
     8,000만원 × 40% = 3,200만원
   • 추가 가능한 연간 원리금 상환액
     3,200만원 − 480만원 = 2,720만원
   • 최대 대출가능금액
     2,720만원 ÷ 0.075 = 약 3억 6,267만원
3) 실제 최대 대출가능금액
   Min[2억 5천만원, 3억 6,267만원] = 2억 5천만원
4) 추가 필요자금
   5억원 − 1억 5천만원(보유자금) − 2억 5천만원(최대 대출가능금액) = 1억원

65 주택임대차보호법 정답 ④

㉮ p.60, p.115〜125 ㉯ p.210〜211

① 저당권은 등기 즉시 효력이 발생하나 임대차의 대항력은 '주택의 인도와 주민등록'을 마친 그 다음 날부터 효력이 발생하므로, 저당권의 설정과 임대차의 대항요건이 같은 날 이루어진 경우 저당권이 임차권보다 우선한다.
② 임대차는 그 등기가 없는 경우에도 임차인이 주택의 인도와 주민등록을 마친 때에는 그 다음 날부터 제3자에 대하여 효력이 생긴다.
③ 6개월 → 3개월

66 상가건물임대차보호법 정답 ③

㉮ p.125〜130 ㉯ p.212〜213

① 임차인이 3기(150만원 = 50만원 × 3)의 차임액에 달하도록 연체한 사실이 있는 경우 임대인은 임차인의 계약갱신요구를 거절할 수 있다. A씨는 2기의 차임액에 상당하는 차임을 연체하였기 때문에 B씨는 계약갱신요구를 거절할 수 없다.
② 기간의 정함이 없거나 기간을 1년 미만으로 정한 임대차는 그 기간을 1년으로 본다.
④ 차임 또는 보증금의 증액청구는 청구 당시의 차임 또는 보증금의 5%의 금액을 초과하지 못하므로 B씨는 500만원을 초과하여 증액청구하지 못한다.

67 주택청약제도 정답 ①

㉮ p.140〜146 ㉯ p.215〜216

주택청약제도에 당첨이 되어도 입주까지는 시간이 오래 걸린다.

68 부동산중개 − 중개보수 정답 ④

㉮ p.155 ㉯ p.217

중개보수 상한요율은 거래금액 구간에 따라서 다르게 나타난다. 주택 매매의 경우 거래금액 9억원 미만의 구간에서는 거래금액이 커짐에 따라 상한요율이 낮아지지만, 9억원 이상의 구간에서는 거래금액이 커짐에 따라 상한요율도 높아진다.

69 용도지구와 용도구역 정답 ③

㉮ p.70, p.161〜164 ㉯ p.197, p.219〜220

제2종 전용주거지역은 공동주택 중심의 양호한 주거환경을 보호하기 위하여 필요한 지역이다.
① 대(垈)는 영구적 건축물 중 주택 및 사무실, 극장 등의 건물을 건축하는 부지이다.
④ 고도지구는 쾌적한 환경 조성 및 토지의 효율적 이용을 위하여 건축물 높이의 최고 한도를 규제해야 하는 지구이다.

70 건폐율과 용적률 정답 ②

㉮ p.168〜170 ㉯ p.221

용적률 → 건폐율
용적률은 대지면적에 대한 건축물의 연면적의 비율을 나타낸다.

71 용적률 정답 ①

㉮ p.170〜171 ㉯ p.221

'상업지역 − 주거지역 − 공업지역 − 녹지지역'의 순이다.

72 재개발과 재건축 정답 ①

㉮ p.178 ㉯ p.224

'가 − 라 − 나 − 다 − 마'의 순이다.
통상 주택재개발·재건축사업은 '정비기본계획수립 ➡ 추진위원회 승인 ➡ 조합설립인가 ➡ 시공사 선정 ➡ 사업시행계획인가 ➡ 관리처분계획인가 ➡ 이주 및 철거' 순으로 진행된다.

73 재개발과 재건축 − 주요 용어 정답 ③

㉮ p.185〜186 ㉯ p.226

• 종후자산평가액(총분양수입) = 조합원 분양 수입 + 일반분양 수입
  = 650,000 + 450,000 = 1,100,000
• 비례율 = (종후자산평가액 − 총사업비)/종전자산평가액
  = (1,100,000 − 350,000)/1,200,000 = 0.625

74 주거용 부동산 정답 ②

㉮ p.190〜196 ㉯ p.227〜228

오피스텔은 아파트에 비해 전용률이 낮아 실제 전용면적이 작다.

75 부동산펀드 정답 ③

㉮ p.216〜218 ㉯ p.234〜235

공모는 정기적 또는 수시로 공시해야 할 의무가 있다.

▪ 상속설계

76 상속설계시 재무설계사의 역할과 책임 정답 ④

㉮ p.12〜13 ㉯ p.241

개인 자격으로 단순 자문한 경우에는 호의에 의한 것으로 볼 수 있어서 이로 인한 책임은 지지 않는 것이 일반적이다.

77 상속개시 정답 ②

㉮ p.18〜21 ㉯ p.242〜243

'나, 다'는 적절한 설명이다.
가. 동시사망의 추정 → 인정사망
라. 보통실종의 실종기간은 부재자가 마지막으로 발견된 때로부터 5년이고, 특별실종의 실종기간은 부재자가 위난(전쟁, 선박의 침몰 등)을 당하고 그 위난이 종료된 때로부터 1년이다.

78 상속개시 − 동시사망의 추정 정답 ③

㉮ p.26〜33 ㉯ p.244〜248

A, B, C는 동시사망으로 추정하며, 법정상속순위에 따라 'D, G, H, I'가 상속받는다.
• D : 피상속인의 배우자(제1, 2순위 상속인과 공동상속인)
• E, F : 피상속인의 직계존속(제2순위 상속인)
• G : 피상속인의 직계비속(제1순위 상속인)
• H, I : B의 대습상속인으로 B의 상속권을 대습(제1순위 상속인)
• J : 상속능력이 없음

79 상속인의 범위 정답 ①

㉮ p.25〜27 ㉯ p.245〜247

A, B, C 모두 1순위 직계비속에 해당하지만 최근친인 자녀 A, B가 선순위 공동상속인이 된다.

80 특별수익이 있는 경우 구체적 상속분   정답 ①

㉑ p.44~45 ㉓ p.252

D의 구체적 상속분 = (상속재산 + 특별수익) × 법정상속분 – 특별수익
= (9억원 + 5억원) × 2/7 – 3억원 = 1억원

81 상속재산의 범위   정답 ④

㉑ p.36~38 ㉓ p.250

'나, 마'는 상속재산에 포함된다.

가. 상속 이후 상속재산으로부터 발생하는 과실은 상속재산이 아니라 상속인들
     이 상속분에 따라 취득하는 그들의 공유재산이다.

다. 위임계약의 당사자 지위는 피상속인의 일신에 전속한 권리로 상속되지 않는다.

라. 퇴직연금·유족연금의 청구권 등 법률 또는 계약에 의해 귀속이 결정되는
     것은 상속재산이 아니다.

82 구체적 상속분 – 대습상속   정답 ①

㉑ p.30~31, p.42~43 ㉓ p.245~248, p.251

가. A씨와 C씨가 동시사망한 것으로 추정되는 경우, A씨의 상속재산인 30억
     원은 C씨의 배우자인 D씨가 모두 대습상속받게 되며, 딸 C씨의 상속재산
     인 20억원은 직계존속인 B씨와 배우자인 D씨가 각각 8억원, 12억원씩 상
     속받는다.
- B : 20 × 2/5 = 8
- D : 30 + (20 × 3/5) = 42

나. C씨가 먼저 사망한 경우 C씨의 상속재산인 20억원을 직계존속인 A씨와
     배우자인 D씨가 각각 8억원, 12억원씩 상속받는다. 이후 A씨의 사망으로
     상속재산인 38억원(= 30억원 + 8억원)은 선사망한 C씨를 대신하여 D씨가
     모두 대습상속받는다.
- B : 0
- D : (20 × 3/5) + (30 + 20 × 2/5) = 50

다. A씨가 먼저 사망한 경우 직계비속인 C씨가 30억원을 모두 상속받는다.
     이후 C씨의 사망으로 상속재산인 50억원(= 30억원 + 20억원)은 직계존속
     인 B씨와 배우자 D씨가 각각 20억원, 30억원씩 상속받는다.
- B : (30 + 20) × 2/5 = 20
- D : (30 + 20) × 3/5 = 30

83 상속의 승인과 포기 – 한정승인   정답 ①

㉑ p.60~62 ㉓ p.258

② 일단 상속을 한정승인한 후에는 고려기간이 경과하지 않았어도 다시 취소
     하지 못한다.

③ 한정승인 → 단순승인

     참고 한정승인을 하게 되면 채무와 책임이 분리되어 상속인은 상속재산의 한
         도에서만 책임을 진다.

④ 상속포기 → 단순승인

84 미성년자 후견   정답 ①

㉑ p.67 ㉓ p.260

있는 → 없는

     참고 미성년자에게 친권자가 있으나 그 친권자가 법률행위의 대리권과 재산관
         리권만을 행사할 수 없을 경우 후견인의 후견사무범위는 미성년자의 재산
         보호에 한정된다.

85 유언의 자유와 그 제한   정답 ④

㉑ p.75~77 ㉓ p.263

유언에 의한 상속은 법적으로 법정상속에 우선한다.

86 유언의 증인   정답 ④

㉑ p.83 ㉓ p.265

'나, 다, 라'는 증인결격자이다.

     참고 • 증인결격자 : 미성년자, 피성년후견인과 피한정후견인, 유언에 의하여 이
          익을 받을 사람과 그의 배우자와 직계혈족, 사실상의 결격자
        • 사실상의 결격자 : 법률상 증인결격자는 아니지만 증인의 직책을 사실상
          수행할 수 없는 자(청각장애인 등)

87 유언의 방식   정답 ③

㉑ p.78~80 ㉓ p.263~265

공정증서유언을 위해서는 반드시 증인 2인이 참여해야 하므로 1인만 참여한
경우 그 공정증서 유언은 무효다.

88 유언집행자   정답 ②

㉑ p.89~90 ㉓ p.267

제한능력자와 파산선고를 받은 자는 유언집행자가 되지 못한다.

89 유류분   정답 ②

㉑ p.93~97 ㉓ p.268~269

E는 상속인이 아니며, 상속인이 아닌 사람에게 선의로 증여한 것은 상속개시
전 1년 이내의 것이라면 유류분 산정 기초재산에 포함된다. 단, 당사자 쌍방이
유류분권리자에게 손해를 가할 것을 알고 증여한 때에는 상속개시 전 1년 이
전에 한 것도 포함된다.

90 유류분반환청구   정답 ③

㉑ p.96~97 ㉓ p.268~269

- 유류분 산정 기초재산
 = 상속개시 시의 상속재산가액 + 증여재산가액 – 채무액
- 상속받을 재산가액
 = (상속개시 시의 상속재산가액 – 유증재산가액 – 채무액) × 법정상속분

	배우자 B	자녀 C
유류분 산정 기초재산	1.6억원[1]	1.6억원[1]
× 법정상속분	3/5	2/5
× 유류분비율	1/2	1/2
– 특별수익액	0원	0원
– 순상속액	0.36억원[2]	0.24억원[3]
= 유류분 반환청구가액	0.12억원	0.08억원

[1] 0.8억원 + 1억원 – 0.2억원 = 1.6억원

[2] (0.8억원 × 3/5) – (0.2억원 × 3/5) = 0.36억원

[3] (0.8억원 × 2/5) – (0.2억원 × 2/5) = 0.24억원

∴ B와 C에게 각각 1,200만원, 800만원의 유류분부족액이 발생했으므로, C는
   800만원을 D에 대해 유류분반환청구 할 수 있다.

91 상속세와 증여세의 관계   정답 ③

㉑ p.104~105 ㉓ p.270~271

상속세의 관할세무서는 피상속인의 주소지이며, 증여세의 관할세무서는 수증자
의 주소지이다.

92 추정상속재산   정답 ①

㉑ p.112~113 ㉓ p.274~275

추정상속재산은 재산종류별 처분금액이 상속개시일 전 1년 이내 2억원 이상이
거나, 상속개시일 전 2년 이내 5억원 이상인 경우 상속받은 재산으로 추정한
다. 따라서 유가증권·예금(총 5억원), 토지(3억원)는 추정상속재산에 해당한다.

처분재산	재산처분 등 금액 (+)	용도 입증액 (–)	차감금액 (–)	추정 상속재산
유가증권·예금	5억원	2억원	Min[5억원 × 20%, 2억원]	2억원
토지	3억원	2억원	Min[3억원 × 20%, 2억원]	4천만원
합계	8억원	4억원	1억 6천만원	2억 4천만원

93 장례비 공제   정답 ②

㉑ p.114 ㉓ p.275

일반 장례비용은 증빙이 있을 경우 최대 1,000만원까지 공제받을 수 있으며,
봉안시설 또는 자연장지 사용비용은 증빙이 있으면 최대 500만원을 공제받지
만, 증빙이 없으면 공제받을 수 없다.

94 증여세의 기본 개념   정답 ④

㉮ p.131～134 ㉯ p.280～281

① 열거주의 → 완전포괄주의
② 금전인 경우에는 동일한 재산이 반환되었는지 판단하기 어려우므로 당초 증여와 반환 양쪽에 모두 증여세를 과세한다.
③ 법에서 정한 사유에 의할 경우 증여자도 증여세에 대해 연대납부할 의무를 지게 된다.

95 증여재산 가산액   정답 ②

㉮ p.137 ㉯ p.283

증여재산가산액은 해당 증여일 전 10년 이내에 동일인(증여자가 직계존속인 경우 그 직계존속의 배우자 포함)으로부터 증여받은 증여재산가액의 합계액이 1,000만원 이상인 경우 그 가액을 증여세 과세가액에 가산한다.
2015년 아버지로부터의 증여는 10년이 지났으며, 할아버지는 어머니와 동일인이 아니기에 합산되지 않는다. 따라서 금번 증여에 합산되는 기증여재산가액은 2023년 아버지로부터의 증여인 주식 2,000만원이다.

96 배우자등에게 양도한 재산의 증여추정   정답 ④

㉮ p.150～151 ㉯ p.287

작은 → 큰

97 보충적 평가방법 – 임대차계약이 체결된 재산   정답 ③

㉮ p.159 ㉯ p.290

임대차계약이 체결된 재산 평가액 = Max[ⓐ, ⓑ]
ⓐ 부동산의 기준시가 = 12억원
ⓑ (1년간 임대료/12%) + 임대보증금 = 1억 2천만원/12% + 3억원 = 13억원
∴ 임대상가의 평가가액 = 13억원

98 보충적 평가방법   정답 ④

㉮ p.156～157, p.160 ㉯ p.289～290

증권시장에 상장된 법인의 주식은 평가기준일 전후 각 2개월(총 4개월) 동안 매일 공표된 거래소 최종 시세가액의 평균액으로 평가한다.

99 가업승계·창업자금 증여세 과세특례   정답 ③

㉮ p.185～190 ㉯ p.295～296

가. 10억원
나. 10%
다. 60세

100 상속·증여세 절세전략   정답 ①

㉮ p.203～209 ㉯ p.298～299

부담부증여 ↔ 단순증여

㉐ 기본서 : 한국FPSB에서 발간한 기본서 페이지를 표기하였습니다.

㉕ 요약집 : 해커스금융 AFPK 합격지원반, 수강료 환급반, 기수료팩, 핵심요약 강의 수강생에게 제공되는 〈해커스 AFPK 핵심요약집〉 페이지를 표기하였습니다.

▪ 위험관리와 보험설계

1 위험관리 프로세스   정답 ②
㉐ p.13 ~ 17 ㉕ p.308

'나 – 다 – 가 – 라 – 마'의 순이다.
가. 3단계 : 위험관리방법 선택
나. 1단계 : 위험인식
다. 2단계 : 위험측정 및 평가
라. 4단계 : 선택한 위험관리방법 실행
마. 5단계 : 모니터링 및 피드백

2 보험의 특성   정답 ②
㉐ p.24 ~ 25 ㉕ p.310

스카이다이빙, 글라이더 조종 등 위험행위는 상해의 원인과 결과가 모두 우연성이 결여되어 상해보험에서는 해당 위험행위로 인한 상해에 대하여 보상하지 않는다.

3 보험계약   정답 ②
㉐ p.31 ~ 34 ㉕ p.312 ~ 313

① 화재보험의 보험목적은 A법인 소유의 공장이다.
③ 일반적으로 화재보험은 사전약정 없이 보험사고 발생 시 가액으로 산정하는 미평가보험 방식이다.
④ 보험가액보다 보험가입금액이 큰 경우 초과보험이므로 보험가액 이내로 보상한다.

4 보험계약 기본원칙   정답 ④
㉐ p.37 ~ 38 ㉕ p.314 ~ 315

은행은 신축건물(보험의 목적)에 대하여 경제적 이해 관계(피보험이익)를 갖기 때문에 보험에 가입할 수 있다. 따라서 해당 사례에 가장 부합하는 보험계약의 기본원칙은 피보험이익원칙이다.

5 보험계약자와 보험회사의 권리와 의무   정답 ④
㉐ p.41, p.51, p.53 ~ 54 ㉕ p.316, p.319, p.323

① 취소 → 무효
② 계약자가 청약서에 자필서명을 하지 않은 경우 3개월 이내에 계약을 취소할 수 있다.
③ 보험계약자가 보험수익자를 지정하지 않고 사망한 경우 피보험자(이민혁씨)가 보험수익자로 지정된다.

6 보험회사의 권리와 의무   정답 ①
㉐ p.56 ㉕ p.323

'가, 다'는 보험회사가 계약해지권을 행사할 수 있는 경우에 해당한다.
참고 보험회사는 보험계약자가 고지의무 위반, 보험료 납입연체, 위험변경·증가 통지의무, 위험유지의무 등을 위반할 경우 계약을 해지할 수 있다.

7 보험가입절차   정답 ③
㉐ p.68 ~ 69 ㉕ p.327

가. 30일
나. 15일
다. 30일

8 보험상품 유통채널 비교   정답 ③
㉐ p.74 ㉕ p.328 ~ 329

'다, 라'는 유효한 행위이다.
가. 보험중개사는 계약체결대리권이 없다.
나. 보험설계사는 고지의무수령권이 없다.

9 국민건강보험   정답 ③
㉐ p.87 ~ 95 ㉕ p.334 ~ 335

① 국민건강보험은 보수(부담능력)에 따라서 보험료를 부과한다.
② 사업장의 근로자 및 사용자와 공무원 및 교직원, 그리고 피부양자는 직장가입자에 해당한다.
④ 보험급여 중 장애인 보조기기는 장애인 보조기기 구입금액 일부를 보험급여비로 지급하는 현금급여이다.

10 노인장기요양보험   정답 ③
㉐ p.96 ~ 101 ㉕ p.336 ~ 337

가족요양비 수급자는 재가급여, 시설급여를 중복하여 받을 수 없다.
① 의료급여 수급자는 노인장기요양보험의 가입자에서 제외된다.
② 김영진씨는 의료급여 수급자이므로 재가급여의 본인부담금은 전액 면제된다.
④ 15일 → 9일

11 산업재해보상보험   정답 ③
㉐ p.111 ~ 113 ㉕ p.340 ~ 341

유족급여는 유족연금 지급이 원칙이고, 연금수급자가 없을 경우에 일시금을 지급한다.

12 정기보험   정답 ②
㉐ p.125, p.128, p.135, p.146 ㉕ p.344 ~ 345, p.348, p.352

① 보험기간 만료 시 보험료는 소멸된다.
③ 종신보험보다 보험료 1원당 가입금액이 높다.
④ 정기보험은 보험계약대출이 불가하다. 보험계약대출은 해약환급금이 있는 종신보험에서 활용 가능한 제도이다.

13 정기보험 유형   정답 ④
㉐ p.127, p.130 ㉕ p.344 ~ 345

갱신정기보험 → 재가입정기보험

14 변동보험금 계산방법   정답 ④
㉐ p.138 ㉕ p.349

가. 계약자적립액비례방법
나. 가산지급방법
다. 변액종신보험

15 개인연금 상품   정답 ④
㉐ p.141 ㉕ p.350

① 연금저축은 보험료 납입 및 운용단계에서 비과세하고, 연금수령단계에서 과세한다.
② 연금보험은 적립형·거치형, 일시납·즉시형으로 상품을 설계할 수 있다.
③ 손해보험사에서는 연금보험을 변액연금 형태로 운용할 수 없다.

16 계약유지를 위한 제도　　　　　　　　정답 ①

㉑ p.155 ㉦ p.355

감액완납 제도는 보험료를 납입하지 않고 보험기간을 동일하게 하며 보험금 (보장내용)이 감액되는 제도이다.

17 생명보험 기본원칙　　　　　　　　　　정답 ①

㉑ p.163 ㉦ p.357

분산가능위험 원칙에 따라 평균 수준에 해당하는 위험은 선택하고 평균을 상회하는 높은 위험은 거절하게 된다.

18 생명보험 보험계약의 성립과 효력　　　정답 ①

㉑ p.173 ㉦ p.361

가. 청약일
나. 30일
다. 5년

19 생명보험 보험계약의 성립과 효력　　　정답 ④

㉑ p.175 ～ 178 ㉦ p.362 ～ 363

15세 미만자를 피보험자로 하여 사망을 보험금 지급사유로 한 계약의 경우에는 실제 만 나이를 적용하며, 실제 만 나이가 15세 미만인 경우 해당 보험계약은 무효이다.

```
      2024년  7월  15일
   -  2009년  12월  2일
   =    14년  7월  13일¹⁾
```

¹⁾ 실제 만 나이 : 만 14세, 보험나이 : 만 15세
① 보험계약 체결시점 피보험자의 나이가 만 15세 미만인 경우에는 해당 사망보험계약은 무효이다.
② 타인의 사망을 보험금지급 사유로 하는 보험계약에서는 서면에 의한 동의를 얻지 않으면 무효이다.
③ 무효 → 취소

20 보험계약의 해지 및 해약환급금　　　정답 ①

㉑ p.180 ～ 181 ㉦ p.365

'가'는 적절한 설명이다.
나. 연금보험의 경우 연금이 지급개시된 이후에는 계약의 임의해지가 제한된다.
다. 3년 → 1년
라. 3개월 → 1개월

21 생명보험 분쟁의 조정　　　　　　　　정답 ③

㉑ p.56, p.182 ㉦ p.323, p.366

보험료청구권의 소멸시효 기간은 2년이다. 보험금청구권, 보험료 반환청구권, 해약환급금청구권, 계약자적립액 반환청구권, 배당금 청구권은 소멸시효 기간이 3년이다.

22 상해보험　　　　　　　　　　　　　　정답 ③

㉑ p.190 ㉦ p.369

'나, 라'는 교통상해보험에서 보상하는 손해이다.
'가, 다'는 교통상해보험에서 보상하지 않는 손해이다.

23 실손의료보험　　　　　　　　　　　　정답 ④

㉑ p.197 ～ 199 ㉦ p.372

'다, 라'는 적절한 설명이다.
가. 실손의료보험은 실손보상이므로 다수계약 체결 시 실제 부담한 의료비를 초과하지 않도록 비례보상한다.
나. 실손의료보험은 법정급여 항목 중 본인부담금과 법정비급여 항목을 보상한다.

24 손해보험 상품 보험료 산출　　　　　　정답 ③

㉑ p.216 ～ 217 ㉦ p.377

- 순보험료 = 발생손해액/피보험차량대수 = 80억원/20만대 = 40,000원
- 위험노출단위당 비용 = 35억원/20만대 = 17,500원
- 이익률 = 5%
- ∴ 보험료 = (순보험료 + 비용)/(1 − 이윤)
= (40,000원 + 17,500원)/(1 − 0.05) = 60,526원

25 주택화재보험　　　　　　　　　　　　정답 ③

㉑ p.220 ～ 223 ㉦ p.379 ～ 380

① 주택화재보험은 화재, 벼락, 폭발, 파열에 의한 손해를 담보한다.
② 피보험자와 같은 세대에 속하는 사람의 소유물인 경우 보험의 목적에 포함된다.
④ 화재 발생 시 화재 진압을 위한 침수손에 대해서도 보상한다.

26 일반화재보험　　　　　　　　　　　　정답 ②

㉑ p.225 ㉦ p.381

보험가입금액보다 보험가액이 큰 일부보험이므로 비례보상한다.
∴ 지급보험금 = 손해액 × 보험가입금액/보험가액
= (8,000만원 + 1,000만원) × 1억원/1.5억원 = 6,000만원

27 배상책임보험　　　　　　　　　　　　정답 ④

㉑ p.234 ～ 235 ㉦ p.385 ～ 386

피보험자의 협력비용은 보상한도액에 관계없이 전액 보상한다.

28 자동차보험　　　　　　　　　　　　　정답 ④

㉑ p.257 ㉦ p.394

운전자 → 운행자

29 자동차보험　　　　　　　　　　　　　정답 ①

㉑ p.264 ㉦ p.398

개인택시, 개인용달, 개별화물 등 유상운송을 목적으로 운행하는 사업용(영업용)자동차는 영업용 자동차보험의 가입대상이다.

30 운전자보험　　　　　　　　　　　　　정답 ①

㉑ p.266 ～ 268 ㉦ p.399

운전자보험은 형사상 책임 및 행정상의 책임을 보상한다.

▪ 투자설계

31 증권　　　　　　　　　　　　　　　　정답 ②

㉑ p.23 ～ 24 ㉦ p.410

'가, 나'는 적절한 설명이다.
다. 파생결합증권의 최대손실액은 원금이다.
라. 조건부자본증권은 채무증권으로 분류한다.

32 고용률　　　　　　　　　　　　　　　정답 ③

㉑ p.36 ～ 37 ㉦ p.414

만 15세 이상 인구 = 경제활동인구 + 비경제활동인구
= 2,000만명 + 500만명
= 2,500만명
∴ 고용률 = 취업자/만 15세 이상 인구 × 100
= 1,200만명/2,500만명 × 100
= 48%

33 자연실업률　　　　　　　　　　　정답 ③

🔟 p.37　🔢 p.414

'가, 다, 라'는 자연적 실업에 해당한다.
가, 라. 특정 산업의 침체 등으로 수요와 공급이 일치하지 않을 때 발생하는
　　　구조적 실업(자연적 실업)에 해당한다.
나. 경기순환에 따라 발생하는 경기적 실업에 해당한다.
다. 새로운 일자리 탐색 과정에서 발생하는 마찰적 실업(자연적 실업)에 해당
　　한다.

34 물가지수　　　　　　　　　　　정답 ②

🔟 p.44～45　🔢 p.417

근원물가지수는 물가의 장기 추이나 지속성을 파악하기 위한 소비자물가지수
이다.

35 국제수지표　　　　　　　　　　정답 ④

🔟 p.48～49　🔢 p.417～418

금융계정 추정 금액 = 100억달러(경상수지) − 1억달러(자본수지) − 1억달러(오차
　　　　　　　　　　　　및 누락금액)
　　　　　　　　 = 98억달러

[참고] 경상수지(100억달러)와 자본수지(−1억달러), 오차 및 누락금액(−1억달러)을
　　　 합산한 금액은 금융계정과 동일하다.

36 경제심리지표　　　　　　　　　정답 ①

🔟 p.56～57　🔢 p.421

BSI = (긍정 응답 수 − 부정 응답 수)/전체 응답 수 × 100 + 100
　　 = (60 − 40)/100 × 100 + 100 = 120

37 기대수익률　　　　　　　　　　정답 ④

🔟 p.68, 93　🔢 p.424, 428

상관계수가 1이 되지 않는 이상 포트폴리오 위험은 감소한다.
① 주식 A의 기대수익률 = 0.5 × 0.2 + 0.3 × 0.1 + 0.2 × (−0.1) = 0.11
② 주식 B의 기대수익률 = 0.5 × 0.3 + 0.3 × 0.12 + 0.2 × (−0.13) = 0.16
③ 포트폴리오 기대수익률 = 0.5 × 0.11 + 0.5 × 0.16 = 0.135

38 가중평균수익률　　　　　　　　정답 ②

🔟 p.72　🔢 p.426

투자대상	기초투자금액	투자비중	기말평가금액	연간수익률	가중수익률 (투자비중 × 연간수익률)
예·적금	2억원	40%	2억 5천만원	25%	10%
주식펀드	2억원	40%	2억 1천만원	5%	2%
MMF	1억원	20%	9천만원	−10%	−2%
합계	5억원	100%	5억 5천만원	−	10%

39 상관계수　　　　　　　　　　　정답 ①

🔟 p.83　🔢 p.428

$$상관계수(A, B) = \frac{공분산}{\sigma_A \times \sigma_B{}^{1)}} = \frac{2\%}{30\% \times 10\%} = 0.67$$

$^{1)}$ σ_A : A의 표준편차, σ_B : B의 표준편차

40 포트폴리오의 분산투자 대상　　　정답 ③

🔟 p.94　🔢 p.429～430

주식 A는 체계적 위험의 영향으로 6%(= 4% × 1.5) 상승하였고, 비체계적 위
험의 영향으로 2% 상승하였다고 분석할 수 있다.

41 위험선호도와 투자자　　　　　　정답 ③

🔟 p.96　🔢 p.430

산정한다. → 산정하지 않는다.

42 자본시장선과 증권시장선　　　　정답 ①

🔟 p.103～106　🔢 p.432～433

② 증권시장선에는 효율적 포트폴리오뿐만 아니라 개별 자산과 비효율적인 포
　 트폴리오도 존재한다.
③ 총위험 → 체계적 위험
④ 작은 → 큰

43 배당　　　　　　　　　　　　　정답 ③

🔟 p.117～118　🔢 p.437

• 배당성향 = 주당배당금/주당순이익 = 500원/2,000원 = 25%
• 배당수익률 = 주당배당금/현재 주가 = 500원/5,000원 = 10%
• 배당률 = 주당배당금/액면금액 = 500원/4,000원 = 12.5%

44 정률성장 배당할인모형　　　　　정답 ④

🔟 p.126～127　🔢 p.439

주식의 현재가치(V_0) = D_1/(k − g)
• 배당성장률(g) = 0.10
• 요구수익률(k) = 무위험이자율(R_f) + 베타계수 × (시장수익률 − 무위험이자율)
　　　　　　　　 = 4% + 0.8 × (14% − 4%)
　　　　　　　　 = 0.12
• 올해 배당금(D_1) = 전년도 배당금(D_0) × (1 + g)
　　　　　　　　　 = (20,000원 × 0.05) × (1 + 0.10) = 1,100원
∴ 주식의 현재가치(V_0) = 1,100원/(0.12 − 0.10) = 55,000원

45 주가수익비율(PER)　　　　　　　정답 ②

🔟 p.129～130　🔢 p.440

1년 후 주가 = 동종 산업 내 경쟁업체의 평균 PER × 1년 후 주당순이익
• 동종 산업 내 경쟁업체의 평균 PER = 4
• 1년 후 주당순이익 = 현재 주당순이익 × (1 + g)
　　　　　　　　　　 = 3,000원 × 1.15
　　　　　　　　　　 = 3,450원
∴ 1년 후 주가 = 4 × 3,450원
　　　　　　　 = 13,800원

46 주식스타일　　　　　　　　　　정답 ③

🔟 p.133～135　🔢 p.441～442

① 성장 스타일 → 가치 스타일
② 성장 스타일 → 가치 스타일
④ 가치 스타일 → 성장 스타일

47 채권　　　　　　　　　　　　　정답 ③

🔟 p.151～152　🔢 p.447

담보채권과 무담보채권은 모두 선순위 채권으로 구분된다.

48 채권수익률　　　　　　　　　　정답 ②

🔟 p.154～156　🔢 p.449～450

'가, 나'는 적절한 설명이다.
다. 채권의 예금환산수익률은 3.546%(= 3%/(1 − 15.4%))이므로 연 3.5% 이율의
　　정기예금에 가입하는 것보다 유리하다.
라. 채권수익률 하락에 따른 채권가격의 상승 폭은 채권수익률 상승에 따른 채
　　권가격의 하락 폭보다 크다.

49 이자율평형이론 정답 ①

㉮ p.164 ㉯ p.452

선물환율 = 현물환율 × (1 + 국내금리)/(1 + 해외금리)
= 1,100 × (1 + 0.03)/(1 + 0.02)
= 1,110.78

50 기본적 분석 정답 ③

㉮ p.171 ㉯ p.454

기본적 분석의 상향식 접근방식은 '기업분석 ⇨ 산업분석 ⇨ 경제분석'의 순서이다.

51 펀드의 기준가격 정답 ①

㉮ p.182~183 ㉯ p.460

1좌당 → 1,000좌당

52 ETF 기본 특성 정답 ③

㉮ p.197~198 ㉯ p.464

'가, 나, 다'는 적절한 설명이다.
라. ETF를 기준가격보다 높게 매수하는 사람은 괴리율로 인해 손실을 볼 수 있다.

53 주가연계증권 정답 ④

㉮ p.209 ㉯ p.470

가. 유러피안
나. 베리어
다. 클리켓
라. 디지털

54 섹터로테이션 전략 정답 ②

㉮ p.217 ㉯ p.472

'가, 다'는 경기순환주로 분류된다.
'나, 라'는 방어주(비순환주)로 분류된다.

55 선물 정답 ③

㉮ p.221~222 ㉯ p.474

계약 당사자의 책임하에서 만기 시점에 실물 인도와 대금 결제가 이루어지는 것은 선도거래이다.

56 선물 정답 ④

㉮ p.223~224 ㉯ p.474

선물거래의 손익 = (만기일의 현물가격 − 매수가격) × 선물거래승수 × 선물계약수
= (265pt − 270pt) × 25만원 × 5계약
= −625만원

57 옵션거래의 수익구조 정답 ③

㉮ p.226~229 ㉯ p.475

① 손익 = (225pt − 220pt − 2pt) × 1계약 × 25만원 = 75만원 이익
② 손익 = (230pt − 225pt − 2pt) × 1계약 × 25만원 = 75만원 이익
③ 손익 = 4pt × 1계약 × 25만원 = 100만원 이익
④ 손익 = (230pt − 225pt − 2pt) × 1계약 × 25만원 = 75만원 손실

58 선물·옵션을 활용한 헤지전략 정답 ②

㉮ p.230 ㉯ p.476

현물보유금액 = 지수선물 명목평가액 = 매도가격 × 선물거래승수 × 선물계약수
1,000,000,000원 = 250 × 250,000원 × 선물계약수
→ 선물계약수 = 16계약
∴ 선물 매매손익 = (250pt − 270pt) × 250,000원 × 16계약
= 80,000,000원 손실

59 투자전략의 조정 정답 ②

㉮ p.248~249 ㉯ p.481

'나, 다'는 적절한 설명이다.
가. 리밸런싱은 실제 투자 비중이 자산배분전략 대비 일정 수준 이상 괴리가 발생할 때 이를 다시 원래의 전략 수준으로 재조정하는 수동적인 전략이다.
라. 마켓타이밍은 자산별 투자 비중 변화 폭에 대한 제약 없이 시장전망에 따라 자산별 투자 비중을 0~100%까지 조정하는 경향이 있다.

60 부동산투자 특징 정답 ②

㉮ p.262~263 ㉯ p.487

공모펀드가 사모펀드보다 유동성이 상대적으로 높다.

▪ 세금설계

61 국세부과의 원칙 정답 ④

㉮ p.18 ㉯ p.496~497

조세감면의 사후관리 원칙에 따라 일정 요건을 갖춘 감면세액에 대하여 사후관리기간 동안 감면요건을 충족하지 못하는 경우가 발생하면 해당 감면세액을 추징할 수 있다.

62 조세구제제도 정답 ④

㉮ p.23~25 ㉯ p.498~499

① 90일 → 30일
② 필요한 처분을 받지 못하여 권리 또는 이익을 침해당한 경우에도 조세불복을 청구할 수 있다.
③ 이의신청은 국세청 심사청구 및 조세심판원 심판청구 전에 진행하는 임의 절차이므로, 이의신청을 한 경우에는 감사원 심사청구를 할 수 없다.

63 소득세 과세원칙 정답 ①

㉮ p.31~32, p.37 ㉯ p.500, p.502

소득세는 원칙적으로 열거된 소득에 대해서만 과세하는 열거주의 방식이다.

64 소득세 납세의무 정답 ②

㉮ p.34~35 ㉯ p.501

① 거주자란 국내에 주소를 두거나 183일 이상 거소를 둔 개인을 말한다.
③ 거주자인 경우 중국에의 납세의무와 별개로 우리나라에 소득세를 납부할 의무가 있다.
④ 폐업한 날 → 12월 31일

65 종합소득세 계산구조 정답 ③

㉮ p.38 ㉯ p.502

연금소득금액 = 연금액 − 연금소득공제

66 추계에 의한 방법으로 신고 시 불이익 정답 ①

㉮ p.46 ㉯ p.506

간편장부대상자(소규모사업자 제외)가 기장에 의한 방법으로 사업소득금액을 계산하지 않고 기준경비율 또는 단순경비율로 추계신고하는 경우에는 해당 산출세액의 20%를 무기장가산세로 부과한다.

67 부동산임대사업자 과세방법
정답 ③

㉮ p.49~51 ⑧ p.508

① 임차인 필요경비의 납입 대행을 위하여 받은 공공요금은 총수입금액에 산입하지 않는다.
② 2주택 → 3주택
④ 실지거래가액 → 기준시가

68 근로소득금액
정답 ③

㉮ p.57~58 ⑧ p.510

20×5년 4월 5일 근무로 받은 일당 18만원에 대한 원천징수세액은 810원이다. 원천징수세액이 1,000원 미만인 경우 소액부징수규정에 따라 원천징수를 하지 않아도 된다.
• 원천징수세액 = (180,000원 − 150,000원) × 2.7% = 810원
①④ 일용근로자의 근로소득은 원천징수로 과세가 종결되므로 종합소득세 신고를 하지 않는다.
② 일용근로자는 15만원의 근로소득공제를 적용받을 수 있다.

69 기타소득금액
정답 ①

㉮ p.63~64 ⑧ p.513

문예창작소득에 대한 필요경비는 기타소득 수입금액의 60%이며, 실제 필요경비가 기타소득 수입금액의 60%를 초과하는 경우 그 초과금액도 필요경비로 인정한다. 해당 사례에서는 실제 필요경비가 기타소득 수입금액의 60%를 초과하지 않았으므로, 해당 소득에 대한 필요경비는 120만원(= 200만원 × 60%)이다.
∴ 기타소득금액 = 200만원 − 120만원 = 80만원

70 인적공제
정답 ③

㉮ p.68~69 ⑧ p.514~515

• 기본공제 : 150만원 × 4 = 600만원
기본공제대상자는 '본인, 부친, 모친, 자녀' 4명이다.
• 추가공제 : 100만원(경로우대공제) + 200만원(장애인공제) + 100만원(한부모공제) = 400만원
부친은 70세 이상의 장애인이므로, 부친에 대하여 경로우대공제(100만원)와 장애인공제(200만원)를 받을 수 있고, 김미진씨는 기본공제대상자 자녀가 있으나 배우자가 없으므로 한부모공제(100만원)를 받을 수 있다.
∴ 인적공제액 = 600만원(기본공제) + 400만원(추가공제) = 1,000만원

71 종합소득 산출세액
정답 ①

㉮ p.72~73 ⑧ p.516

종합소득금액		5,000만원[1]
− 종합소득공제	−	1,000만원
= 과세표준	=	4,000만원
× 세율	×	15% − 126만원
= 산출세액	=	474만원

[1] 4,000만원(사업소득금액) + 1,000만원(기타소득금액)
참고 500만원의 이자소득금액은 금융소득 종합과세 기준금액(2천만원) 이하이므로 분리과세한다.

72 종합소득 세액공제
정답 ④

㉮ p.75~76 ⑧ p.517

가. 55만원
나. 70만원
다. 12%
라. 15%

73 지방소득세
정답 ①

㉮ p.80~81 ⑧ p.519

지방소득세는 지방세를 징수할 때 편의상 징수할 여건이 좋은 자로 하여금 징수하여 납부하게 하는 특별징수에 의한다.

74 법인 경영자의 소득원과 세금
정답 ③

㉮ p.93~94 ⑧ p.524

법인사업자가 법인으로부터 수령할 수 있는 소득원으로는 근로소득, 퇴직소득, 배당소득, 법인 주식의 양도소득이 있다.

75 세금계산서
정답 ④

㉮ p.105~106 ⑧ p.528~529

① 간이과세자는 세금계산서 발행 의무가 있으며, 예외적으로 영수증 발급이 가능하다.
② 법인사업자는 전자세금계산서 발급의무자이다.
③ 세금계산서가 다른 사업자 명의로 발급된 때에는 실제 거래를 하였더라도 매입세액을 공제받을 수 없다.

76 영세율과 면세
정답 ③

㉮ p.113 ⑧ p.532

토지는 대표적인 면세 항목에 해당한다.

77 배당소득 수입시기
정답 ②

㉮ p.120 ⑧ p.534

잉여금의 처분에 의한 배당은 잉여금처분결의일을 수입시기로 본다. 따라서 현금배당을 결의한 날인 20×6년 3월 13일을 배당소득에 대한 수입시기로 본다.

78 개인종합자산관리계좌(ISA)
정답 ④

㉮ p.123, p.126~127 ⑧ p.535~536

의무가입기간 중 납입원금 범위 내에서 중도인출을 할 경우 과세특례를 적용받은 감면세액을 추징하지 않는다. 다만, 의무가입기간 만료일 전에 납입원금을 초과하는 금액을 인출하는 경우에는 계약이 해지된 것으로 보아 감면세액을 추징한다.

79 종합소득 산출세액
정답 ②

㉮ p.135 ⑧ p.537~539

• 배당가산액 = 50만원
2,000만원(기준소득금액) − 500만원(이자소득) − 1,000만원(외국법인 현금배당) = 500만원에 대해서는 배당가산을 하지 않으므로 내국법인 현금배당 1,000만원 중 500만원의 10%가 배당가산액이다.
• 종합소득 산출세액 = Max[㉠, ㉡] = 536.5만원
㉠ 종합과세방식
= 2,000만원 × 14% + (2천만원 초과금액 + 배당가산액 + 사업소득금액 − 종합소득공제) × 기본세율
= 2,000만원 × 14% + (500만원 + 50만원 + 3,000만원 − 1,000만원) × 15% − 126만원
= 536.5만원
㉡ 분리과세방식
= 금융소득금액 × 14% + (사업소득금액 − 종합소득공제) × 기본세율
= 2,500만원 × 14% + (3,000만원 − 1,000만원) × 15% − 126만원
= 524만원

80 과점주주의 간주취득세
정답 ④

㉮ p.142 ⑧ p.542

최초로 과점주주(발행주식총수의 50% 초과)가 된 날인 2025년 7월 24일에 소유하고 있는 법인의 주식 등을 모두 취득한 것으로 보아 취득세를 부과한다.

81 보험과 세금 정답 ④

㉮ p.148 ㉯ p.544

65세 → 55세

82 취득세 정답 ①

㉮ p.157 ㉯ p.547

취득세 = 주택의 취득 당시 가액 × 주택 표준세율
　　　 = 7억원 × (7억원 × 2/3억원 − 3)/100
　　　 = 11,666,667원

[참고] 주택 표준세율 = (주택의 취득 당시 가액 × 2/3억원 − 3)/100

83 재산세 정답 ③

㉮ p.163 ~ 164, p.168 ㉯ p.550 ~ 551

주택 및 일반 건축물에 대하여 물건별로 개별 과세한다.

84 종합부동산세 정답 ③

㉮ p.170 ~ 174 ㉯ p.552

종합부동산세는 관할 세무서장이 종합부동산세의 세액을 결정하여 해당 연도 12월 1일부터 12월 15일까지 부과징수한다.
① 종합부동산세는 과세기준일이 6월 1일이다. 따라서 6월 1일 이전의 소유자는 납세대상자(아버지)가 아니며, 6월 1일 이후 소유자(아들)가 납세대상자가 된다.

85 양도시기 정답 ①

㉮ p.182 ㉯ p.556

일반적인 매매의 경우 '대금청산일'과 '소유권이전등기 접수일' 중 빠른 날을 양도 및 취득시기로 본다. 따라서 양도시기는 실제 잔금을 지급한 날인 8월 3일(대금청산일)이다.

86 양도소득 기본공제 정답 ②

㉮ p.192 ㉯ p.559

양도소득 기본공제는 보유기간과 관계없이 연 250만원을 공제한다.

87 양도소득 과세표준 정답 ③

㉮ p.191, p.194 ㉯ p.558 ~ 559

양도가액		19억원
− 취득가액(필요경비 포함)	−	10억원
= 양도차익	=	9억원
− 장기보유특별공제	−	2억 3,400만원[1]
= 양도소득금액	=	6억 6,600만원
− 기본공제	−	250만원
= 과세표준	=	6억 6,350만원

[1] 보유기간 13년 이상 14년 미만 26%

88 부동산자산 관련 부가가치세 정답 ②

㉮ p.205 ㉯ p.564

'가, 나'는 적절한 설명이다.
다. 주택의 면적요건에 관계없이 주택 임대 시에는 토지와 건물분 모두 면세가 적용된다.
라. 부동산 양도가액 중 토지에 해당하는 금액을 제외한 건축물 부분에 해당하는 공급가액에 대하여 10%의 부가가치세를 매수자로부터 거래징수하여 매출부가가치세로서 신고납부해야 한다.

89 연금계좌세액공제 정답 ③

㉮ p.221 ㉯ p.572

연금계좌세액공제액 = 800만원 × 15% = 120만원
• 연금저축 납입액은 600만원까지, 퇴직연금을 포함하는 경우 900만원까지 세액공제하므로 총 800만원에 대하여 세액공제를 받을 수 있다.
• 이규진씨의 종합소득금액은 4,500만원 이하이므로 15%의 공제율을 적용한다.

90 퇴직소득세 계산 정답 ④

㉮ p.211 ㉯ p.566

퇴직소득의 산출세액은 연평균 과세표준(= 환산급여 − 환산급여공제)에서 6 ~ 45%의 기본세율을 곱한 후, 다시 '근속연수 ÷ 12'를 곱한 값으로 한다.

MEMO

MEMO

해커스금융 | fn.Hackers.com

AFPK 교재 인강 · 시크릿 학습플랜 · 하루 1시간 이론완성 노트 · 적중예상 모의고사 ·
고난도 하프모의고사 · 족집게 요약집 · 벼락치기 모의고사 ·
무료 바로 채점 및 성적 분석 서비스 · 금융전문 연구원 1:1 질문/답변 서비스

* <시크릿 학습플랜>, <하루 1시간 이론완성노트>, <적중예상 모의고사>,
<고난도 하프모의고사>, <족집게 요약집>은 AFPK 정규 강의 수강 시,
<벼락치기 모의고사>는 AFPK 기수료팩 이벤트 강의 수강 시 무료 제공
* <금융전문 연구원 1:1 질문/답변 서비스>는 수강 중인 강의가 있을 경우 이용 가능